정의를 위한 정치적 책임

Responsibility for Justice

정의를 위한 정치적 책임

아이리스 매리언 영 지음

허라금 · 김양희 · 천수정 옮김

이화여자대학교출판문화원

감사의 글

2006년 8월 아이리스 매리언 영Iris Marion Young이 세상을 떠났다. 아이리스는 그즈음 여름의 절반을 대학원 학생들과 함께 보내며 그들의 연구를 돕는 데 특유의 헌신을 다하고 있었다. 세상을 떠나기 사흘 전에는 6주 정도만 시간을 내서 이 책 『정의를 위한 정치적 책임*Responsibility for Justice*』을 편집하는 데 온전히 바치고 싶다고 말했다.

그런 대화가 오가기 몇 달 전, 아이리스는 내게 이 책의 대략적인 의도를 설명한 적이 있다. 그녀는 원고의 용어와 논조를 조금 더 일관되게 하고, 5, 6년 전에 작성했던 몇몇 거친 표현을 부드럽게 다듬기를 원했다. 분명 원고에 생동감을 불어넣고 학자연하는 해설을 줄이고 싶다는 이야기였을 것이다. 아이리스는 다른 연구에서도 늘 같은 태도였다. 이 책이 출판되기 전에 미리 아이리스의 원고를 읽은 논평가 가운데 몇몇은 아이리스가 이 책에서 동료 학자들에게 너무 가혹했다고 말했다. 아이리스는 그런 비판 또한 받아들여 내용을 수정하고자 했었다. 이 책에는 아이리스가 어느 부분을 수정하려고 했는지를 말해주는 주註가 두 개 정도 있다.

나는 아이리스가 계획한 바를 책에 반영하지 못했다. 『정의를 위한 정치적 책임』은 2005년 아이리스가 마지막으로 틀을 짠 전자 파일 그대로 출간했다. 편집자이자 이전에 아이리스의 조교이기도 했던 데이비드 뉴스톤David Newstone이 친절하게도 문법을 수정하고 인용구를 완성했으며 문맥의 흐름을 매끄럽게 다듬었다. 뉴스톤의 작업을 도와준 시카고대학교 정치학과와 당시 학과장이었던 달리 양Dali Yang에게 감사드린다.

아이리스는 이전 책들을 가족에게 헌정했다. 만약 아이리스가 이 마지막 책을 누군가에게 바친다면, 그 누군가는 아이리스가 앞으로 나아갈 수 있도록 긍정적·부정적 비판을 아끼지 않았던 각지의 학생들과 동료들일 것이다. 아이리스는 칭찬만큼이나 비판도 즐겼다. 그들이 이 사실을 알아주면 좋겠다. 무엇보다도 아이리스는 구조적 부정의injustice에 이름을 붙이고, 그것을 설명하고, 또 삶에는 더 나은 전망이 있다는 것을 보여준 여성들과 남성들에게 이 책을 헌정하고 싶었을 것이다. 억압이 있다는 것을 알리고 정의를 요구했던 사람들 덕분에 아이리스는 세상에 대해 더 많은 것을 알게 되었다. 그리고 그러한 주장과 요구를 낭만화하지 않고 그 주장과 요구에 숨겨진 이론적 함의를 훨씬 더 분명하고 깊이 있게 생각할 수 있었다. 아이리스는 이렇게 목소리를 냈던 활동가들의 용기와 전망, 그리고 그들의 비판과 칭찬에 기뻐했다.

데이비드 알렉산더David Alexander

차례

여는 글

아이리스 매리언 영은 우리 시대 가장 창의적이고 영향력 있는 정치 이론가 가운데 한 명이었으며 비범한 인격의 소유자였다. 나는 아이리스를 동료로 먼저 알았다. 그러니 동료로서 아이리스가 얼마나 특별한 사람이었는지를 설명하지 않고서 이 책에 대해 말할 수는 없을 것 같다.

아이리스와 내가 처음 만난 날에서부터 이야기를 시작하려 한다. 1995년 즈음, 나는 프랑크푸르트에 머물면서 철학과에 막 자리를 잡기 시작한 여성학 프로그램의 세미나 하나를 이끌었는데 아이리스도 거기서 지난 몇 주간 학생들을 가르치고 있었다. 우리는 세미나가 끝나고 여성학을 가르치는 다른 교수들과 함께 저녁 식사를 하러 나간 적이 있다. 나는 그 짧은 기간 동안 아이리스가 여성 교수들이나 대학원 학생들과 서로를 지지하는 훈훈한 관계를 발전시켰다는 사실을 바로 알아차렸다. 아이리스는 그들이 어떤 연구를 하는지 알고 있었고, 그들에게 귀중한 희망과 신뢰를 불어넣어 주었다. 그때 아이리스는 우리 모두 독일어로 말할 것을 제안했다. 그 당시 나는 독일어로 읽는 것은 자신 있었지만 말하기는 아주 젬병이었다. 아이리스도 마찬가지였지만 그녀는 그 사실에 구애받지 않았다. 아이리스는 우리가 시찰 나온 고관처럼 굴지 말고 우리를 초대한 이들의 언어로 말도 더듬고 실수도 하면서 우리의 취약한 면을 드러내며 좀 더 동등한 우정을 쌓아야 한다고 생각했다. 내 경우엔 많은 실수를 저지르게 될 것에 당황했던 것 같다. 실제로 나는 실수를 저지르면서 계속 당황스러웠다. 그러나 아이리스는 따뜻하면서도 단순 명쾌했고 자기가 진정 관심 있는 분야에서는 용기를 발휘했다. 그녀는 자기가 할 수 있는 한 무엇이든 말했고, 할 수 없는 말에는 이의를 제기하지 않았다. 그런 태도로 아이리스는 저녁 식사 모임에 놀라운 활기를 불어넣었다.

아이리스가 시카고대학교에 부임한다는 소식을 들었을 때 나는 우리 대학원 학생들을 위해 매우 잘된 일이라고 생각했고, 실제로도 정말 행복한 시기였다. 아이리스는 정치학과에 있었고 나는 철학과에 있었지만 우리가 가르치는 학생들은 때론 겹치기도 했다. 덕분에 아이리스의 놀라운 지적 공감 능력에 대해 알게 되었다. 아이리스의 지도 학생들 가운데는 아이리스가 다루는 주제에 관해 논문을 쓰려는 학생들도 있었지만 연구 분야와 상관없이 단지 아이리스만 바라보고 그녀에게 지도를 받고 싶어 찾아온 학생들도 있었다. 한번은 환경 정책 분야에서 '역량 접근법'을 연구하는 여학생이 있었다. 나는 아이리스가 정말 이 주제를 연구하도록 그 학생을 격려했을까 궁금해하면서 논문 계획을 발표하는 시험장에 들어섰다. '역량 접근법'은 내 전공으로 아이리스의 연구와는 다소 거리가 먼 철학과 경제학 책을 많이 참고해야 하는 분야였기 때문이다. 그렇다고 아이리스가 '역량 접근법'에 거부감을 가졌다고 생각한 것은 아니었다. 다만 '역량 접근법'에 대해 어느 정도 알고 있는지 몰랐을 뿐이다. 그런 걸 물어볼 일이 없었던 것이다. 아이리스는 그 연구의 성격을 꿰뚫고 있었다. 그녀는 늘 그렇듯 엄격한 비판과 제안을 했고, 덧붙여 특유의 모성애로 그 학생을 감싸주면서 앞으로 잘해나갈 수 있을 거라는 믿음을 주었다. 아이리스는 학생들에게 궁극적인 안정감을 제공하고 그들을 지지해주었으며 동시에 높은 이상을 추구하도록 독려했다. 무조건적인 사랑과 같은 어떤 것, 만약 교수와 대학원 학생 사이에 그런 관계가 존재할 수 있다면 아이리스는 가장 좋은 의미에서 어머니였다.

세미나 자리에서도, 교수 모임에서도, 그리고 그녀나 내가 진행 중인 초고를 두고 토론할 때도, 아이리스는 늘 한결같았다. 아이리스는 언제나 예리하게 비평을 해주었고 이를 듣고 내 원고의 일부를 수정한 적도 있다. 그러나 비평 이면에는 늘 온기가 있었다. 그리고 우리 둘 다를 감싸 안은 삶의 기쁨, 전체 기획에 우리가 함께하고 있다는 느낌이 있었다. 아이리스는 2005년 한동안 입원을 하고 나와 머리카락이 다시 자라고 살도 점차 올랐다. 그녀가 다시 여유를 찾아가는 모습을 보게 되어 기뻤다. 학자로서 우리의 삶 가운데 지루하고 끔찍한 부분까지 포함해 모든 것을 아이리스는 순수하게 즐겼고, 그 기쁨은 그녀의 눈을 빛나게 했다. 아이리스는 그 특유한 걸음걸이만으로도 모든 이들을 행복하게 했다.

2005년 5월 입원했을 때, 아이리스는 내게 미국철학회에 나가 자기 논문을 대신 읽어달라고 부탁했다. 내게는 영광이었다. 그렇지만 청중이 아이리스의 논문에 관해 던진 질문에 나는 대답할 수 없었다. 내가 느낀 것은 단지 나의 무능함만이 아니었다. 무능함 따윈 사실 놀라운 일도 아니었다. 그보다 나는 아이리스가 청중과 맺어온 어떤 관계적 면모, 그 특별한 따스함, 내가 오래전 프랑크푸르트에서 보았던 것처럼 기꺼이 자신의 취약함을 드러내는 그런 면모가 나에게는 없다는 사실을 깨달았다. 내가 아이리스가 아니라는 사실을 뼈저리게 느낀 순간이었다. 지금 아이리스의 목소리는 오직 작품 속에서만 살아 있다.

아이리스의 죽음은 불시에 찾아왔고, 그녀는 '정의를 위한 정치적 책임*Responsibility for Justice*'이라는 제목이 붙은 거의 완결된 책의 초고를 남겼다. 『정의를 위한 정치적 책임』은 아이리스의 주 저서이자 최고의 연구 업적으로 꼽힐 만한 것이다. 그녀는 바랐던 만큼 책을 완결할 시간을 갖지는 못했다. 많은 주석이 채워지지 않은 채 남겨졌다. 다행스럽게도 아이리스의 남편 데이비드 알렉산더가 그녀의 계획을 이해하고 있었고 완성으로 이끌었다. 논문의 형태로 되어 있는 한나 아렌트Hannah Arendt에 관한 장은 마치 전체 책에서 독립된 것처럼 보이는데 사실 이 책에서 매우 중요한 장이다. 아이리스의 원래 계획은 아렌트의 사상에 대한 해석 부분을 줄이고, 그 논문의 요지를 책에 완전히 통합시키는 것이었다. 어쨌든 아이리스가 그 논문의 수정판을 이 책의 3장에 넣으려고 했었다는 것만은 분명하다. 반면에 프란츠 파농Frantz Fanon을 언급하며 노예 제도 배상 문제를 논하는 역사적 부정의injustice에 관한 별도의 논문은 전체 기획에서 어떤 위치를 차지하는지 분명하지 않다. 이 논문도 다른 논문과 비슷한 방식으로 비슷한 질문들을 다루고는 있지만 논지의 빠진 부분을 메우고 있지는 않다. 따라서 파농에 관한 논문은 하나의 장이라기보다는 부록 같은 기능을 하고 있다고 볼 수 있다. 아이리스는 교정을 할 때면 언제나 명료함에 신경을 썼다고 한다. 데이비드는 아이리스가 자기 생각을 독자에게 좀 더 투명하게 전달할 수 있도록 여러 번 다시 쓰곤 했다고 말해주었다. 그래서 내가 보기에는 기존 초고도 더할 나위 없이 명료하게 정리되어 있었으나 데이비드는 아이리스였다면 좀 더 작업할 거리가 있는 원고라고 생각했을 것이라고 했다.

내가 '여는 글'에서 할 일은 첫째, 아이리스가 이 책에서 어떻게 자신의 논변을 전개하고 있는지, 그리고 각 장이 그 논변에 어떻게 기여하고 있는지를 전반적으로 설명하는 것이다. 둘째, 이 책의 핵심 논변인 죄와 책임의 구분에 대해 더 자세히 서술할 것이다. 마지막으로 셋째, 죄와 책임의 구분을 둘러싼 의문들을 풀어보고, 다른 대안적인 설명을 제시하고자 한다. 아이리스의 대담하고 도발적인 작업에 경의를 표하는 최선의 길은 그러한 작업을 붙잡고 씨름하는 것이라고 생각하기 때문이다. 그렇지만 '여는 글' 전체에 걸쳐 내 주된 목적은 여러분 모두에게 아이리스의 목소리를 들려주는 것이다.

I. 논변

이 책의 뒷부분에 가면 논의의 범위가 지구적 불평등까지 확장되기는 하지만 『정의를 위한 정치적 책임』은 일단 미국 내 경제 불평등에 초점을 맞추는 데서부터 이야기를 시작한다. 아이리스는 정부 관료, 언론인, 일반 대중이 빈곤에 대해 말하고 생각하는 방식이 변하기 시작했다는 점을 지적한다. 빈곤의 일차적인 원인을 사회적인 것이 아니라 개인적인 것으로 이해하고 있다는 것이다. 아이리스는 "이런 시각에서 볼 때 빈곤층은 다른 집단에 속한 사람들에 비해 자기 삶에 책임을 지지 않으려고 한다. 그들은 종종 일탈적이거나 자기 파괴적 행동에 가담하곤 한다. 공공 부조 프로그램은 이들 일탈적 사람들에게 아무것도 하지 않고도 지원금을 받을 수 있다고 기대하게 만들어 문제를 더 심화시킬 뿐이다"라고 적고 있다. '개인적 책임에서 정치적 책임으로'라는 제목이 붙은 첫 번째 장의 목적은 이처럼 변화한 사고 뒤에 있는 몇 가지 가정들을 비판적으로 살펴보는 것이다.

찰스 머리Charles Murray와 로렌스 미드Lawrence Mead의 저작들에 초점을 맞추면서, 아이리스는 그들의 분석에 숨어 있는 세 가지 가정을 발견한다. 첫째, 머리와 미드는 빈곤의 개인적 책임을 강조하는 설명과 구조적 원인에 호소하는 설명 가운데 하나를 선택해야지, 하나의 정합적 설명이 둘 다를 포함할 수는 없다고 가정한다. 둘째, 노력과 의지만 있으면 가난한 사람도 부를 일굴 수 있다고 가정함으로써, 머리와 미드는 배경 조건이 기본적으로 공정하다면 가난한 사람들에게 불공정한 일은 없을 것이라고 생각한다. 셋째, 그들은 주목해야 할 개인적 책임의 문제는 오직 가난한 자의 개인적 책임뿐이라고 가정한다. 이런 가정은 그 밖의 다른 사람들은 당연히 책임을 다했다는 것을 암시한다.

아이리스는 이런 방식의 사고는 주로 우파에게서 많이 발견되지만 몇몇 눈에 띄는 좌파의 분석에도 등장한다고 말한다. 그리고 이런 개인적 책임 관념이 과거에 공유되던 이해, 즉 "전체 사회 구성원이 서로의 노년과 건강, 아동을 보살피고 빈곤을 방지할 책임을 집단으로 진다"는 관념을 대체하고 있다고 지적한다. 이는 유럽의 복지 국가를 지배한 관념이지만 지금은 그곳에서도 위협받고 있다. 이 책은 과거에 공유되었던 이해가 가진 장점을 새로운 논변과 신선한 관점으로 조명해 그 이해를 되살리고자 한다.

첫 번째 가정과 관련해, 아이리스는 빈곤의 개인적인 측면과 구조적인 측면 가운데 어느 한 측면만을 양자택일할 필요가 없다는 점을 논증한다. 아이리스는 윤리적 책임의 핵심 소재지는 개인이라는 점에서 결국 모든 책임은 어떤 면에서 개인적인 것이라고 말한다. 그럼에도 개인 행위자들이 나쁜 의도 없이 정상적인 방식으로 자기 일을 했는데도 부정의가 발생할 경우, 그 부정의를 만드는 구조의 핵심적인 역할을 인정해야 한다. 그렇다면 빈곤의 발생 원인으로 개인적인 요인과 구조적인 요인 둘 다에 관심을 가지는 분석이 좋은 분석일 것이다.

두 번째 가정과 관련해, 아이리스는 현재 미국을 예로 들며 배경 조건에 심각한 구조적 문제가 있다는 것을 논증하고자 한다. 이러한 조건 때문에 가난한 이들은 자신의 생활 수준을 끌어올리는 데 (불가능한 정도까지는 아니지만) 어려움을 겪는다.

세 번째 가정과 관련해, 아이리스는 비난의 화살을 가난한 사람들에게 돌리는 것은 다른 이들의 미심쩍은 행동에 주의를 기울이지 못하게 하는 결과를 낳는다고 비판한다. 아이리스가 '면책 기능absolving function' 이라고 부르는 이 효과는 많은 미국인들이 개인적 책임 담론에 매력을 느끼는 중요한 요인 가운데 하나다. 그러나 윤리적 책임을 일반적으로 설명해주는 정교화도, 방어 작업도 없이 무조건 가난하지 않은 사람들은 제대로 행동하고 있으며 자기 책임을 다하고 있다고 가정하는 것은 잘못이다. 아이리스는 "윤리적으로 책임을 다한다"는 의미가 단순히 남에게 의존하지 않는다는 뜻이 전부가 아니라는 점을 지적한다. 책임을 진다는 것의 좀 더 실제적인 의미, 즉 대부분의 사람이 생각하는 책임의 의미는 다음과 같다. "책임감 있는 사람은 행동하기 전에 가능한 선택지가 무엇인지 숙고하고, 자신의 결정에 영향을 받을 모든 이들에게 최선일 것 같은 선택을 내리며, 자신의 행동의 결과가 남에게 나쁜 영향을 미치는 것은 아닐까 걱정한다." 이것은 만만치 않은 기준이다. 머리와 미드는 이 기준을 가난하지 않은 사람들이 지키고 있다는 것을 보여주지 못했다.

아이리스는 자신의 통찰을 로널드 드워킨Ronald Dworkin의 이론과, 드워킨과는 달리 구조적 부정의를 논할 여지를 둔 존 로머John Roemer의 이론에 적용하면서 1장 '개인적 책임에서 정치적 책임으로'의 결론을 맺고 있다.

2장 '정의의 주제로서의 구조'에서는 빈곤의 발생을 설명할 때 정치적·경제적·사회적 구조가 설명의 중심에 있어야 한다고 주장한다. 개인적 책임에만 호소해서는 과제를 논할 수 없다는 것이다. 아이리스는 샌디라는 여성의 복잡한 사례를 들며 논의를 시작한다. 샌디가 원래 살고 있던 아파트가 용도 변경에 들어갔다. 샌디는 이사를 가려 해도 높은 임차료와 석 달 치 보증금을 지불해야 하는 어려움에 부딪혔고, 그러면서도 직장에 오갈 수 있는 교통수단이 가까운 곳에 있고 아이들에게 안전하면서 좋은 학교가 있는 동네로 가야 할 필요가 있다는 생각을 했다. 그러나 성 분리적인 노동 시장은 대학 학위가 없는 여성에게 저임금 서비스직만을 허용한다. 이러한 복합적인 요인이 작용한 결과 샌디는 노숙자가 될 상황에 처한다. 아이리스는 샌디의 상황에서 청소년 시절 진학을 포기했고, 이혼을 선택했으며, 자녀 교육에 높은 가치를 두는 등 몇 가지 개인적 책임의 요소들을 분명히 확인할 수 있다고 지적한다. 그럼에도 샌디 같은 사람이 살 만한 곳을 찾을 수 없을 때 우리는 무언가 세상이 심각하게 잘못 돌아가고 있다고 느낀다.

그렇다면 샌디가 노숙자가 될 상황에 처하게 된 것을 샌디와 관계했던 몇몇 사람들 탓으로 돌릴 수 있을까? 몇 가지 가능성을 검토한 뒤 아이리스는 그럴 수 없다고 주장한다. “샌디가 조우했던 어떤 특정 행위자도 그녀에게 특별히 잘못하지 않았다.” 그러나 샌디는 부정의한 일을 겪고 있다. 이런 부정의는 주택 시장이 움직이는 방식, 서비스 경제가 작동하는 방식 등에 관해 말함으로써 구조적 차원에서만 분석될 수 있다. 이런 구조적 부정의가 발생하게 된 기원으로 잘못된 특정 정책 하나만 꼬집어 말할 수도 없다.

구조적 부정의는 이들 고통받는 사람들이 다른 사람들과 상호 작용하듯이 그렇게 직접적이지 않으며 어떤 단일 정책에 집중되어 있지도 않다. 노숙인들을 취약하게 하는 일반적인 환경 요인들은 다수이고 꽤 큰 규모이며 상대적으로 장기적인 것들이다. 공적이거나 사적인 많은 정책과 정상적인 규칙, 수용된 관행에 따라 행동하는 수많은 개인의 행위가 이런 환경을 낳는 데 기여한다.

방법론적으로 아이리스는 개인주의를 택한다. 그리고 "개별 행위자가 구조를 생산한다는 것을 부정하는 사회 구조론자는 거의 없다"고 지적하면서 사회 이론이 개인과 구조 사이의 오랜 논쟁에서 벗어나게 된 것을 환영한다. 그럼에도 개인들이 사회 구조를 생산한다는 사실이 곧 구조의 실패에 대한 비난을 특정 개인들에게 하는 것이 정당하다는 뜻은 아니다. 즉 개인은 정상적이고 승인된 방식으로 행동했을 것이다. 그러나 그런 행동이 축적된 결과 부정의한 상황이 나타날 수 있는 것이다. "그렇다면 사회 구조란 다수의 개인이 종종 타인과 조화를 이루지 않는 자신만의 계획을 추진하는 가운데 그 행위들이 축적된 결과를 가리킨다."

2장은 정의의 중심 주제로 '기본 구조basic structure'를 다루었던 존 롤스John Rawls를 자세히 검토하는 것으로 끝을 맺고 있다. 아이리스는 일부 비판자들에 맞서 롤스의 생각에 동의하면서도 롤스가 기본 구조를 이루는 요소들을 너무 협소하게 정의하고 있다고 주장한다. 여러 제도들이 분산되어 있는 사회적 과정과 다양한 방식으로 지속적인 관계를 맺는다는 사실을 인지하지 못한 채, 아주 기본적인 제도들의 집합만을 선별하고 있다는 것이다. 이와 대조적으로 아이리스는 우리에게 "사람들 사이의 관계 양상과 사람들이 다른 이들과의 관계에서 차지하고 있는 위치position"를 파악하고 전체로서 사회를 바라볼 것을 요구한다.

3장과 4장은 이 책의 핵심이다. 3장 '죄와 책임: 한나 아렌트 읽기와 부분적 비판'에 넣기 위해 수정하려 했던 아렌트에 관한 논문에서 아이리스는 어느 정도까지는 아렌트를 따르면서도 어떤 점에 있어서는 아렌트의 공식을 비판한다. 아이리스는 책임에서 죄를 구분해내야 한다고 주장한다. 누군가에게 죄를 묻는다는 것은 과거에 저지른 일을 근거로 그 사람을 비난하겠다는 뜻이다. 죄의 기능은 이처럼 도덕적 비난이나 법적인 비난을 하기 위해 누구에게 잘못이 있는지를 밝히는 데 있다. 기업에 죄를 물을 때처럼 어떤 집단을 집합적 행위자로 보아야 할 이유가 없다면 죄를 집단에 묻는 것은 적절하지 않다. 이와 반대로 책임은 미래 지향적 개념이다. 어떤 이에게 책임을 돌리는 것은 그에게 임무가 있다는 것을 알려준다는 뜻이다. 책임은 개인과 집단 둘 다에 물을 수 있다. 특히 사회적 해악 같은 경우는 많은 행위자들이 공동으로 책임을 지는 전형적인 예다. 죄가 없는 사람에게도 책임은 있을 수 있다.

아이리스는 특정한 정치 공동체의 성원이라는 이유만으로 책임을 져야 한다는 아렌트의 제안은 거부한다. 그러나 아이리스는 [아렌트와 마찬가지로] 책임져야 할 정치 과정에 참여했다고 해서, 그것이 반드시 죄로 귀결되지는 않는다고 생각한다. 아무런 악의 없이 수동적이거나 정상적인 활동을 보이는 사람들의 경우가 전형적인 사례다. 이들은 그저 지금껏 사회가 일을 처리해온 방식을 따랐을 뿐이다. 아이리스는 이런 사람들은 죄를 지은 것이 아니니 "비난하지 말아야 한다"고 말한다. 그럼에도 그들이 "정치적 책임을 다하지 않았다"고 말할 수 있다.

우리 사회의 여러 제도에 의해 수행되어온 행위와 사건들은 종종 우리의 이름으로, 우리의 소극적 지지나 적극적 지지에 힘입어 행해진다. 우리는 이들 행위나 사건과 관계를 맺으라는 명령을 피할 수 없다. 우리는 단순히 각자의 집이 아니라 역사의 특정 단계에 거주하기 때문이다. 정치적 책임의 명령은 그런 사회 제도들을 관찰하고 그 제도들이 심각한 해악을 낳지 않는지 감시하는 활동을 포함한다. 그리고 그러한 관찰과 감시가 일어날 수 있고 시민들이 공적으로 발언할 수 있으며 피해를 막기 위한 노력의 일환으로 서로가 서로를 지지할 수 있는 조직화된 공적 공간을 확보하는 일도 정치적 책임의 구성 요소 가운데 하나다.

4장 '사회적 연결 모델'에서 아이리스는 [죄와 책임을 구분하는] 자신의 아이디어를 활용해 2장에서 설명했던 구조적 부정의를 분석한다. 샌디를 노숙자가 될 상황에 처하게 만든 사회적 동학을 죄로 분석하는 것은 별로 도움이 되지 않는다. 누군가에게 죄를 지우는 것은 적절치 않다. 그 이유는 첫째, 샌디의 경우 실제로 어떤 나쁜 행동이 있었던 것은 아니다. 즉 악의도 없었고 아이리스가 주장하는 것처럼 누구의 과실도 없었다. 많은 사람이 저지른 많은 행동이 부당한 결과를 산출하는 데 기여했지만, 그중 누구도 그러한 결과를 낳았다는 이유로 비난을 받을 만큼 충분히 큰 인과적 역할을 수행하지는 않았다.

더군다나 죄에 집중하는 것은 실용적인 면에서도 위험하다. 죄를 뒤집어씌울 사람을 찾으면 다른 사람들은 책임을 면하게 된다. 따라서 우리는 시민으로서, 아이리스가 설명했던 '공유된 책임'을 갖는다는 사실을 계속해서 무시할 공산이 크다. "정치에서 비난의 수사학은 한 명이나 소수의 힘 있는 행위자를 찾아 그들이 문제를 일으켰다고 말한다. 종종 관료들인 경우가 많다. (…) 일부 행위자들의 권력은 부적절하게 부풀려지고, 다른 이들의 권력은 부적절하게 무시되는 결과를 낳는다." 또한 행위자들의 선택이 이루어지는 배경 조건에도 관심을 기울이지 않게 된다. 결국 협력적 도움보다는 수세적 방어에만 힘쓰게 되는 것이다. "사회 문제를 공적으로 토론할 때 비난의 수사학은 보통 수세적인 방어와 비생산적인 비난만 생산한다." 심지어 사람들이 자기 죄를 인정할 때조차 '비난 게임'은 전혀 도움이 안 되는, 일종의 '자기 집중self-focus'을 유발한다. 즉 "사람들은 그들 자신에게 좀 더 집중하게 된다. 변화가 필요한 구조보다 자신의 과거 행동, 자기 영혼의 상태, 성격에 더 집중해버리는 것이다. (…) 이와 같은 자기 탐닉은 우리의 사회 구조가 어떻게 작동하고 우리의 행위가 거기에 어떻게 영향을 미치는지, 그리고 그런 구조를 바꾸기 위해 무엇을 해야 할지 등에 관한 객관적인 토론을 할 수 없게 만든다."

그다음으로 아이리스는 구조적 부정의에 접근하는 데 가장 도움이 되는 개념으로 '공유된 책임'을 소개한다. 우리는 과거에서 벗어나 미래를 바라보아야 한다. 즉 우리에게는 시민으로서 정치 제도를 감시하고 그 제도 안에서 구조적 부정의가 발생하지 않도록 할 집단적 책임이 있다. 우리는 이 사실을 받아들여야 한다. 만약 시민들이 집단적 책임을 이미 수행하고 있다면, 그 책임을 발전시켜나가야 할 책임이 있다.

5장 '국경을 가로지르는 책임'에서 아이리스는 국내 정치에서 지구적 영역으로 관심을 전환한다. 아이리스는 지구적 불평등을 마주할 때 자신이 '사회적 연결 모델social connection model'이라고 부르는 모델이 도움이 된다고 말한다. 지구적인 조건에서 공유된 책임을 논한다는 것이 처음에는 당혹스러울 수도 있다. "그렇게 거대하고 다양한 문제들 앞에서 어떻게 책임 있는 행동에 나설 수 있을까?" 세상의 많은 부정의는 구조적 과정에서 나왔다. 그러나 그렇게 많은 부정의를 일으킨 책임을 우리가 공유한다는 생각은 받아들이기 어려워 보인다.

아이리스는 사회적 연결 모델 아래서 우리의 책임이 본질적으로 많은 것을 요구한다고 말한다. 그리고 이는 그 책임을 거부할 이유가 아니라 받아들여야 할 이유가 된다고 주장한다. 우리 자신이 사회적 부정의로 이어지는 수많은 인과 관계망의 일부라는 사실은 우리가 대면해야 할 진리다. "그런 책임 앞에서 우리는 잠시 멈칫할지 모른다. 그러나 확신컨대 그와 같은 위압의 그늘 아래 너무 오래 있다 보면 무력해지기 십상이다. 그러니 우리는 행동을 고려하는 쪽으로 움직여야 하고 그다음에는 행동을 기대하기에 가능하면서도 합당한 방법은 무엇인지 질문을 던져야 한다." 5장의 나머지 부분은 지구적 책임의 공유라는 관념을 쉽게 다룰 수 있게 하는 데 할애된다. 이를 위해 아이리스는 개발도상국의 노동 착취 현장을 면밀하게 고찰한다. 아이리스는 비난받지 않을 수많은 행동들이 어떻게 집단적으로 부정의한 구조를 생산해내는지 보여주고, 노동 착취에 반대하는 정치 운동이 거둔 성과를 살펴본다. "수많은 사람들이 [반착취 정치 운동에] 참여했으며, 부정의한 노동 환경에 대한 공적 토론을 일으키는 데 성공했고 제도와 실행에서 몇 가지 변화들을 이끌어냈다."

5장은 늘 든든하게 아이리스를 떠받치고 있는 현실주의에 관한 내용과 더불어 많은 경험적 자료를 담고 있다. 아이리스는 이를 통해 우리가 실제 정치적 도전에 직면할 때 자신의 추상적 모델이 어떻게 도움을 줄 수 있는지 보여준다. 그 과정에서 아이리스는 찰스 베이츠Charles Beitz와 앨런 뷰캐넌Allen Buchanan의 작업에 동조하면서도 비판적 시선을 놓지 않는다. 그들의 작업은 지구적 해악에 맞서 개인적 책임을 어떻게 상상할 수 있는가에 관한 질문을 담고 있다.

아이리스는 지구적 해악을 개선할 책임이 누구에게 있는가를 사유하면서 이제 몇 가지 구체적인 매개변수를 고려해야 할 차례라고 말한다. 첫째, 우리는 행위자의 **권력**power을 고려해야 한다. 즉 구조적 과정에서 그 과정에 현실적인 영향을 미칠 수 있는 그 사람의 위치를 보아야 한다는 말이다. 영향력이 클수록 책임도 커진다. 둘째, 우리는 행위자가 받는 **특권**privilege을 고려해야 한다. 특권과 권력은 보통 같이 가지만, 인과적 영향력이 별로 없는 행위자가 특권을 받는 경우도 있다. 권력 없이 특권을 누린다는 이유만으로도 그들은 다른 행위자들보다 더 많은 책임을 져야 한다. 셋째, 행위자의 **이익**interest을 고려해야 한다. 여기서 아이리스는 가장 큰 영향을 받는 집단인 구조적 부정의의 피해자들에 대해 말하고 있다. 특히 현 상황의 변화에 가장 큰 이해관계가 달려 있는 이들은 바로 그들이다. 따라서 구조적 부정의의 피해자들이야말로 다른 사람들보다 현 상황을 변화시키는 데 더 많은 책임을 져야 한다. 넷째, 아이리스가 **집단 역량**collective ability이라고 했던 것에 관해 생각해보아야 한다. 아이리스는 어떤 개인은 기존 집단의 자원을 끌어다 쓸 수 있는 집단의 일원이기도 하다는 생각을 가지고 있다. 그 집단은 주주 모임일 수도 있고, 노동조합이나 교회 조직일 수도 있다. 사람들은 자신이 속한 집단을 변화를 위한 자원으로 활용할 수 있다. 이런 성원권은 개인에게 더 큰 몫의 책임을 부여한다.

아이리스는 지금껏 '시민 사회'를 형성하는 개인과 집단에 초점을 맞춘 반면 국가나 국제기구의 책임에 대해서는 거의 말하지 않았다. 5장의 결론 부분에서 아이리스는 공유된 책임에 대해 생각할 때 국가나 국제기구의 책임도 매우 중요한 고려 대상이라고 분명하게 말한다. 그렇지만 지구적 정의를 논하는 이들이 다른 건 배제한 채 유독 국가나 국제기구에만 초점을 맞춰온 것도 사실이라고 지적한다. 아이리스는 국가나 국제기구의 비중을 줄이고 그보다 비공식적인 다른 단체들의 역할을 강조함으로써 균형을 맞추려고 한다.

'책임 회피하기'라는 제목이 달린 6장에서는 지구적 구조와 관련된 책임을 회피하려는 사람들의 다양한 사고방식을 연구한다. 첫 번째 사고방식은 **물화**reification다. 부정의가 생산되는 과정을 마치 자연적인 힘처럼 불가피하고 변경될 수 없는 것인 양 가정하는 것이다. 여기에서 아이리스는 칼 마르크스Karl Marx와 게오르그 루카치Georg Lukács, 장 폴 사르트르Jean-Paul Sartre를 새로운 방식으로 논한다.

두 번째 나쁜 전략은 **연결을 부정하는 것**denying connection이다. 많은 사람들이 바로 가까이 있는 사람들의 조건에는 책임을 지려 하면서도 멀리 있는 사람들과 자신이 연결되어 있다는 생각은 간단히 부정해버린다. 이 전략에는 '죄'라는 관념이 유용하게 쓰인다. "보다시피 내게는 잘못이 없다. 그러니 내게 저들의 조건을 개선할 책임이 있다고 요구할 수 없다"고 말하는 것이다. 아이리스는 오노라 오닐Onora O'Neill에게서 지구적 상호 연결성에 대한 분석을 빌려와 우리가 더 넓은 범위의 지구적 조건에 책임을 져야 함을 논증한다.

책임 수용을 방해하는 세 번째 장애물을 아이리스는 **직접성의 요구**demands of immediacy라고 부른다. 우리는 우리가 수백만 명의 이방인과 연결되어 있다는 점을 인정하면서도 그들에게 줄 자원이 없다는 사실을 지적한다. 우리와 직접 상호 작용하는 사람들의 요구를 들어주다 보면 우리의 시간과 에너지는 다 소진되어버리기 마련이다. 여기에서 아이리스는 에마뉘엘 레비나스Emmanuel Levinas를 끌어들여 "모든 타자는 각자가 필요와 욕구의 환원 불가능하고 유일무이한 장소"라고 말한다. 동시에 우리가 완벽하게 윤리적 존재가 아닌 이상, 가까이 있는 이들과 멀리 있는 이들의 이해를 저울질하라는 윤리적 요구를 피할 수 없다고도 말한다. 여기서 "도덕적 삶의 환원 불가능한, 심지어 비극적인 긴장"이 발생한다. 우리는 우리 자신을 돌보면서 동시에 멀리 있는 개인의 "잠재적으로 무한한" 요구에도 귀를 기울여야 하기 때문이다. 우리가 말할 수 있는 것은 우리가 결코 우리의 윤리적 책임을 충분히 다할 수 없다는 점뿐이다. 거래 장부는 끝내 균형을 맞추지 못할 것이다. 그러나 그런 셈법에 근거해 멀리 있는 사람들에 대한 관심을 거두어서는 안 된다. 먼 거리와 가까운 거리에 있는 사람들 사이의 긴장을 줄일 수 있는 한 가지 방법은 지구적 정의를 위한 일에 사랑하는 사람들을 동참시키는 것이다. 그 과정에서 "타자를 개인적으로 대할 때 쏟는 우리의 관심과 에너지가 곧 정의를 추구하려는 정치적 책임에 쏟는 관심과 에너지가 될 수 있다."

마지막으로 아이리스는 내 일이 아니다not my job라는 식의 태도를 나쁜 전략으로 꼽는다. 다시 한번, 이 전략은 도덕적 핵심 범주인 죄라는 관념을 활용한다. 누군가에게 비난을 쏟아붓고는 나는 분명히 그릇된 어떤 일도 한 적이 없다고 말하는 것이다. 밥 구딘Bob Goodin은 비난받을 만한 사람이 없는 경우에는 국가가 조치를 취해야 한다고 말하는데, 아이리스는 구딘의 제안을 비판적으로 바라본다. 그런 제안은 국가에 모든 일을 미루고 개인에게는 납세 말고 다른 어떤 의무도 없다고 생각하게 만들어 책임의 영역을 너무 좁혀버린다는 것이다. 아이리스는 시민들이 구조적 부정의를 줄이기 위해 활동적으로 개입하지 않는다면 정부는 그럴 시도조차 하지 않는다는 점을 지적한다. 다른 곳, 다른 시기였다면 국가의 손에 있었을 법한 막대한 자산과 활동력이 오늘날 미국에서는 민간의 손에 있다는 것을 기억해야 한다. 아주 기본적인 기능만 남은 이런 상황에서 정부는 시민들이 아무리 지지를 보내더라도 구조적 부정의와 관련된 문제를 해결하기 어려울 수 있다.

아이리스는 책임을 인정하지 않으려는 변명에는 나름대로 일리가 있고 특정한 현실을 담고 있다고 결론 내린다. 그러나 그런 변명은 궁극적으로 우리가 져야 할 책임을 회피하는 것이다. 특히 '죄'의 수사학은 책임이라는 공유된 기획에 우리의 관심이 모이는 것을 막는다.

II. 죄와 책임

지금까지 요약한 바를 통해 알 수 있듯이, 이 책 『정의를 위한 정치적 책임』은 매우 중요한 주제들을 다루면서 풍부하고 흥미로운 논의를 이어간다. 그중 하나가 아이리스의 논변의 핵심에 자리한 죄guilt와 책임responsibility의 구분이다.

아이리스는 행위자가 비난받을 만한 행위를 했을 경우 죄가 있다고 본다. 비난받을 만한 행동이란 통상 악의가 개입된 행동을 가리키지만 아이리스는 어떤 경우에는 과실을 야기할 만한 태만을 저지른 것만으로도 죄를 물을 수 있다고 생각한다. 또한 미성년자 의제 강간처럼 범의犯意는 없지만 엄격한 법적 책임이 뒤따르는 사안의 경우에는 행위자에게 법적으로 책임을 물어야 한다고 본다. 그러나 아이리스의 이러한 생각은 그녀의 주장 안에서 후속 논의를 기대하기 어렵다는 것이 내 생각이다.

아이리스의 '책임' 개념은 아렌트를 읽고 비판하는 과정에서 나온 것이기 때문에 엄밀하게 정의되지는 않는다. 아이리스를 대신해서 정의해본다면, 행위자는 다음과 같은 경우에만 책임이 있다. 첫째, 행위자가 문제시되는 결과를 낳는 과정에 인과적으로 연루되어 있거나, 둘째, 행위자가 구조적 부정의를 낳는 조건을 (다른 사람들과의 협력하에) 개선할 책임을 앞으로 계속해서 져야 할 위치에 있는 경우다. 때로 책임을 판별할 때 이 두 요건 중 하나만 갖추어지면 필요조건이 되고, 두 요건 모두 갖추어질 경우에는 충분조건이 된다. 그러나 내가 앞서 인용한 구절에 나오듯이, 아이리스는 세 번째 요소를 추가한다. 시민들은 그들이 속한 사회의 제도들을 관찰하고 감시해야 한다. 그리고 행위자가 자신의 책임을 다했다고 말하려면 앞에서 말한 두 가지 요건의 책임과 함께 관찰과 감시라는 일반적인 시민의 도덕적 의무를 충족시켜야 한다. 짐작건대 아이리스는 이러한 일반적인 규범적 사실을 국내 관계에서의 시민과 국제 관계에서의 지구 공동체 구성원 모두에게 늘 적용해왔다. 따라서 세 번째 조건이 아이리스의 이론을 특별히 모호하게 만들었다고 생각하지는 않는다.

아이리스는 죄와 책임을 구분하기 위해 두 종류의 독특한 논변을 전개하면서 구조적 부정의를 안고 있는 사회에서 살아가는 시민들에게 죄가 아닌 책임을 물으려 한다. 이를 위해 본래적이면서 개념적인 두 가지 논변과 더불어 몇 가지 실용적 논변을 제시한다. 첫 번째 개념적 논변에서 아이리스는 죄에는 비난이 뒤따르지만 행위자들은 비난받을 만한 일을 하지 않고도 구조적 부정의에 참여할 수 있다고 말한다. 두 번째 개념적 논변에서는 죄는 과거 지향적이지만 책임은 미래 지향적이라고 말한다.

아이리스의 다섯 가지 실용적인 논변을 살펴보자. 첫째, 아이리스는 초점을 비난에만 고착시키면 우리의 관심이 미래의 과제들에서 멀어지게 된다고 주장한다. 둘째, 그보다 더 나쁜 것은, 문제를 일으킨 것으로 보이는 몇몇 사람들에게만 관심을 집중함으로써 사태를 개선하는 일에 나서야 할 많은 사람들에게 면죄부를 준다는 것이다. 셋째, 비난에 초점을 맞추는 것은 개인을 겨냥하기 때문에 부정의를 일으키는 배경 조건에 기울여야 할 관심을 분산시키는 경향이 있다. 넷째, '비난 게임'은 협력보다는 어떻게든 [책임을] 모면하려는 방어만 낳는다. 마지막으로 다섯째, 죄는 마음을 내면으로 쏠리게 한다. 그리하여 우리 앞에 놓인 과제에 집중하기보다 쓸데없이 자신의 성품에만 집중하게 만든다.

아이리스의 명쾌한 분석은 책임과 관련된 논쟁의 성격을 전환시킨다. 나도 처음에는 아이리스의 이론에 완전히 설득되었다. 그런데 나중에는 의구심이 들었다. 그 이유는 다음과 같다.

첫째, 개념적 구분을 생각해보자. 나는 과거 지향적인 부분과 미래 지향적인 부분이라는 구분을 유지하는 것이 매우 어렵다고 생각한다. 시간이 앞으로 나아간다는 단순한 이유로 죄는 과거의 행위에만 적합하고 책임은 미래의 행위에만 적합하다는 주장 말이다. 다음과 같은 경우를 생각해보자. 시간 t에 행위자 A는 사회적 해악 S에 대해 책임 R이 있다. 시간은 지나고 A는 책임을 회피한다. 이 상황에서 우리가 말할 수 있는 것은 무엇인가? "뒤돌아보니, A는 t 시점에서 아무것도 잘못한 것은 없어. 그러니 우리는 t에 대해서는 잊어버리고 시간 t+1에 A 앞에 놓인 것에만 집중해야 해"라고? 나는 이렇게 생각하는 것은 옳지 않다고 본다. 아이리스는 구조적 부정의에 참여한 사람들에게 부과해야 하는 것은 과거 지향적 죄가 아니라 미래 지향적 책임이라고 말한다. 만약 우리가 이 구분을 명확하게 유지하면서 그 구분 선을 받아들인다면 사람들이 마땅히 떠안아야 하는 일인데 떠안는 데 실패한 과업은 그들의 장부에 부채나 죄로 기록되지 않는다. 그리고 새로운 과업이 항상 그들을 기다리고 있다. 이와 반대로 나는 만약 A가 사회적 해악 S에 책임 R이 있고 그 책임을 다하지 못했다면, 어느 정도 시간이 흐른 뒤에 A에게 자신의 책임을 다하지 못한 죄를 물을 수 있다고 생각한다. 당위의 논리만으로도 아주 간단하게 도출되는 결론이다. 아이리스 역시 A가 어떤 일을 떠안아야 했다고 말하는데 이는 A가 만약 그 일을 떠안지 않았다면 A는 무언가 잘못을 저지른 것이라는 뜻을 함축하고 있다.

행위자는 아무런 과실 없이도 구조적 부정의에 참여할 수 있다고 말한 두 번째 논점에 관해 이야기해보자. 여기서 A가 악의나 해를 끼치려는 의도를 가졌다고 생각할 필요는 없다. 그러나 A에게 과실이 없다는 점까지 인정해야 한다고는 생각하지 않는다. 만약 자신이 몸담고 있는 기관들을 감시하고 그 안에서 구조적 부정의가 발생하지 않도록 부단히 경계해야 하는 것이 일반적인 도덕적 진리라면, 시민으로서 그런 소임을 다하지 않은 것은 태만죄라고 생각하기 때문이다. 국제 영역에서도 마찬가지다. 사람들이 그런 일반적인 도덕적 진리를 몰랐을 수도 있기 때문에 때로 행위자에게 너무 많은 비난을 가하는 것을 바라지 않을 수 있다. 그러나 도덕법을 포함해 법에 대한 무지는 변명이 될 수 없다. 이는 어디서나 마찬가지다. 아마도 우리는 '엄격한 법적 책임'과 좀 더 유사한, 과실 없는 참여non-culpable participation라는 개념을 특별히 추가하고 싶을지도 모른다. 여기서는 범의라는 요건이 꼭 성립할 필요는 없다. 그래도 여전히 행위자는 법을 어겼고 따라서 유죄다.

이들 논점은 아이리스의 개념적 구분에 의문을 제기할 강력한 이유처럼 보인다. 죄는 개별적이지만 책임은 공유된다는 또 다른 개념적 논점은 어떤가? 나는 공유된 책임이라는 일반적인 도식 안에서 행위자가 마땅히 완수해야 할 과제가 무엇인지를 이해할 수 있는 좋은 방법을 찾을 수 있다고 생각한다. 실제로 아이리스는 권력이나 특권, 이익, 집단 역량 같은 다양한 기준들을 우리에게 제공하고 있다. 최종적으로는 책임을 나누는 방법에 대한 설명이나 유사한 다른 설명들에 동의하지 않을 수는 있지만 아이리스가 제시한 기준들로 우리는 주어진 행위자가 짊어져야 할 책임의 크기를 가늠할 수 있다. 우리는 행위자가 모든 사회적 과제를 떠안지 않았다는 이유로 행위자를 비난하는 게 아니라 그가 마땅히 해야 할 일을 하지 않은 것에 대해 비난하는 것이다. 즉 우리는 행위자가 나쁜 결과에 얼마만큼 기여했는지를 보고 행위자를 비난한다.

실용적 논변은 어떤가? 아이리스는 비난과 책임이 개념적으로 균형을 이루어야 한다는 사실을 받아들인다 할지라도 여전히 과거보다는 미래에, 사람들의 실패보다는 그들이 할 수 있고 해야 할 일에 초점을 맞추는 것이 옳다고 생각한다. 여기서 다음 다섯 가지 논변을 검토해 보아야 한다. 첫째, 비난에 초점을 맞추는 것이 우리가 미래 과제에 관심을 기울이지 못하는 이유가 되는가? 비난을 가하는 게 미래에 비난받을 만한 행동을 저지르는 것을 강력하게 억제하는 역할을 한다고 생각하기 위해 억제를 완벽한 처벌 이론으로 여길 필요는 없다. 아이를 생각해보자. 좋은 부모라면 아이가 잘못된 행동을 했을 때 미래에 도움이 될 행동거지를 가르칠 생각은 안 하고 오직 비난만 하지는 않을 것이다. 이는 정치에서도 마찬가지다. 우리는 언제나 변화할 수 없는 과거보다는 변화할 가능성이 있는 미래에 강조점을 두어야 한다는 아이리스의 말은 분명 옳다. 그러나 과거를 비판하지 않고서는 미래에 도달할 수 없다. 착한 행동은 칭찬하고 나쁜 행동은 비난하는 것으로 아이들은 미래에 닥칠 새로운 상황을 인지하는 방법을 배우게 된다. 앞으로 나쁜 행동을 피하고 좋은 행동을 추구할 강력한 동기도 제공해 준다. 아이가 이기적인 행동을 할 때마다 부모가 그저 "다음부터는 사람들을 공정하게 대해라"라고만 말한다고 가정해보자. 아이가 방금 전 무언가 기대 이하의 행동을 했을 때처럼 "다음부터는 다르게 행동해라"라고 하거나, 아이가 저지른 잘못에 책임을 물을 때처럼 "너는 조니에게 정말 부당한 짓을 했어. 그러니 다음부터는 네가 좀 더 공정해지기를 바란다"라고 하는 것도 아니다. 그렇다. 이 부모는 그저 "다음부터는 사람들을 공정하게 대해라"라고 말할 뿐이다. 이런 메시지는 혼란스럽기만 할 뿐 아이에게 도움이 되지 않는다. 아이는 방금 전 자신의 어떤 행동이 부당했는지를 모르기 때문에 실제로 공정함이 무엇인지를 배우지 못했다. 방금 전 자신이 무언가 부당한 행동을 했다는 것 자체를 깨닫지 못하는 것이다. 아이들은 그만큼 미래에 공정한 행위가 무엇인지 분별할 능력을 키울 수 없고 공정하게 행동해야 한다는 동기도 강화되지 못한다.

시민의 경우도 마찬가지다. 미국인의 방만한 생활 양식이 어떻게 지구에 해가 되는지를 자세히 보여주지 않고 단지 "이제부터 에너지를 절약하자"라고 말한다면, 학습은 거의 일어나지 않는다. 도덕적 행동을 할 동기도 생기지 않을 것이다. 반면 "당신의 탄소 발자국이 얼마나 큰지 보아라"라고 말함으로써 자신이 저지른 명백하게 해로운 행위를 대면하게 만들면 배움은 증진되고 동기는 강화된다.

아이리스는 두 번째 논변에서 비난에만 집중하면 잘못은 문제를 일으킨 소수의 사람 탓이 되고 동시에 우리 대부분은 면제를 받는 경향이 있다고 말한다. 물론 그럴 수 있다. 그렇지만 반드시 그런 것은 아니다. 모든 것은 인과적 분석에 달려 있다. 지구온난화에 각 개인이 기여하는 바를 제대로 분석한 연구들은 탄소 배출량을 줄이려고 노력하지 않은 모든 미국인을 비난한다. 여기에서 최근에 나온 영화 두 편을 비교해보자. 「누가 전기 자동차를 죽였는가?*Who Killed the Electric Car?*」[1]는 매우 흥미롭고 폭로적인 스릴러 형식을 취하고 있다. 영화의 제목이 암시하듯이, 「누가 전기 자동차를 죽였는가?」는 소수의 개인을 비난하려는 목적을 가지고 있다. 영화의 결말은 소수의 기업인들과 정치인들에게 유죄 판결을 내리는 식으로 끝을 맺는다. 일반 대중은 이 결론에 안도하고 긴장을 푼다. 이에 반해 앨 고어Al Gore의 「불편한 진실*An Inconvenient Truth*」[2]은 훨씬 더 불편하다. 「불편한 진실」은 우리 모두가 회피하고 있던 그 모든 집단적 과제를 우리에게 보여주기 때문이다. 이 영화는 태만한 부주의를 이유로 대부분의 사람을 비난하고 있지만 동시에 미래를 향해 나아가게 만든다. 따라서 아이리스의 두 번째 실용적 논변은 때로는 맞을 때도 있지만 늘 그런 것은 아니다.

세 번째로 비난에 집중하면 우리의 관심이 배경 조건에서 멀어지게 된다는 논변을 살펴보자. 물론 그럴 수도 있다. 그러나 비난이 제대로 이루어진다면 그렇지 않을 수도 있다. 잔디 깎기 같은 집안일을 돕지 않는다고 자녀를 비난할 수 있는지의 여부를 논할 때 우리는 집안일을 하기 어렵게 만드는 (토네이도나 정전이 일어났다든지와 같은) 평소와는 다른 배경 조건들을 무시할 수는 있다. 그러나 그래서는 안 되고 그럴 필요도 없다. 만약 무시했다면, 우리에게는 비난할 권리도 없다.

아이리스는 네 번째 논변에서 비난 게임은 사람들을 방어적이고 회피적으로 만든다고 말한다. 반면 사람들에게 책임을 물을 경우에는 비난할 때보다 협력을 이끌어내기가 쉽다고 한다. 이는 분명 진실이지만 부분적 진실이다. 당신이 사람들을 모아 문제의 원인에 다가가고 싶다면 사람들에게 그들이 얼마나 나쁜가를 시시때때로 말하는 것은 오히려 역효과만 낳을 뿐이다. 이는 분명한 사실이다. 사람들은 아마 당신을 피하려 할 것이다. 반면 사람들에게 그들이 미래에 어떤 일을 할 수 있는지를 보여준다면 그들은 당신의 말을 좀 더 경청할 것이다. 다른 한편으로 죄 역시 보상을 이끌어내는 강력한 동기일 수 있다. 상대방을 존중하고 사랑하는 마음으로 죄를 묻는다면, 그러한 죄는 더 강력한 동기를 생산해낼 수 있다.

이쯤 해서 죄를 묻는 방식을 두 가지로 구분할 필요가 있을 것 같다. 한 가지 방식은 대상을 좁혀 주모자 몇 명만 찾아내 그들을 비난하는 것이다. 이는 미래의 책임을 얼렁뚱땅 모면하는 방식으로, 주모자가 아닌 다른 사람들은 자기 몫의 의무를 다하기보다 긴장을 풀어버리기 쉽다. 다른 한편으로는 좀 더 일반적으로 죄를 묻는 방식이 있다. 우리 모두, 또는 거의 대부분이 방만한 생활을 하고 있으니 변해야 한다고 말하는 경우다. 마틴 루터 킹Martin Luther King Jr.은 백인 청중 앞에서 바로 그런 방식으로 훌륭하게 미국인의 죄를 환기시켰다. 킹은 미국 헌법과 독립선언문을 "잔액 부족"이 찍힌 "부도 수표"로, "유색 인종에 대한 채무 불이행 도장이 찍힌 약속 어음"으로 표현했다.[3]

물론 킹이 계속해서 죄만 언급한 것은 아니었다. 킹의 메시지 대부분은 미래를 향한 것이었다. 그러나 죄를 묻는다는 것은 흑인들이 처한 나쁜 상황에 문제를 제기하고 백인들에게 그런 상황을 계속해서 만들어낸 죄를 묻는다는 두 가지 뜻 모두를 함축한다. 악의를 가진 주모자가 있었던 것은 아니지만 백인들은 링컨이 노예해방선언문에 서명한 지 백 년이 더 지나도록 어떤 행동도 취하지 않은 채 태만했다. 킹은 백인들이 과거에 무책임했고 직무를 유기했다는 말은 생략한 채 오로지 영광스러운 미래만 그릴 수도 있었다. 그러나 그랬다면 킹의 연설은 사람들을 건설적인 참여로 이끌 만큼 그렇게 강력한 힘을 발휘하지는 못했을 것이다.

마지막으로 아이리스는 죄는 바깥에 있는 타자에게 초점을 맞추기보다는 내면의 자아에 초점을 맞추는 경향이 있다고 말한다. 물론 그럴 수도 있다. 그렇지만 진지한 자기 성찰은 바깥에 있는 타자로 초점을 전환하는 과정에 꼭 필요한 요소일 수 있다. 나는 우리 자신의 나르시시즘과 이기적 열망, 그리고 타인 위에 군림하려는 욕망을 확인하고 그에 맞설 때에만 진정으로 바깥에 있는 타인을 향해 돌아설 수 있으며 저 강력한 난관들로부터 좀 더 자유로워질 수 있다고 생각한다. 도덕적 삶에서 이 과정은 두 가지 국면으로 분리될 필요가 없다. 간디의 삶과 그의 운동은 내부적 전환이 때로는 외부적 전환의 촉매일 뿐 아니라 그와 동시적인 것일 수 있음을 보여준다. 간디와 간디의 지지자들은 모두 자기 안의 폭력과 자기 안의 지배적 성향을 비판적으로 성찰했다. 이는 그들이 조국 해방을 위해 싸울 때 꼭 거쳐야 할 과정이었다. 내면세계를 진솔하게 비판하기 전에 너무 서둘러 외부로 향한다면 무언가를 개선해보려는 우리의 행동은 분명 피상적인 수준에 머물거나 단명하고 말 것이다. 물론 내면의 힘 때문에 나르시시즘에만 빠져 있다면 사회적인 활동을 하는 데 방해가 될 것이 분명하다.

내가 이 모든 내용을 확신하는 것은 아니다. 이 모든 논점들에 관해 아이리스와 대화를 나누는 것이 아마도 논리적인 수순일 것이다. 그랬다면 우리가 어느 지점에서 왜 다른지를 더 명료하게 이해할 수 있었을 것이고 함께 그 주제에 관해 더 깊이 있는 결론에 이르렀을 것이다. 이를테면 아이리스가 왜 정치적 투쟁에 관한 간디의 입장을 채택하지 않았는지, 또는 정신분석학에 영향을 받은 나르시시즘과 공격성이라는 관점(이는 내 관점이기도 하다)을 채택하지 않았는지 이해할 수도 있었을 것이다. 아이리스는 하고 싶은 말이 많았을 것이고 그 말들은 매우 강력했을 것이라 확신한다. 그러나 불행히도 대화는 더 이상 가능하지 않다. 최선을 다해 이 논변을 이어가는 것이 우리 모두의 몫으로 남았다.

마사 C. 누스바움Martha C. Nussbaum

1장

개인적 책임에서 정치적 책임으로

미국에서 '빈곤과의 전쟁'이 벌어지던 시기[1960년대 중반]에 빈곤은 국가적 수치라는 믿음이 널리 확산되었다. 그 믿음은 그 뒤로도 계속되었다. 빈곤에 대한 당시의 지배적인 견해는 다음과 같았다. "일부 빈곤층이 실업자나 노숙자로 전락할 수 있는 상황에 처한 것은 본인이 자초한 일이지만 그들이 빈곤에 취약해진 것은 현재 빈곤층이 아닌 사람들까지도 자칫하면 빈곤층으로 떨어지게 만들 수 있는 복잡한 제도적 요인들의 결과다."[1]

지난 20년간 정부 관료, 학자, 언론인, 일반 대중이 빈곤을 이해하고 해결하는 방식에 엄청난 변화가 있었다. 1980년대 초, 완고한 일부 보수 학계의 학자와 정책 분석가들이 주도하기 시작한 빈곤에 관한 담론은 보수주의자들뿐 아니라 자유주의자들 사이에서도 빠르게 확산되었다. 한마디로 빈곤의 원인을 빈곤한 사람들과 그들의 행위에서 찾을 수 있다는 것이다. 이런 시각에서 볼 때 빈곤층은 다른 집단에 속한 사람들에 비해 자기 삶에 책임을 지지 않으려고 한다. 그들은 종종 일탈적이거나 자기 파괴적 행동에 가담하곤 한다. 공공 부조 프로그램은 이들 일탈적 사람들에게 아무것도 하지 않고도 지원금을 받을 수 있다고 기대하게 만들어 문제를 더 심화시킬 뿐이다. 새로운 복지 국가는 빈곤층의 이러한 의존적인 정신 상태를 종식시키고 그들이 자기 삶에 책임을 질 수 있도록 특별한 방안을 강구해야 한다.

개인적 책임과 빈곤에 관한 이러한 담론의 정책 효과는 미국에서 가장 컸을 것이다. 그러나 역사적으로 강력한 복지 국가의 전통을 자랑하던 선진 자본주의 사회 대부분이 비슷한 공적 논쟁과 정책 전환을 경험했다. 수요와 생산 간의 불일치, 또는 시장 실패라는 구조적 관점에 중점을 두고 본다면 유럽, 캐나다, 호주, 뉴질랜드의 복지 정책 담론도 개인적 책임에 비중을 두고 빈곤한 개인의 행위와 그 속성에 상당 부분 초점을 맞추고 있다.[2]

1장의 첫 번째 목적은 복지 정책의 맥락에서 이러한 개인적 책임 개념을 평가하는 것이다. 찰스 머리Charles Murray와 로렌스 미드Lawrence Mead의 저작을 중심으로 논의를 펼칠 예정인데 그들이 다른 어느 학자들보다 광범위한 방식으로 개인적 책임 개념을 설명했고 그들의 생각이 폭넓은 영향을 미쳤기 때문이다.[3] 나는 먼저 빈곤과의 전쟁에 대한 머리와 미드의 비판, 그리고 자유주의와 관련 복지 정책을 검토하려 한다. 이어 복지 정책의 도덕성과 관련해 그들이 만들어낸, 의문스러운 세 가지 주요 가정을 살펴볼 것이다.

머리와 미드는 첫째, 빈곤의 뿌리는 개인적 책임에 있거나 구조적 원인에 있을 수 있지만 두 가지가 동시에 빈곤의 원인이라고 생각하지는 않았다. 나는 이것이 잘못된 이분법이라고 생각한다. 빈곤의 원인과 해결책을 철저하게 설명하려면 반드시 사회 구조를 언급해야 한다. 그리고 그런 설명은 개인의 행위성이나 개인적 책임 개념과도 양립할 수 있다. 둘째, 머리와 미드는 빈곤한 개개인은 개인적 노력을 통해 경제적 신분 상승을 할 수 있다고 주장함으로써, 빈곤층이 처한 사회 구조적 배경을 부당한 것으로 생각하지 않았다. 셋째, 이러한 개인적 책임 담론은 오로지 빈곤한 사람의 책임에만 초점을 맞춘다. 다른 사람들은 자기 책임을 다하고 있으며 특히 일탈 행동을 하는 가난한 사람들 때문에 다른 사람들이 부당하게 비용을 지불한다고 암묵적으로 가정하는 것이다. 개인적 책임 담론으로는 일부 중산층과 부유층이 보이는 무책임한 행동을 제대로 설명할 수 없다. 개인적 책임 담론은 각 개인은 다른 사람들과 무관하고, 각자의 행위에 대한 비용은 자기 혼자 감당해야 한다는 잘못된 이상을 그린다. 이는 우리 행위의 배경이 되는 제도적 관계가 어떻게 우리를 깊은 상호 의존 상태로 만드는지를 무시하는 가정이다. 개인적 책임 담론은 개인이 자기 삶뿐 아니라 독립적인 관계에 있는 타인의 삶의 조건에 대해 개인적으로 어떤 책임을 가져야 하는지 묻는 데 실패했다.

1장에서는 또한 '평등'에 대해 이야기한 바 있는 특정 철학자들이 개인의 책임을 어떻게 설명하고 있는지 살펴볼 것이다. 로널드 드워킨Ronald Dworkin의 '자원 평등론'을 시작으로[4] 제럴드 코헨Gerald Cohen, 리처드 아네슨Richard Arneson, 존 로머John Roemer 같은 철학자들은 특정 상황에 있는 개인이 그 상황에 대해 져야 할 책임의 한계를 논한다. 이들 모두, 인간은 자신이 적극적으로 선택한 상황이나 선택의 결과 벌어진 상황에 대해서는 개인적인 책임을 져야 하지만, 자신이 통제할 수 없는 환경이 빚은 상황에 대해서는 책임을 지지 않아도 된다는 직관을 공유한다.

이들 사이의 논쟁 대부분은 무엇이 선택의 결과이고 무엇이 환경의 결과인지를 구분하는 방식을 둘러싸고 전개되지만, 이 책에서 내 주장을 전개할 때는 드워킨의 이론과 그의 상대 이론가들이 제기하는 다른 문제들에 초점을 맞출 것이다. 드워킨은 재분배 복지 국가를 굳게 주장했다. 드워킨의 이론은 상대적으로 불우한 위치에 있는 사람들을 설명할 때 그들의 행위와 속성에 관심을 갖는다는 점에서 머리나 미드의 논리와 비슷하다. 게다가 개인이 처한 상황을 그 자신이 통제할 수 없는 운luck의 문제로 이해함으로써 개인의 행위가 이루어지는 구조적인 배경 조건에 호소할 수 있는 이론, 즉 정의론에 대한 요구를 회피하고 있다. 개인적으로는 존 로머의 수정된 이론이 이론화에는 미치지 못했지만 빈곤층의 사회 구조적 배경 조건을 이해하는 데 몇 걸음 더 나아갔다고 생각한다. 마지막으로, 정책 담론과 다를 바 없이 드워킨과 그의 비판자들은 무엇보다 상대적으로 불우한 사람들의 개인적 책임에 초점을 맞추었다. 그들 역시 개인이 자신뿐 아니라 타인의 삶의 조건에 대해 지녀야 할 개인적 책임이 무엇인지를 뚜렷하게 설명하지 못했다.

서구 민주주의 국가의 복지 개혁

1996년 빌 클린턴 미국 대통령은 '개인적 책임과 근로 기회 조정 법안Personal Responsibility and Work Opportunity Reconciliation Act, PRWORA'에 서명

했다. 이 법안으로 미국에서 공공 부조를 받을 수 있는 조건이 갑작스럽게 바뀌었다. 적법한 요건을 갖춘 사람들이 공공 부조를 받을 수 없게 된 것이다. 이는 각종 사회 법안이 확대되기 시작한 뉴딜 시대 이래 처음 있는 일이었다. 개인은 이제 국가가 정한 수급 자격 조건에 따라, 그리고 예산이 남아 있을 때에만 공공 부조를 받을 수 있게 되었다. 일부 예외 조항은 있지만 이러한 복지 개혁으로 한 사람이 평생 공공 부조를 받을 수 있는 기간이 5년으로 제한되었고, 특정한 공공 부조 수령 기간은 2년으로 제한되었다.

'개인적 책임과 근로 기회 조정법'은 임신과 출산에 대한 개인적 책임을 법적으로 명시하려고 시도했다. '가족 가치' 담론은 개인적 책임과 한데 묶여 혼외 출산을 늘 문제가 있는 것으로 만든다. 이 법은 주별 전체 혼외 출산율을 추적해 그 수치가 점차 하락세를 보이는 주에 보상을 해준다. 일부 주에서는 공공 부조 수급자들에게 금욕 강좌 수강을 요구하기도 한다. 이는 2005년에 연방법에 새롭게 반영되어 각 주가 나서서 공공 부조 수급자들에게 혼인 장려 강좌에 참석하도록 요구하게 했다.

가족 가치에 충실한 사람들은 이런 가치가 사회 전반에 적용될 수 있다고 생각한다. 반면 빈곤층은 그 가치에서 일탈한 죄로 국가 관료들이 보는 앞에서 처벌받는다. 공공 부조를 받으려는 여성이 아이 아버지 이름을 밝히길 거부하면 공공 부조를 받지 못한다. 아이 아버지가 자신이나 아이들에게 해를 입힐 수 있는 사람이어서 이름을 밝히길 거부했을 때조차 그렇다. 아버지 이름을 밝히길 요구하는 것은 아버지로서 경제적 책임을 지게 만들기 위해서다. 원칙적으로는 훌륭한 목적이다. 문제는 많은 생물학적 아버지들이 빈곤한데 법은 그들에게 자녀에 대한 경제적 책임을 지라고 요구한다는 것이다. 미성년 한부모에게는 아예 혜택을 제공하지 않거나 공공 부조를 수령하려면 부모와 함께 거주하라고 요구하는 주도 많다. 또한 여러 주들이 공공 부조를 받고 있는 동안 출산한 한부모 여성에게는 추가 보조금을 지급하지 않는다. 보조금을 더 받으려고 자녀를 더 출산하는 여성들이 있다는 근거 없는 이론 때문이다.[5]

'개인적 책임과 근로 기회 조정법'은 1980년대 중반 이래 미국과 기타 지역 복지 프로그램에 일어난 변화를 일반화한 것이었다. 이 법은 몇 가지 예외를 제외하고는 공공 부조를 받으려면 일자리를 갖거나 복지 프로그램이 '근로'로 취급하는 활동에 참여해야 한다는 조건을 내걸었다. 대부분의 국가들은 대학 진학이나 고등학교 과정 이후 직업 훈련 등을 통해 개인의 역량을 강화하는 활동은 근로 활동으로 쳐주지 않았다. 국가들은 '노동 우선work first' 철학을 따른다. 공적 지원이 필요한 사람들의 문제는 집 밖에서 일자리를 구해야 할 동기를 부여받지 못하고 일을 어떻게 해야 하는지 이해하지 못하며 노동 경험이 부족하다는 것이다. 공공 부조 프로그램이 일단 그들을 일자리로 밀어 넣으면 자급자족을 방해하는 이런 장애물들은 수급자가 일자리를 유지하는 한 사라지게 된다. 그들은 경험, 기술, 훈련을 축적하고 직업 사다리를 오를 수 있을 것이다. 그러나 많은 비평가들이 이 이론의 결함을 지적했다. 이 이론은 표준 노동 시간 외에 일을 할 경우 아이들을 맡길

곳이 없는 상황이나, 아픈 아이를 돌보거나, 신뢰할 수 없는 교통수단에 의지해야 하는 수급자들의 어려움을 고려하지 않는다. 공공 부조 규정은 일터에 제때 출근하지 못하는 등 약속을 지키지 못했을 경우 매우 가혹한 조치를 취한다. 일자리도 잃고 공공 부조 혜택도 받지 못하게 될 것이라는 위협은 실재한다. 심지어 수급자가 애써 일자리를 유지해도 대부분 저임금 직종에 종사하기 때문에 수급자와 그 자녀들이 품위 있는 삶을 살기란 거의 불가능하다. 서비스직에 있거나 점원으로 일하는 대부분의 공공 부조 수급자들은 결국 [저임금-장시간 노동에 시달리느라] 임금 상승 기회나 기술 개발 기회를 놓치게 된다.

유럽이나 캐나다, 호주 같은 복지 국가는 가족과 섹슈얼리티와 관련해서는 이와 같은 징벌적 정책을 따르지 않는다. 그러나 미국에서와 같이 다른 서구 복지 국가들에서도 '권리'로 이해되던 공공 부조가 수급자가 일을 해야만 얻을 수 있는 것으로 바뀌었다.[6] 노르웨이처럼 경제적 위기와 높은 실업률을 경험하지 않은 서구 유럽의 강한 복지 국가들 대부분은 공공 부조 수급자의 자격 조건 강화 정책을 제도화했다. 이 국가들은 수급자들에게 일자리를 가지라고 요구하거나, 그들을 되도록 빨리 경제 활동 인구로 편입시키는 게 목적인 프로그램에 참여할 것을 요구했다. 유럽 복지 국가들은 독신 남성이나 커플들에게 일자리 프로그램에 접근할 수 있는 기회를 더 많이 준다. 그리고 이 정책은 점차 대부분이 여성인 한부모들에게로 확대되고 있다. 단, 아이가 너무 어릴 경우에는 정책에서 제외된다. 유럽의 복지 정책은 기간에 제한을 두거나 제재를 가하는 미국보다는 비징벌적이지만 정책을 만

들어낸 전체적인 철학은 비슷하다.[7]

이러한 근로 복지 정책의 의미와 효과는 최근에 일어난 임금 노동 구조화나 노동 분업과 분리해 생각할 수 없다. 두 가지가 서로를 강화하기 때문이다. 전 세계적으로 정도는 다르지만 고등 교육을 받지 못했거나 특별한 훈련을 받지 못한 사람들의 노동 가치가 하락하고 있다. 그들은 대부분의 나라에서 성인 인구의 다수를 차지한다. 지난 20년간 여러 직종에서 실질 임금이 하락했고 복지 혜택은 더 급격하게 줄었다. 복지 혜택의 축소는 노조와 노동법이 노동자의 이해를 강력하게 대표하거나 보호하지 못하는 국가에서 더 심각하게 나타났다. 가장 불안한 점은 임금 노동이 점점 비정규직화되고 있다는 것이다. 노동자들은 이제 계약상 정해진 임금과 복지 혜택을 받는 전일제 노동자로 규정되기보다 '임시직'이나 '시간제', 또는 '임시직이자 시간제'로 분류된다. 수개월 동안 밤낮없이 전일제로 일한다 해도 마찬가지다. 주말이나 저녁처럼 표준 노동 시간 외에 일을 하는 사람도 많다. 그들이 일하는 시간은 동의 없이 언제든 바뀔 수 있다. 이미 언급한 대로 이런 일자리에 복지 수급자들을 집어넣는다고 해서 그들이 적절한 임금을 받거나 더 나은 기술을 배울 수 있는 것은 아니다. 오히려 예측 불가능성이 커지면서 사람들이 일터에서의 책임과 가정에서의 책임에 조화를 이루지 못할 수도 있다. 게다가 공공 부조를 받으려면 일을 해야 하기 때문에 수급자들은 저임금 노동 조건이라도 마다하기 힘들다.

대부분의 현대 복지 국가에서 나타난 정책 변화의 원인을 설명하려는 것이 내 의도는 아니다. 다른 대규모 사회 현상과 마찬가지로 현대 복지 국가의 변화도 과장된 면이 있다. 어떤 분석가들은 미국과 유럽이 탈산업화하면서 경제 구조가 변해 복지 정책도 상당 부분 변화한 것이라 해석한다. 세계화로 경쟁의 압력이 커지면서 더 유연하고 순응하는 인력을 확보하는 것이 기업의 지상 과제가 되었다는 것이다. 노동자들의 '안전망'은 국가가 더 이상 감당할 수 없는 호사스러운 단어가 되었다. 동시에 인구가 노령화되고 과세 기반이 줄어들면서 사회 지출에 추가적인 압력이 가해졌다. 여성들이 대거 노동 인구로 편입되면서 노동 시장의 경쟁이 치열해졌고 여성의 적절한 역할에 대한 기대도 더 커졌다. 이처럼 사회경제적 구조가 변화하면서 무엇이 빈곤을 낳는지, 그리고 누가 빈곤을 해결할 책임이 있는지에 대한 생각에 거대한 전환이 있었다. 20세기 중반까지만 해도 대다수 복지 국가에서 각국의 복지 정책을 지탱하던 생각은 정도만 다를 뿐 비슷했다. 전체 사회 구성원이 서로의 노년과 건강, 아동을 보살피고 빈곤을 방지할 책임을 집단으로 진다는 생각이 그것이었다. 복지 국가는 규모 면에서도 공공 프로그램의 보편성 면에서도 상당히 다양하지만 공통적으로 가지는 생각은 있다. 현대 사회에서 사람들은 상호 의존적이고 그들이 참여하는 복잡한 사회적·경제적 과정은 종종 전혀 예측할 수 없는 방식으로 사람들에게 영향을 미치며 이러한 상호 의존성 때문에 사람들은 서로 간에 돌봄을 빚지고 있다는 생각이다.

지난 20년 동안 사회관계를 개인주의적으로 해석하는 이해가 승리를 거두어왔다. 그동안 집단적 책임은 약화되거나 심지어 파괴되었다. 미국의 복지 정책 담론이 이러한 변화를 주도했는데 이는 미국이 다른 나라보다 복지 프로그램 보장 수준이 항상 낮았기 때문이기도 하다. 그럼에도 미국의 복지 정책 담론에 뿌려진 씨앗은 상대적으로 단기간에 꽃을 피울 수 있을 만큼 풍부한 토양을 다른 국가에 제공했다. 최근의 전 세계 정책은 개인적 책임 담론을 그 근거로 내세우고 있다. 다음으로는 전 세계적으로 우위를 확보하고 있는 이 개인적 책임 담론에 대해 논의해보려고 한다.

개인적 책임 담론의 규범적 가정

1990년대 미국에서 일어난 복지 개혁과 개혁 중에 있던 다른 국가들의 정책 변화에 추진력을 더해준 것이 바로 '개인적 책임'이라는 단어였다. 자유주의자들도 적어도 보수주의자들만큼이나 이 단어를 즐겨 썼다. 당시 대통령이었던 빌 클린턴은 1995년 9월 국민을 상대로 한 라디오 연설에서 다음과 같이 말했다. "지난주에 나는 여러분에게 우리나라의 망가진 복지 제도를 개혁하려면 어떻게 해야 하는지에 대해 말했습니다. 진정한 복지 개혁은 모든 미국민이 공유하는 가치를 반영해야 한다고 했습니다. 그것은 바로 노동, 개인적 책임, 그리고 가족입니다."[8]

'개인적 책임'은 무슨 뜻인가? 위의 문장에서 개인적 책임이라는 단어의 등장은 거의 불필요해 보인다. 복지와 빈곤에 대한 논쟁이 진행되는 동안 개인적 책임은 무엇보다 '일'과 '가족'에 연관되어 있다는 것이 확인되었다. 개인적으로 책임진다는 것은 타인이나 정부 보조금에 의존하기보다 스스로 일해서 생활을 해결한다는 뜻이다. 가족 구성원들을 돌보고, 어떤 이유에서든 일을 할 수 없는 가족 구성원들을 물질적으로 지원할 최우선적 책임이 개인에게 있다는 것이다. 미국인들이 공유하는 가치 목록에 개인적 책임을 포함시킴으로써 클린턴은 일과 가족의 가치를 도덕적으로 강조했다. 클린턴은 오로지 한 가지 측면에서만 새로운 가치를 추가했는데 노동자와 그 가족이 스스로 벌어서 생계를 유지해야 한다는 것이었다.

'개인적 책임'에서 '개인적'이란 무슨 의미일까? 그것은 당신이 갖고 있는 책임이 당신 자신과 가족을 위한 것임을 강조한다. 데이비드 슈미츠David Schmitz가 지적한 대로, 이 문구가 표현하는 이상은 각 개인이나 가족이 그들 행위의 결과를 내면화해야 한다는 것이다. 즉 각자는 선택의 비용을 감수해야 한다. 개인이나 가족은 피해나 불이익을 당할지라도 타인의 도움을 기대할 도덕적 권리가 없다.[9] 각자는 자신의 개인적 책임 범위를 결정짓는 행동반경 안에서 살고 있다. 이 경우 사회 내 모든 환경에서 도덕적 책임은 각자의 개인적 책임의 한계를 설정함으로써 부여된다.

복지 정책 담론으로 구체화된 개인적 책임 개념은, 추후 논의하겠지만 책임에 관한 '비난'이나 '과실'의 모델을 가정한다. 이는 가장 전형적인 법적 담론이자, 도덕적 담론에도 상당히 자주 등장하는 가정이다. 개인적 책임 개념은 다른 이들을 면책하기 위해 한 사람에게 책임을 전가한다는 특징이 있다. 따라서 이 개념은 다음 두 가지 함의를 갖는다. 하나는 각 개인이나 가족은 각자 책임져야 할 영역에서 그들 행동의 모든 비용을 내면화해야 한다는 것, 다른 하나는 다른 사람들에게는 우리를 도울 의무가 없으며 우리 역시 다른 사람들을 도울 의무가 없다는 것이다. 각자는 자신의 행동의 결과가 다른 이들에게 잘못된 영향을 미치지 않는지 늘 확인하고, 만약 잘못했을 경우 보상금을 지급하는 등의 방법을 통해 그 피해를 '내면화'할 책임을 갖는다. 하지만 이런 관점에서는 사회 과정에 참여하면서 다른 사람들과 관계를 맺을 때 갖게 되는 긍정적 책임이 없다. 만약 각자가 다른 사람들에게 기대지 않고 자급해서 살아간다면 그들은 개인적 책임을 다한 것이다. 이 면책 기능 덕분에 개인적 책임 담론이 인기를 끌 수 있었다고 생각한다.

개인적 책임 담론은 또한 거대한 규모로 벌어지는 사회의 구조적 과정에 대해 생각할 수 없게 한다. 이러한 구조적 과정은 사람들이 그들을 둘러싼 환경과 타인에 대한 책임을 판단하는 작업과 연관되어 있다. 개인적 책임 담론은 따라서 사회에 대한 아주 단순한 그림만 제시한다. 그 그림 안에서 사람들은 오직 개인이나 가족 단위로만 존재하며 가끔 상호 작용하는 수준이다. 앞서 복지 정책의 변화와 그 결과의 의미를 이해하려는 작업에서 지구적 경제의 증가하는 경쟁, 대부분의 선진국에서 산업 생산력이 상대적으로 감소하는 현상, 세계 각지에서 이혼과 한부모 가정이 느는 경향, 그리고 다른 많은 구조적 요인들을 연관된 현상으로 다룬 바 있다. 개인적 책임을 강조하는 도덕철학이 우위를 점하는 사회에는 이러한 현상들을 수용할 공간이 없다.

이제부터는 개인적 책임 담론과 그 가정들을 검토해보려고 한다. 1980년대 개인적 책임 담론을 개발하고 전파하는 데 가장 큰 책임이 있는 사람은 로렌스 미드와 찰스 머리일 것이다. 미드와 머리는 사회 정책이 지원 대상의 행위와 태도에 초점을 맞추어야 한다고 주장했다. 그리고 정책의 유인과 반유인에 초점을 맞추어 어떤 정책이 비노동이나 혼외 출산 같은 일탈 행위와 사회적으로 바람직하지 않은 행위를 촉진하거나 억제하는지 살펴야 한다고 말했다. 미드와 머리의 주장은 상대적으로 단기간에 미국의 연구자들과 정책 입안자들에게 영향을 미치는 데 성공했고 다른 선진국의 사회 정책에 관한 논쟁을 급속하게 재편했다. 미드와 머리의 실증 주장을 분석한 연구[10]는 셀 수 없을 만큼 많지만 그들의 사회 이론이나 규범적 주장, 그리고 가정을 분석하고 비판한 연구는 어디서도 찾을 수 없었다.

미드와 머리는 20세기 초반에서 1960년대까지는 미국의 사회 정책이 올바른 방향으로 전개되었다고 본다. 그들의 이론에 따르면, 미국의 사회 정책은 1960년대 말에서 1970년대에 '위대한 사회Great Society' 프로그램을 도입하면서부터 길을 잃기 시작했다.

미드는 경제생활을 규제하는 것이 목적인 공공 정책과 미국 사회를 개혁하는 것이 목적인 공공 정책을 구분한다. 따라서 미드는 20세기 초의 점진적인 개혁이나 1930년대의 뉴딜 계획, 1960년대의 시민권 개혁 등을 지지한다. 이러한 개혁들은 "사회를 비효율적이고 비경쟁적으로 만들고 일하는 사람들에게, 나중에는 소수자들에게 불공정했던 경제적·사회적 장애물들에 대처"한 것이었기 때문이다.[11] 미드는 이 개혁들의 목표가 보상의 기회를 가로막는 장애물을 제거하는 데 있다고 생각한다. 뉴딜은 주로 경제 규칙을 바꾸는 것을 강조했고 노동자들은 그 덕분에 열린 기회를 잡아 자기 길을 갈 수 있었다. 미드는 소수 인종에게는 시민권 개혁이 이와 같은 역할을 했다고 본다. 시민권 개혁의 결과, 인종이나 민족에 상관없이 자격이 있는 사람들 앞에 경제적 기회가 열렸고, 개인들은 자기만의 방식대로 생활비를 벌고 성공할 수 있었다.

그러나 미드는 1960년대와 1970년대의 사회 프로그램을 통해 순기능이 역전되었다고 생각한다. 당시의 프로그램은 빈곤한 개인들에게 경제적 기회를 배타적으로 제한하는 문제에 주목하기보다 빈곤한 개인들의 실제 환경을 바꾸는 데 주목했다. 그래서 현금이나 음식, 의료 서비스, 주택 및 기타 물품을 구입할 수 있는 보조금, 교육 및 상담, 그 밖에 여러 가지 방식으로 직접적인 혜택과 서비스를 제공했다. 미드에 따르면, 이 프로그램들은 수혜자들의 경제적 지위나 능력을 대폭 바꾸지 못한 채 사회적 비용만 급증시켰다. 더 큰 문제는 빈곤층은 아무 일을 하지 않아도 그런 수혜를 받을 권리가 있다는 기대가 형성된 것이다. 이런 기대는 의존하는 문화를 만들어냈고 혜택을 받을 자격을 가진 사람들은 사회의 다른 사람들과 똑같은 규칙을 따를 필요가 없다는 인식이 확산되었다.[12]

미드는 정책이 이렇게 잘못된 방향으로 가게 된 것은 학계와 정책 입안자들이 빈곤에 대해 '사회학적'으로 접근했기 때문이라고 주장한다. 빈곤에 대한 사회학적 접근은 "빈곤층이나 불이익을 받는 집단은 환경에 의해 너무 큰 제약을 받는다. 따라서 일자리를 얻는다고 해도 언젠가 더 나은 삶을 살 수 있으리라 기대하기 어렵다. 그들이 겪는 어려움에 대한 책임은, 심지어 그 어려움이 행동상의 문제에 있다 할지라도 전적으로 정부나 사회로 이전된다"고 본다.[13]

미드는 1960년대 이전에도 다음과 같은 생각을 가진 사회 정책 연구자들이 많았다고 말한다. "빈곤을 근절하기 위해서는 빈곤한 사람들의 삶을 다른 사람들의 삶보다 더 불안하게 하고 적응하기 어렵게 만드는 원인이 이 사회의 구조적 과정에 있다는 사실을 이해해야 한다." 이는 오늘날에도 다수가 동의하는 견해다. 미드에 따르면, 사회학적 접근의 핵심은 빈곤층의 문제적 행위나 특성은 빈곤층에게 적대적인 사회 조건 때문에 발생한 것이라고 보는 데 있다. 미드는 구조적 조건에 호소하는 사회학자들을 '결정론자'라고 부른다. 그러나 결정론은 빈곤의 배후 조건을 구조적 요인에서 찾는 연구자들이라면 오히려 부인할 특성이다. 미드는 학계나 이익 집단, 정책 입안자들이 이러한 결정론적인 사회학적 설명을 받아들인 결과, 한부모처럼 도움이 필요하거나 불이익을 받는 집단에게 노블레스 오블리주 같은 관대함을 보여주는 데 급급한 정책이 만들어지고, 수급권자들을 독려해 그들 자신의 삶을 책임지게 하거나 수당을 받는 생활에서 벗어나게 하는 일에는 전혀 관심이 없는 정책을 만들어냈다고 말한다.[14]

찰스 머리도 이와 비슷한 이야기를 하는데 그는 규범적 가치를 좀 더 강조한다. 1960년대 이전까지만 해도 제대로 된 시민은 스스로 벌어서 먹고산다는 사회적 합의가 있었다. 경제적으로 자립할 수 없는 사람들은 가족의 도움을 받지만 건강한 육체를 가진 성인은 자신들의 상황에 책임을 진다는 사회적 가정이 있었던 것이다. 사람들이 처한 대부분의 상황은 부모와 공동체로부터 물려받은 것이거나 아니면 운의 결과로 여겨졌다. 다른 한편으로 모든 것을 고려해볼 때 동등한 기회만 제공한다면 사회는 제대로 기능하는 것이라고 여겼다. 시민권 개혁은 인종 차별적 정치와 관행이 공공연하게 벌어지고 법적으로 정당화되면서 동등 기회에 대한 약속을 침범했기 때문에 요구되었던 것이다. 하지만 일단 동등 기회가 자리를 잡자 사회는 정의로워지기 시작했다.

머리에 따르면, 1960년대부터 사회 정책들이 이러한 도덕적 합의를 뒤흔들기 시작했다. 당시의 사회 정책은 진정한 동등 기회가 실현된 후에도 남아 있는 빈곤의 불이익에 대처하려고 했다. 머리는 아프리카계 미국인에 초점을 맞춰서 1970년대에 일부 흑인들은 그들 앞에 열린 경제 사다리를 잘 타고 올라갔지만 다른 흑인들은 그렇지 못했다는 사실을 지적한다. 경제 사다리에 올라타지 못한 이들에게도 공식적으로는 동일한 기회가 있었다. 따라서 머리는 그들의 발목을 잡은 것은 불공정한 제도가 아니라 그들의 행위나 태도임이 분명하다고 주장한다.[15]

그러나 자유주의적인 당시의 지적 풍토에서 비난의 화살은 '제도'에 쏟아졌다. 머리에 따르면, 단 몇 년 만에 지배적 사회 정책에 대한 이해가 크게 바뀌었다.

> 미국의 제도는 무해하고 자기 수정적이라는 견해가 바뀌어 무언가 잘못 되고 있다면 제도에 문제가 있기 때문이라는 지배적인 가정이 자리를 잡았다. (…) 결과적으로 1960년대 후반, 관행이 급격히 변했다. 변화의 근거는 1964년 이전에 존재했던 제도가 상당한 결함을 가지고 있고 악을 영속화하는 경향이 있다는 신념에 있었다.[16]

새로운 관용의 정신이 정책 서클 안으로 스며들었다. 과거의 도덕은 빈곤한 사람들도 그들 자신의 환경에 책임을 져야 한다고 생각했지만 새로운 정신은 그런 기대 없이 빈곤층에 대한 혜택을 구조화했다. 자유주의 정신에 충만한 이런 가치는 단순한 기회의 평등이 아니라 결과의 평등을 촉진했다.

미드와 머리는 복지를 개혁하는 데 성공한 1960년대와 1970년대의 사회 정책을 비판한다. 이들의 비판은 세 가지 가정에 기초하고 있는데, 그 가정을 분석하고 각각에 의문을 제기하고자 한다. 세 가지 가정은 다음과 같다. 첫째, 개인적 책임과 사회 구조적 인과는 이분법적이고 상호 배타적인 범주다. 둘째, 오늘날 사람들이 저항하는 배경 조건은 공정하다. 셋째, 정책 결정자와 시민들은 오직 일탈적인 빈곤층의 책임만 걱정하면 된다. 대부분의 경우 다른 사회 집단 구성원은 책임 있게 행동하기 때문이다.

이 세 가지 가정에 질문을 던지는 과정에서 우리는 이 책이 던지는 중요한 질문과도 만나게 될 것이다. 개인으로서 우리는 사회 부정의와 관련해 어떻게 우리의 책임을 규정해야 할까?

상호 배타적인 범주로서 사회 구조와 개인적 책임

미드와 머리는 정책 결정자들과 일반 대중을 성공적으로 설득한 '빈곤은 구조적 문제'라는 자유주의 사회과학을 격렬하게 비판한다. 미드는 1960년대와 1970년대 빈곤에 관한 연구는 그가 '사회학적' 접근이라고 부르는 방법론의 지배를 받았고 그 결과 낮은 학업 성취도나 시장성 있는 기술의 부족 같은 현상을 설명할 때 '결정론'을 들이밀게 되었다고 주장한다. 미드는 다음과 같이 말한다.

> ('위대한 사회' 정책은) 빈곤층과 그들의 문제에 대한 책임이 전적으로 그들 외부에, 사회와 정부의 손에 달려 있다고 가정했다. 심지어 비노동, 범죄, 위법 같은 행태상의 문제가 난점으로 제기되는 상황에서도, 정부는 빈곤층 외부의 장벽을 제거하는 혁신을 고수했다. 행태는 개인에게서 나온다. 그러니 개인에게 최소한의 책임을 부과하지 않으면 그 행태는 결코 변하지 않는다. 사회적 책임을 가정할 경우, 문제 해결은 고사하고 정책 결정자들은 문제의 성격조차 인식하지 못할 것이다.[17]

미드가 빈곤을 개인이 처한 배경 조건에 뿌리박혀 있는 것으로 보는 '사회학적' 설명에 반대하면서도 1930년대와 그 이후의 경제 규제 정책에 찬성하는 것은 놀라운 일이다. 당시 경제 규제 정책은 상당 부분 그 취지상 확실히 구조적이었다고 볼 수 있기 때문이다. 미드는 개인이 각자 살길을 찾아 나서야 하는 제도들과 제도들 간의 관계를 규제하는 정책에 찬성한다. 그러나 '위대한 사회' 정책은 빈곤한 개인에게 직접 혜택을 제공해 그들의 환경을 직접적으로 변화시키는 데 중점을 둔다는 점에서 다르다고 주장한다. 어떤 맥락에서는 구조가 빈곤한 환경을 만들어낸 원인이 될 수 있다는 주장을 수용하는 것처럼 보이지만, 좀 더 최근의 사례인 1970년대를 설명할 때는 그렇지 않다. 뉴딜 계획과 시민권 입법으로 구조적 장애가 제거되어 배경 구조가 공평해졌다는 것이 미드의 생각이다. 그러므로 남아 있는 빈곤은 개인의 특성과 행위의 결과다. 미드는 계속해서 구조적 조건에 호소하는 사람들을 비웃으면서 그런 식으로 설명하면 개인이 자기 삶에서 짊어져야 할 책임을 완전히 회피하는 꼴이 될 뿐이라고 말한다. "예를 들어, 학교에서 가난한 아이들이 겪는 학습 장애는 아이들 부모의 제한된 배경에다 공공 프로그램의 결함이 더해져서 '발생한 것'이라고 한다. 이런 시각은 은연중에 정부의 고객인 복지 수혜자를 공공 정책을 포함한 환경의 수동적 산물이라고 생각하게 만든다."[18]

머리 역시 1960년대 중반에 빈곤의 의미와 상황에 대한 완전히 새로운 이해가 등장했다고 말한다. 불과 몇 년이 지나지 않아 사회 정책에 대한 지배적인 이해는 앞서 인용한 것처럼 미국의 제도가 '무해하고 자기 수정적'이라는 견해에서 벗어나 사회경제 제도에 거대한 결함이 있고 제도가 빈곤한 사람들을 피해자로 만든다는 견해로 탈바꿈했다.

> 1960년대 중반에는 빈곤을 개인의 탓으로 돌리려는 설명에 대해 구식이고 반동적이라는, 거의 깨지지 않을 것 같은 지적 합의가 부상했다. 빈곤은

게으름이나 부도덕의 결과가 아니다. 빈곤은 열심히 노력하지 않았기 때문에 부딪히게 되는 황무지도 아니다. 빈곤은 개인적 덕목이나 노력과 아무 상관없는 조건에 의해 발생한다. 빈곤은 개인의 잘못이 아니라 제도의 잘못이다.[19]

미드도 머리도, 빈곤에 대한 이해는 노동 시장, 투자 양상, 계급 변동성, 이혼법, 관행 등과 같은 사회경제적 구조를 고려할 필요가 있다는 주장의 오류를 입증할 아무런 조치를 취하지 않았다. 대신 두 사람은 구조적 설명이 자기 상황에 대한 책임을 개인에게 귀속시키는 것을 가로막는다는 점에서 부조리하다고 일축했다. 미드는 "사회학적 추론의 핵심은 사회의 밑바닥에 있는 사람들에게 자신이 처한 상황에 대해 짊어져야 할 책임을 면제시켜주었다는 데 있다"고 말한다.[20] 그들은 빈곤에 대한 구조적 사고와 개인적 책임에 대한 호소가 상호 배타적이라고 본다. 만약 둘 중 하나가 진실이면 나머지 하나는 배제되어야 한다는 것이다.

이런 가정으로 미드와 머리는 자유주의자들과의 수사학 싸움에서 전세를 역전시킬 수 있었다. 동료 시민들을 단순히 사회적 힘의 수동적 전달자라고 말하는 것은 그들에게 행위성이 부족하다는 말처럼 들리고, 확실히 무례한 것이다. 개인들은 비록 제한적이지만 거의 항상 선택지를 갖고 자신들의 선택에 따라 결정하고 행동한다. 그게 바로 사람이다. 따라서 개인적 책임을 부인하는 것은 우리 마음을 불편하게 한다. 만약 개인적 책임과 구조적 설명이 빈곤과 불이익을 설명하는 상호 배타적인 방식이라면, 구조적 설명에 호소하는 것은 잘못이고 무례한 일이고, 자기 행동에 책임을 져야 한다는 우리의 최우선 과제를 지키지 못하게 하는 요인일 것이다. 그러니 필요하다면 사람들의 일탈을 처벌하고 긍정적인 행동 변화를 이끌어내기 위한 동기를 제공하는 식으로 정책의 초점을 개인의 행위에 두어야 한다.

1960년대 후반과 1970년대의 빈곤에 관한 연구가 실제로 구조적 설명에 치우쳐 개인이 처한 환경을 개인의 선택과 행위의 결과로 설명하려는 시도를 막아버렸다면, 그 연구자들의 연구는 잘못된 것이다. 그러나 이는 당시 연구자 대다수의 연구 결과를 잘못 전달한 것이다. 미드와 머리는 어떤 설명에서든 오직 한 가지 요인만을 채택할 수 있다고 생각했고, 이는 일부 설명을 왜곡하는 결과를 낳았다. 미드는 윌리엄 라이언William Ryan을 인용해 자유주의 정책 연구가 개인을 책임에서 면제시키는, 빈곤의 구조적 원인에 관한 결정론적 견해를 가지고 있다는 증거로 삼았다. 라이언은 다음과 같이 말한다. "사회 문제에 대한 분석이 얼마나 적절한지 판단하는 핵심적인 기준은 (…) 그러한 분석이 과연 어느 정도까지 피해자 집단과 그들을 둘러싼 환경과 사회 사이의 상호 작용을 충실하게 설명하는지, 그리고 역으로, 과연 어느 정도까지 피해자에 대한 배타적 관심에서 벗어나 있는지에 달렸다. 그러한 관심이 아무리 우리 마음을 울리고 동정을 산다고 해도 마찬가지다."[21]

빈곤을 설명할 때 구조적 인과와 개인적 책임을 상호 배타적으로 구축하는 방식은 내가 앞에서 지적한 법적 책임 개념의 성질을 가정한 것이다. 법적 책임 개념에서는 어떠한 조건에서 특정 요인이나 행위자에게 책임이 있음을 확인하는 것은 다른 요인이나 행위자를 면책한다는 뜻이다. 그러나 책임에 대한 그런 단일 인과적 개념은 타당하지 않다. 라이언은 개인이 질 책임은 없고 오직 구조적 원인만 개선하면 된다고 말하는 것이 아니다. 위 인용문에서 핵심 단어는 상호 작용이다. 라이언은 빈곤을 잘 이해하려면 적어도 두 가지 측면을 고려해야 한다고 주장한다. 하나는 개인의 욕망, 인식, 동기, 행동이며, 다른 하나는 사회 환경에서 그러한 개인적 요소들과 상호 작용하는 배경 구조다.

2장에서 나는 정의와 부정의를 판단할 때 왜 구조를 이해하는 것이 중요한지, 그러한 이해가 어떻게 개인의 행동이나 책임과 연관되는지 좀 더 철저하게 논지를 펼칠 것이다. 일단 이 장에서는 빈곤이나 기회를 설명하는 사회학 이론 및 해설이 구조에 호소하면서도 그러한 구조적 조건에 다양한 방식으로 대응하는 행위자로서의 개인을 이해할 여지를 충분히 남겨두었다는 것을 보여주려고 한다. 구조는 비슷한 방식으로 수많은 사람들의 지위를 결정하는, 사회적으로 조직된 조건들의 집합이다. 그럼에도 그렇게 위치 지어진 각 개인에게는 그 조건을 받아들인 책임이 있다.

윌리엄 줄리어스 윌슨William Julius Wilson의 설명을 예로 들어보자. 그는 1970년대 후반과 1980년대, 북부 도시에서 인종적으로 분리된 마을에 살던 주민들이 직면해야 했던 구체적이고 부분적으로 새로운 조건들은 여러 요인들이 작용한 결과였다고 주장한다. 아직도 상당수가 이런 상황에 처해 있다.[22] 1970년대 사람들은 미국 투자 양상의 대폭적인 변화를 목격했다. 고용주들은 사람들에게 좋은 일자리를 공급해온 제조 시설을 폐쇄했다. 빈자리는 비숙련, 저임금 일자리가 채웠다. 기술 개발이나 승진을 기대하기 어려웠다. 새 일자리가 나타나도 도심이 아니라 대중교통이 닿기 어려운 신도시에나 등장했다. 인종적으로 분리된 마을에 투자가 중단되자 주거와 직업 차별을 막아주던 공식적인 장벽도 사라진 셈이 되어 좀 더 부유하고 교육받은 주민들의 이주를 촉진했다. 1980년대 이래 도시들은 수입을 잃었고 '게토'는 인구 밀도가 낮은 환경에서 빈곤층 비율만 높은 동네가 되었다. 게토에서는 사업체를 찾아볼 수 없게 되었고 공립 학교 사정은 더 나빠졌다.

이런 이야기에는 수많은 쟁점들이 있고 실제로 많은 이들이 논쟁해왔다. 내가 이 이야기를 하는 이유는 전적인 진실을 말하기 위해서가 아니라 일부 빈곤층의 상황을 이해하는 데 필요한 구조적 관계를 명확하게 설명하기 위해서다. 그 설명이란 일반적 조건에 관한 것이다. 즉 특정 인종이 밀집된 가난한 도시 마을 주민들이 직면해야 했던 환경을 설명하기 위해, 그리고 그 환경이 어떤 요인과 과정이 결합해 발생한 것인지를 설명하기 위한 것이다. 이런 설명 가운데 어떤 것도 위와 같은 조건에 처하게 된 개인의 욕망이나 인식, 동기, 행동을 이해하려는 노력을 가로막지 않으며, 위와 같은 환경에서 내린 선택에 그들도 책임이 있다는 것을 부인하지 않는다. 위와 같은 구조에서 비슷한 위치에 있는 개인은 모두 자기만의 이야기를 가지고 있기 마련이다.

구조적 설명은 비슷한 위치에 있는 사람들이 선택할 수 있는 **기회의 집합**에는 어떤 것들이 있는지 보여주지만 개인이 그 기회들에 어떻게 대응하는지는 보여주지 못한다. 그러나 형편없는 학교, 몇 안 되는 가게들, 다 허물어져 가는 주택, 가장 가까운 일자리조차 수마일 떨어진 마을에 살고 있는 사람들이 도심에 살고 있는 사람들과 동등한 기회를 갖고 있다고 말하는 것은 분명 솔직하지 못하다. 이제 미드와 머리가 개인적 책임에 초점을 맞추면서 내놓은 그다음 가정에 관해 살펴보고자 한다.

배경 구조는 부당하지 않다

미드와 머리는 공공 부조를 받거나 받으려는 사람들은 '일하지 않으면 수당도 없다'는 긍정적인 제재를 받아들여 자신들이 처한 상황에 전적으로 책임을 져야 한다고 주장한다. 그러나 이러한 주장을 하려면 먼저 이들 수급권자가 처한 일반적인 배경 조건이 부당하지 않다고 가정해야 한다. 대부분의 사람은 성취도에 따라 책임을 부과하려면 평가받는 사람이 다른 사람들이 겪지 않은 곤경에 처하지 않아야 한다는 사실에 동의한다. 사실 미드와 머리는 최소한 두 가지 연결된 측면에서 이런 가정을 하고 있다. 그들은 시민권 운동의 결과로 교육 및 고용에 대한 마지막 법적 차별이 제거되었으므로 동등 기회가 달성되었다고 주장한다. 노동 시장에서 일부 사람들을 옥죄던 족쇄가 제거되었다는 것이다.

미드와 머리는 부정의를 비판하고 사회 개혁을 부르짖는 데 지친 것처럼 보인다. 여기서 나는 현대 복지 국가에 만연한 공공 정신의 징후를 볼 수 있었다. 머리는 1960년대 이전 시기에 대한 향수를 피력하는데 당시 미국 사회 대다수 사람들은 국가 제도를 '무해하고 자기 수정적'인 것으로 이해했다. 만약 부정의가 있다 할지라도 제도 자체에 그 부정의를 바로잡을 분별과 능력이 있기 때문에 사람들은 깊이 개입하지 않았다. 미드와 머리는 정부와 기타 사회 제도가 사회 구성원의 안녕을 저해하는 장애물을 제거하기 위해 최선을 다하고 있다고 주장한다. 사회 제도가 정말로 모두에게 안녕과 자기 삶의 계획을 실현할 수 있는 좋은 기회를 실질적으로 보장해주기 위해 할 수 있는 모든 것을 하고 있다면, 그런 사회 제도는 부당하다고 평가받아서는 안 될 것이다. 그러나 이 장 첫머리에 언급했듯이, 미국뿐 아니라 캐나다와 유럽에서도 그런 사회 제도가 존재한다는 주장은 최소한 의심을 받을 만하다(아직 나머지 국가들에 대해서는 언급조차 하지 않았다). 지난 20년간 기업 규제 제도에서 노동자 복지 촉진과 공교육 및 기타 사회적 지원을 위해 세금을 납부하라는 요구가 대거 사라진 것만 보아도 그렇다.

최근 미국에서 벌어지고 있는 공적 논의는 전반적인 일자리 감소나 남아 있는 일자리에서조차 임금이 줄어드는 문제, 그리고 돌봄 노동에 이르는 많은 문제들을 광범위하게 간과한다. 이 상황에서 우리는 미국인들이 자신의 안녕을 추구하고자 할 때 부딪히게 되는 배경 제도들이 공정한지 아닌지를 판단하는 것과 분명히 관련되어 있는 단 하나의 사회 문제에서조차 답을 찾지 못하고 있다. 오늘날 미국 사회가 교육 기회를 공평하게 제공하고 있다고 생각하는 사람은 아마 거의 없을 것이다. 그 이유가 무엇인지에 대해서는 다양한 의견이 존재한다. 미국인들이 접근할 수 있는 교육의 질에는 어마어마한 격차가 있으며 그 격차는 점점 커지고 있다.[23] 부끄러운 점은 교육 격차가 인종과 계급에 따라 벌어진다는 것이다. 상당 부분은 각 공동체가 독자적으로 교육비를 부담하게 되어 있기 때문이다. 부모들은 불평등해도 가난한 아이들이 혜택을 받는 다른 아이들과 동등하게 경쟁할 수 있는 기회를 보장해주는 것이 공교육이고 그럼으로써 아이들의 관계도 평등해질 수 있을 것이라던 20세기의 바람은 낯선 꿈이 되었다.

심지어 찰스 머리조차 교육 제도가 불공평한 것을 인정하고, 실행만 된다면 매우 급진적인 결과를 낳을 시정 방안을 자신의 책에서 제시한다. 머리는 학교에서 노력은 언제나 보상을 받아야 하며, 학생의 역량도 인정받아야 한다고 말한다. 하지만 특정 실력에 이르지 못했다고 벌을 받아서는 안 되며, 학업 성과가 좋지 못한 아이들에게는 늘 또 다른 기회가 주어져야 한다고 주장한다. 한 번 노력해 실패했다고 해서 다음 기회까지 막아서는 안 된다. "실패할 것이 분명하고 역력한 꿈을 가지고 자라나는 학생들에게는 그 꿈이 무엇이든, 역으로 얻어야 할 필수적인 교훈이 있다. 실패는 작고 감당할 수 있을 만한 형태로 찾아온다는 것이다. 실패엔 대처할 수 있다. 실패를 받아들이고 분석해 자산으로 전환할 수 있는 것이다."[24]

원칙적으로 이 철학에 따르면, 자신의 기술을 향상시켜 사회에 기여하기 위해 무언가를 배우려 하는 사람이 있다면 그 사람은 그것을 배울 기회를 가져야 한다. 머리는 이 원칙을 따르는 정책을 권고한다. 머리는 이 원칙의 함의나 가능한 정책의 성질에 대해서는 구체적으로 그리지 않았지만 나는 머리의 정책들이 급진적이라고 생각한다. 어떤 사람이 지금까지 실패를 거듭했다 할지라도 무언가 배울 기회를 막아 버려서는 안 된다. 머리의 원칙을 진지하게 고려한다면, 일정 수준의 지식과 기술을 습득할 기회는 평생의 가능성으로 제공되어야 하며, 그것도 집단적으로 사회가 해야 할 일이다. 현재 세계 어디에서도 이런 사회는 찾을 수 없다. 대부분 학교에서의 실패는 처벌로 되돌아온다. 처벌은 사회적 낙인의 형태로, 그리고 다시 시도하거나 달리 시도할 기회를 완전히 가로막는 방식으로 이루어진다. 심지어 아이들을 위해 꽤 괜찮은 교육 제도를 갖춘 대부분의 사회에서도 개인은 안녕을 추구하는 데 필요한 기술 개발 기회를 평생에 한 번, 말하자면 어릴 때 외에는 추구할 수 없는 것이 사실이다. 어떤 사람이 둔하거나, 실수를 잘 저지르거나, 학교를 다니는 동안 공부보다 노는 것을 더 좋아했다면, 보통 그 사람에게 공적 비용으로 교육을 받을 수 있는 두 번째 기회란 없다(대개 보통 교육 과정에서는 그리 많은 것을 배울 수 없다). 또한 어떤 사람이 20년은 잘 살 수 있게 해줄 좋은 기술을 획득했다고 해도 시간이 지남에 따라 기술은 노후화될 수 있다. 이때도 공적 비용으로 새 기술을 배울 만한 진지한 기회를 갖기는 어렵다. 유럽 사회 일각에서는 노동자들 가운데 업계에서 더 이상 쓰이지 않는 기술을 가진 이들에게 재훈련 기회를 제공하기도 하지만, 프로그램이 가장 잘 운영되는 곳에서조차 재훈련의 범위는 제한적이다. 공정한 사회는 실패를 처벌하지 말아야 하고 최소한 특정 수준까지는 모든 사람에게 평생에 걸쳐 기술을 개발하고 배울 기회를 부여해야 한다. 이는 머리의 원칙을 그대로 따른 것이다.

요컨대 사회가 가난한 사람들에게 자기 상황을 개인적으로 책임지게 해야 한다는 미드와 머리의 주장은 가난한 사람들이 사회에서 어떤 부정의에도 시달리지 않아야 한다는 것을 전제한다. 미드와 머리는 20세기에 들어와 진정으로 평등한 기회의 문이 열렸다고 하면서 빈곤한 사람들이 더 이상 부정의를 경험하지 않는 것처럼 말한다. 그러나 이러한 가정은 뒷받침될 수 없다.

빈곤층의 책임만 걱정하면 된다

개인적 책임 담론에서 마지막으로 발견되는 의심스러운 가정은 빈곤층의 무책임만 공적인 관심을 받을 만하다는 가정이다. 이 가정은 미드와 머리 같은 저자들의 시나리오에서 나왔다. '동등 기회 사회'는 달성되었고 대부분의 사람은 사실상 만족스러운 삶을 살 수 있는 기회를 누리고 있다. 일부 사람들을 불리한 환경에 몰아넣었던 사회 구조적 장벽은 제거되었다. 그 잔재로 남은 것이 공공 부조에 의존하는 가난한 사람들인데 이들의 빈곤은 그들 자신에게 뭔가 문제가 있기 때문이다. 공공 부조를 받는 사람들은 일하지 않으려 하고, 일할 기회가 있어도 기술 습득을 거부하며, 너무 어린 나이에 임신과 출산을 경험한다. 사회 구성원 가운데 상대적으로 소수인 이들은 일탈적이다. 나머지 미국인들과 똑같은 규칙을 수용하지도 않고 동일한 기질적 특성을 보이지도 않는다. 이들에게 관심을 주고 행위를 변화시킬 동기 부여 정책을 구상하는 이유는 이들의 무책임에 우리가 비용을 지불해야 하기 때문이다.

나는 앞서 개인적 책임 담론이 개인에 대한 고립적이고 원자적인 사고방식을 부추긴다고 밝힌 바 있다. 책임감이 있다는 것은 자신의 행동을 통제할 수 있다는 뜻이고 자기 스스로 통제에 대한 비용을 부담할 수 있다는 뜻이다. 능력 있고 책임감 있는 사람은 다른 사람에게 의존하지 않는다. 지금까지 일부 의존적인 사람들, 특히 아이의 경우 그들을 돌봐야 할 사람은 가족 구성원이었다. 책임의 단위는 가족이었고 가족은 그 모든 비용을 자체적으로 해결해야 했다. 그러므로 정의하자면, 공공 부조에 의존하는 사람들은 자기 스스로를 책임지지 않는 것이다. 개인적으로 책임진다는 말은 공공 부조에 의존하지 않는다는 말과 같다. 이런 수사는 빈곤에 관한 일종의 동어 반복을 낳는다. 즉 빈곤한 사람들은 개인적으로 책임을 질 줄 모르기 때문에 가난한 것이며, 그들이 공공 부조에 의존하는 것은 개인적 책임이 부족함을 보여주는 증거라는 것이다. 이런 논리적 구성에서 볼 때 공공 부조 수급자들은 [다른 사람들과] 다르다. 그들은 공공 부조를 받는 유일한 사람들이다. 공공 부조 수급자들은 특별한 관심을 받을 만하다. 위의 정의대로라면 오직 **그들만이** 개인적 책임을 결여했기 때문이다. 다른 이들은 모두 책임감 있는 사람들이다. 그들은 어찌 되었건 간에 자기 자신과 가족을 돌볼 수 있기 때문이다.

개인적 책임 담론은 일탈적 빈곤층을 고립시키고, 그들이 처한 조건을 비난하며, 그들에 대한 온정주의 정책이나 징벌적 정책 적용을 정당화한다. 그러나 만약 빈곤이 상대적으로 흔하고, 다양한 기질을 가진 많은 사람들이 최소한 특정 시기에는 가난할 수도 있다는 사실을 알게 된다면 어떻게 될까? 마크 랭크Mark Rank는 개인의 삶의 경로를 따라가는 방식으로 미국의 빈곤을 연구했다.[25] 연방 정부가 규정한 빈곤선 이하의 삶을 살고 있는 사람들 대부분이 평생토록 최저 생계비에 못 미치는 소득으로 생활을 해온 것은 아니었다. 빈곤이라는 '주문'은 너무나 흔해 걸려들기 쉬웠다. 그러나 빈곤한 사람들 가운데서도 극소수만이 공공 부조를 받았다. 공공 부조를 받지 않는 사람들은 수급 자격이 안 되거나, 수급 자격자인지 몰랐거나, 스스로 공공 부조를 받지 않겠다고 선택한 사람들이었다. 랭크는 사람들의 인생 전체를 놓고 보면, 미국인 대다수가 최소 한 번은 빈곤이라는 주문에 걸려들고, 호시절과는 별개로 주문에 여러 번 걸려든 사람도 많다는 것을 발견했다. 우리는 일부 유럽 국가에서도 상당수의 사람들이 인생의 특정 시기에 빈곤을 경험한다는 사실을 안다. 그러나 그런 나라들 대부분은 더 광범위한 층위의 사람들에게 좀 더 관대하고 믿을 만한 안전망을 제공해 준다.

랭크의 주장은 이렇다. 만약 대다수 미국인들이 삶의 특정 시기에 최저 생계비 이하의 소득으로 생활을 한다면, 가난한 사람들이 가난하게 될 수밖에 없는 성격적 특성, 기질, 실패 요인을 갖고 있기 때문에 다른 사람들과 구분된다고 말할 수는 없다. 각자는 어떤 선택과 행동으로 이런 끔찍한 상황에 처하게 되었는지 설명할 수 있는 자기만의 이야기를 갖고 있다. 하지만 그 선택과 행동을 일반화하기에는 양상이 너무 다양할 뿐 아니라, 다른 사람이라도 그와 유사하게 행동하고 선택했을 수 있다. 삶의 특정 시기에 가난에 처했다고 해서 그 사람들만 무책임하게 행동하거나 무책임한 선택을 한 것은 아니다. 가난에 처한 사람들을 고립시키고 그들에게만 무책임하다고 비난하는 것은 솔직하지 못하다. 어떤 사회 계층에 속하든 상관없이, 많은 사람들이 최소한 한 번은 자신이 져야 할 책임을 다하지 못한다.

개인적 책임에 대한 수사학이 복지에 관한 공적 담론에 영향을 미치는 것은 사실이다. 하지만 책임 있는 시민이 된다는 것이 단순히 타인에게 전혀 의존하지 않는다는 뜻이라고 생각하는 사람은 많지 않다. 개인적 책임 담론은 실현되지 않은 모든 행위의 비용을 내면화하는 고립된 가족의 이미지를 가정하고 있을 뿐 아니라 사람들이 일상적으로 서로를 돌보지 않는 추한 세상을 그리고 있다. 대부분의 사람이 '책임 있다'고 생각할 때 현실적으로 떠올리는 건 다음과 같은 이미지일 것이다. 책임 있는 사람은 행동하기 전에 자기 선택에 대해 심사숙고하고, 모든 것을 고려한 최선의 선택을 하며, 행동의 결과가 다른 사람들에게 미칠 수 있는 부정적 영향을 우려한다. 이와 같은 책임 개념이 널리 수용되고 있지만 나는 이 역시도 너무 엄격한 기준이라고 생각한다. 그 기준에 따르자면 충실하게 책임을 다할 수 있는 사람은 극소수고 많은 사람은 무책임하다고밖에 볼 수 없을 것이다. 중요한 것은 이 책임 개념을 잣대로 일부 계층, 인종, 젠더, 종교, 기타 범주에 속한 사람들을 집단으로 싸잡아 다른 집단 사람들보다 더 책임 있다거나 덜

책임 있다고 말할 수 있는지 의심스럽다는 것이다.[26]

상대적으로 특권을 많이 가진 사람들도 여러 가지 방식으로 무책임하게 행동하는 경우가 많다. 어떤 이들은 가족 구성원을 학대하거나 열심히 일하지 않거나 위험한 약물을 사용한다. 미드와 머리는 이에 대해 아마 "그럴 수도 있다"고 대답할 것이다. "그러나 그들(무책임한 소수 특권층)의 행위가 유발하는 비용으로 고통받는 것은 가까이에 있는 소수뿐이다." 그러나 신문을 잠깐 보기만 해도 이런 주장이 거짓이라는 것을 금방 알 수 있다. 수백만 명에게 영향을 미칠 수 있는 대기업 고위 경영인이 이기적이거나 잘못된 결정을 내리는 바람에 노동자, 소비자, 납세자들이 수십억 달러의 비용을 지불하게 되었는데도 관련자들 소수만 중벌을 받는 데 그치는 것이 현실이다. 이런 해로운 행동은 불법이 아니거나 최소한 그들 주변 사람들은 불법이라고 생각하지 않는다. 지난 2008년, 대형 금융 기관이 서브프라임 모기지와 다른 금융 상품에 투기를 해 금융 위기가 촉발되었고 수백만 명이 피해를 보았다. 이는 가장 최근에 일어났으며 가장 널리 알려진, 조직적이고 특권적인 무책임을 보여주는 사례다.

무책임은 여러 측면에서 불법 행위와 관련이 있고 그럴 경우 대대적으로 비난받는다. 많은 사회에서 여러 수준의 상대적 특권층이 삶의 다양한 측면에서 무책임하게 행동해 타인에게 심각한 비용을 치르게 만든다. 재산을 보유한 시민은 증세를 거부하고 일부 학교를 아예 폐쇄하도록 공립 학교 체계를 몰아붙이면서 학급 규모를 늘리고, 지원은 줄인다. 기업 경영진들은 운영 자금을 확보하기 위해 노동자 연금 편

드를 끌어들인다. 그러나 경기 불황으로 좋은 조건의 기업 '대출'이 막히는 바람에 노동자들은 퇴직금조차 받지 못하고 직장을 떠나게 된다. 사례는 얼마든지 찾을 수 있다.

여론 조사 결과와 인터뷰를 보면 가난한 사람들도 다른 사람들과 비슷한 가치를 공유한다는 것을 알 수 있다. 가난한 사람들도 다른 사람들과 마찬가지로 사회 조직에 기여하고 자신과 가족을 보살피며 타인의 안녕에 관심을 기울이는 일에 가치를 둔다.[27] 여러 사회 분야에서 책임 있게 행동하는 사람의 기준이 무엇이든 간에 모든 분야에서 너무도 많은 사람들이 그 기준에 부응하지 못하고 있다. 학자, 정책 결정자, 기자, 기업가, 시민 사회 지도자라면 사회 전반적으로 무책임이 만연할 수 있다는 사실을 걱정하는 것이 맞다. 그러나 이런 걱정은 가난한 사람들뿐만 아니라 우리 모두를 향해야 한다.

복지 정책을 공부하는 많은 사람들과 마찬가지로 나는 구조적 측면에서 빈곤과 불이익을 이해하는 것이 맞다고 본다. 어느 정도 사회 구조를 들여다보지 않고는 빈곤 문제를 생각할 수 없다는 것이 이 장에서 내가 주장하는 바 가운데 하나다. 문제의 원인이 구조에 있다는 주장을 비판하는 사람들조차 사회 구조에 천착하고 있는 자신을 발견하게 된다. 나는 미드와 머리 역시 빈곤에 대한 '사회학적' 접근에 반대했음에도 어느 정도 사회 구조에 대한 고려를 피할 수 없었다고 생각한다. 심지어 그들의 견해 속에 사회 구조[라는 용어] 자체가 존재하지 않더라도 말이다.

다음 장에서는 구조적 부정의가 무엇인지를 일반적인 이론적 용어로 설명할 것이다. 구조적 부정의 개념을 제안한다고 해서 가난한 사람들이 그들의 환경에 책임을 져야 한다는 것을 결코 부정하는 건 아니다. 가난하든 그렇지 않든, 어떤 사람이 처한 상황의 뿌리를 분별 있게 이해하려면 구조적 제약 및 마주한 기회, 그 사람의 선택 및 그 선택과 관련한 행동을 모두 고려해야 한다.[28] 가난하지 않거나 또는 지금 현재 가난하지 않은 우리는 어느 지점에선가 소득이 최저 생계비 이하로 떨어진 사람들과 마찬가지로 특권과 불이익, 제약과 가능성의 구조에 동참하고 있다. 이런 구조에 우리는 어느 정도까지 책임을 져야 하는지 가늠해볼 필요가 있다.

이 책은 구조적인 사회 과정과 관련해 개인의 책임에 대해 생각할 만한 좋은 개념적 도구가 부족하다는 전제하에 시작되었다. 나는 뒤이어 나오는 세 개의 핵심 장에서 구조적 부정의를 설명하고 그에 관한 책임 이론을 제안할 것이다. 그러나 이에 앞서 최근에 어떤 철학자들이 책임과 평등을 논의했는지 다루면서 이 장을 마무리하려 한다.

책임과 운에 관한 드워킨의 이론

개인적 책임에 관한 정책 담론은 거부할 수 없는 확신을 주기 때문에 많은 사람들이 이에 동조한다. 사람을 존중한다는 것은 일정 부분 사람들을 자기 삶의 행위자로 생각한다는 뜻이다. 사람들은 자기 삶에 영향을 미치는 선택을 하고 그 선택과 결과에 책임을 진다. 사람들이 사회 조직에 긍정적인 기여를 하고 타인에게 부담을 주지 않는 방식으로 행동할수록 사회의 결집력은 강해지고 협력은 보다 잘 이루어진다. 한편 빈곤의 원인을 사회 구조에서 찾는 사람들도 동일하게 강력한 직관에 의지한다. 가난한 사람들의 상황, 심지어 그들의 능력과 기질까지도 어느 정도 그들이 통제할 수 없는 곳에서 불거졌다는 것이다. 그들은 상대적 불이익으로 비난받는 대신 도움이나 보상을 받아야 한다.

빈곤층의 개인적 책임과 관련해 사회 정책 논쟁이 불붙었던 바로 그 시기에, 정의론을 연구하는 학자들 사이에서도 유사한 논쟁이 일었다. 로널드 드워킨은 자원 평등론에서 위의 두 가지 직관을 모두 인정하려고 했다. 개인에 대한 평등한 고려가 사회 정의의 토대인 것은 맞지만, 모든 이들이 똑같은 수준의 재화에 접근해야 한다는 말은 아니다. 공정한 사회라면 어떤 사람이 물질적 불이익에 처했을 때 그 불이익의 얼마만큼이 그가 내린 선택의 결과며, 또 얼마만큼이 그가 통제할 수 없는 환경의 결과인지를 묻는다. 드워킨은 정의의 관점에서는 전자가 아니라 후자에 대한 시정이나 보상이 필요하다고 주장한다. 단 스스로 선택한 불평등은 정의의 관점에서도 받아들일 수 있다.

드워킨의 평등 이론은 어떤 이의 상황적 측면이 그 자신의 선택의 결과인지, 아니면 자신이 통제할 수 없는 환경의 결과, 즉 드워킨이 운이라고 말한 것의 결과인지 구분해야 한다는 기본적 생각에 바탕을 두고 있다. 이 생각에 동의하는 철학자들도 이론을 둘러싸고 논쟁을 벌인다. 철학자들은 선택과 운이 어떻게 구분되어야 하는지에 초점을 맞추었다. 이들은 또한 드워킨의 주장대로라면 평등의 '화폐'가 자원인지, 아니면 복지나 기회인지에도 관심을 기울였다. 에릭 라코프스키 Erik Rakowski, 제럴드 코헨, 리처드 아네슨, 존 로머 등이 이 논쟁에 참여했다.[29] 이어지는 글에서는 이 철학자들의 논의를 검토하거나 그들의 입장에 서보는 대신, 곧바로 드워킨의 운 평등주의 이론luck egalitarian theory에 대해 논하려 한다. 운 평등주의 이론이 정의에 관한 다른 어떤 이론보다 개인적 책임의 문제를 주제로 하고 있기 때문이다. 물론 드워킨의 이론은 앞서 논의한 정책 이론가들의 이론과는 아주 다른 강조점과 결과를 갖는다. 나는 드워킨의 이론에 집중하고 그에 대한 존 로머의 수정 이론 가운데 한 가지를 짧게 언급하겠다.

드워킨의 정치적 헌신과 미드와 머리 같은 저자들의 정치적 헌신 사이에는 중요한 차이가 있다. 드워킨의 생각은 두 가지 점에서 개인적 책임에 관한 정책 담론과 유사하다. 첫째, 드워킨의 상대적 평등과 개인의 불평등에 관한 이론은 개인의 자질에 큰 비중을 둔다. 더욱이 드워킨은 운이라는 측면에서 개인의 모든 상황이 선택의 결과가 아님을 개념화했는데, 그 과정에서 단지 불운에서 기인한 상대적 불이익과 사회 조직이나 사회 과정에서 기인한 상대적 불이익을 구분하지 못했다. 그러나 드워킨의 이론 역시 누군가가 통제할 수 없는 환경이란 특정 제도 안에서 다른 사람들의 행동이 결합한 결과라는 이해에 의존해야 한다. 나는 바로 이 지점을 명확히 보여줄 것이다. 드워킨의 이론은 명쾌하지만, 사회 구조를 무시함으로써 정의에 만족스럽게 접근하지 못했다. 우리가 사회의 배경 조건을 분명히 하고자 한다면, 개인이 져야 할 책임의 문제를 개인의 행동과 그들 자신의 환경이라는 측면에서뿐만 아니라 사회 구조에 의해 부당하게 불이익을 받는 사람들의 환경이라는 측면에서도 제기하는 것이 중요하다. 이에 대해서는 앞서 정책 담론을 고려할 때 논한 바 있다.

정책 담론에 개인적 책임 개념을 사용한 학자들과 달리, 드워킨은 상대적으로 관용적인 강한 복지 국가를 정당화하는 데 개인적 책임 개념을 사용했다. 드워킨의 정의 이론에 따르면, 국가의 재분배 조치는 개인적 선택이 아니라 환경에 의해 불이익을 받는 개인에게 보상을 해주기 위한 것이다. 드워킨은 '개인적 선택이 아닌 환경'의 범주에 출신 가정, 가정 내 가용 자원, 행동이 이루어지는 환경의 상태, 성별·인종·국적 같은 선택하지 않은 특성, 그리고 특히 정서적·신체적 능력과 재능, 또는 그 모든 능력과 재능의 결여를 포함시켰다.

드워킨이 직접 언급하기도 했고, 운 평등주의 이론과 씨름하는 가운데 벌어진 논쟁을 보면 선택과 환경을 가르는 주요한 구분점은 개인의 여러 가지 자질을 가르는 데서 발견된다. 개인의 선택에 해당하는 자질은 개인적 선호에 따른 행동뿐 아니라 야망, 고집, 감성, 무관심 같은 성격적 특성을 포함한다. 이러한 선택에 따라 개인은 자기 능력을 어떻게 사용할지 정한다. 반면 특별히 숫자를 잘 다룬다거나 숫자에 재능이 있는 것, 걸을 수 없거나 복잡한 개념을 다룰 능력이 없는 것 등은 드워킨의 주장대로 외면할 수 없는 운의 문제다. 어떤 사람은 시장에 뛰어들어 상당한 보상을 거둘 능력을 갖고 있는 반면 어떤 사람은 그런 능력이 없어 사회적 시장에서 불이익을 당한다. 그러나 도덕적 관점에서 볼 때 이 차이는 임의적인 것이다. 따라서 능력이 부족하거나 장애를 가진 사람이 시장이 요구하는 능력을 발전시키는 데 어려움을 겪는다고 해서 그들에게 그 어려움의 비용을 지게 해서는 안 된다. 대신 그들은 재능 있는 사람들이 받은 부당한 보상의 일부를 덜 재능 있는 사람들에게 재분배하는 사회 정책을 통해 보상받아야 한다.

드워킨의 이론은 선택으로 야기된 상황과 운에 따른 상황을 어떻게 구분할 것인가를 둘러싼 논쟁을 일으켰다. 드워킨은 특정 상황에서는 이런 구분이 불가능하다고 시인했지만 사실 드워킨에게는 그런 구분을 하는 게 중요한 것이 아니다. 드워킨의 목적은 재분배 복지 국가를 정당화하는 동시에 모든 불평등이 부당한 것은 아니라는 것을 보여주는 데 있었다. 드워킨은 가상의 보험 시장을 상정해 복지 규정을 논한다.[30] 합리적 인간이 보험 가입을 신중하게 고려하게 되는 치명적인 불운이란 어떤 것인가? 드워킨이 구상한 [가상의] 시장은 모든 이들이 비슷한 수준의 불행에 마주칠 위험을 가지고 있다는 가정 아래 있다. 또한 보험료는 피보험자들에게 그런 위험이 어느 정도나 확산되어 있는지, 그리고 불운이 발생한 사람들에게 다른 사람들과 같은 수준으로 보조금을 지급할 만큼 기금이 마련되어 있는지 등을 계산해 결정한다고 가정한다. 공정한 복지 제도라면 그러한 보험 체계가 제공하는 만큼, 딱 그만큼이라도 공공 부조를 제공해야 할 것이다.

드워킨은 시장 메커니즘을 가정하고서 공정한 국가란 어떠해야 하는가를 독창적으로 논증한다. 공정한 분배에 대한 이 같은 접근에는 매력적인 부분이 있다. 사회보장 이론에서 국가 주도의 복지 규정을 정당화하던 초기의 논의를 연상시키기 때문이다. 사회보장 이론은 산재나 실직 같은 불운은 부당하게 발생하는 일이며 사회의 광범위한 대중이 이 같은 위험에 직면할 수 있다고 말한다. 그런 불운은 개인과 가족의 안녕을 심각하게 저해할 수 있기 때문에 공정한 사회는 사회 전체에 불운의 비용을 나누어 분담시킨다.

나는 특정 개인의 사례에서 어디까지가 선택이고 어디까지가 환경인지를 구분하는 것이 현실성이 없다는 주장을 하려는 것도, 드워킨의 이론에 따라 보험료를 계산하는 것이 불가능하다는 주장을 하려는 것도 아니다. 이미 말한 바와 같이, 드워킨의 목적은 국가보상 제도를 정당화하는 원칙을 정교화하는 데 있다. 내가 문제를 제기하고 싶은 부분은, 드워킨이 정의에 접근할 때 개인의 자질에 너무 많은 비중을 두고 있다는 점, 이론적 측면에서 사회 구조적 관점을 무시하거나 거부했다는 점이다. 정치적 목적은 다르지만, 드워킨의 철학과 정책에서 개인적 책임을 강조한 미드와 머리의 철학은 바로 이 지점에서 서로 유사해진다.

드워킨과 그의 운 평등주의 이론을 비평한 사람들 모두 개인이 상대적으로 불이익을 받는 원인을 설명할 때 개인의 자질에 더 큰 비중을 두었다는 점에서 보수적인 개인적 책임 옹호자와 결코 다르지 않았다.

> 자원의 평등은 성공적인 삶이란 어떠해야 하는가를 정의하는 신념과 태도를 구분할 것을 요구한다. 어떤 것을 개인, 즉 성공의 수단이나 장애물이 될 수 있는 몸과 정신, 그리고 성격의 특성 탓으로 돌려야 할지, 또 어떤 것을 개인의 환경 탓으로 돌려야 할지 구분해야 한다는 말이다.[31]

새뮤얼 셰플러Samuel Scheffler가 지적하듯이, 이런 구분은 모두 '내부를 향하는inward looking' 것이다.[32] 무엇을 사고 싶은지, 시간을 어떻게 쓸 것인지, 어떤 능력을 가지고 있으며 그 능력을 어떻게 사용할 것인지 등은 모두 개인이 처한 상황을 설명해주는 개별 인간의 특성들이다. 드워킨은 개인이 처한 유리하거나 불리한 상황, 특히 개인의 능력 같은 것을 설명해주는 이러한 특성 가운데 일부는 개인이 통제할 수 없는 것이라고 주장한다. 따라서 개인은 자신이 통제할 수 없는 것 때문에 발생한 불이익에 대해서는 보상을 받아야 한다. 그러나 불리함과 유리함으로 접근하는 이 모든 시도는 개인의 유리한 특성과 불리한 특성을 형성하는 데 영향을 미치는 사회 구조적 맥락을 놓치고 만다.

따라서 드워킨은 장애가 되는 개인의 일부 특징을 더 단순화시킨다. 선천적 시각 장애인이 토목기사가 되고자 한다면 그는 시각 장애가 없는 사람보다 기술을 습득하는 데 더 큰 어려움을 겪을 것이다. 이때 시각 장애인이 처한 상황은 단지 불운에서 비롯된 것이기 때문에 시각 장애인은 이런 제한된 기술 습득 능력에 대해 보상을 받아야 한다. 이런 판단은 대다수 사람들의 상식과도 일치하지만, 특정 기술을 개발하거나 특정한 목표를 추구하는 것이 개인이 살고 있는 사회의 조건에 크게 의존할 경우, 그러한 기술이나 목표를 성취하는 데 방해가 되는 것이 개인의 특성 때문인지 아니면 다른 요인 때문인지 알 수 없게 되어버린다. 누군가 시각 장애를 가지고 있다고 해도 만약 사회가 사람들 사이의 신체적 능력 차이를 수용해서 교육과 고용의 기회를 제공한다면, 시각 장애는 좋은 토목기사가 될 수 있는 그 사람의 능력에 장애가 되지 않을 것이다. 엘리자베스 앤더슨Elizabeth Anderson은 운 평등주의 이론을 비판하며 이 점을 지적한다. "한 사람의 역량은 고정된 개인의 특성과 분할 가능한 자원뿐 아니라 그의 변할 수 있는 특성, 사회관계와 규범, 기회 구조, 공공재, 공공장소 등이 모두 발현된 결과다."[33]

앤더슨은 개인의 자질에 초점을 맞추면 복지 정의란 기질적으로 불운을 타고난 사람에게 동정을 베푸는 것이라는 오해를 낳는다고 주장한다. 그러나 만약 누군가의 불운한 기질이 그 사람이 특정한 사회 구조적 맥락에 위치해 있기 때문에 발생한 것이라면 마땅히 비판받고 바뀌어야 할 것은 제도이고 규범이지, 동정받고 보상받아야 할 그 사람이 아니다.

드워킨과 대부분의 운 평등주의 비평가들은 개인의 자질과 타인들의 집단적 취향과 선호도 간의 관계를 불운의 문제로 개념화했다. 이 이론에서는 아주 많은 것들이 운의 범주에 속한다. 사람의 유전적 조합, 사회화의 장소인 가정 및 공동체, 타인의 취향이 전개되는 방식과 방향, 기술 개발 교육의 가능성, 잠재적 고용주가 특정한 날에만 면접에 집중했다는 사실 등, 이 모든 것이 똑같이 운의 문제로 여겨진다. 그렇다면 이 모든 항목들을 개인의 통제를 넘어선 수많은 다른 기질이나 환경과 함께 (수전 헐리Susan Hurley의 표현을 빌자면) 운이라는 '블랙박스' 안에 던져버리는 것이 타당한 것인가?[34]

드워킨은 불이익의 근원인 개인이 통제할 수 없는 환경을 불운이라고 언급했다. 개인의 통제를 넘어선 불운이란 도덕적으로 자의적이라고 말하고 싶었던 것 같다. 도덕적으로 자의적이기 때문에 국가는 그처럼 부당한 불이익을 당한 사람들에게 보상을 해줘야 한다. 그것이 정의를 적절하게 개념화하는 것이라고 보았다. 이런 논리 구성은 그러나 부정의의 문제를 불운으로 치부해버린다. 부정의는 불운과 동일한 개념이 아니다. 부정의는 누군가 부당하게 불운을 겪고 있다고 말할 때보다 더 강하고 더 구체적인 판단을 필요로 한다.

주디스 슈클라Judith Shklar는 개인이 안녕하지 못한 것을 운이나 우연의 문제로 돌리게 되면 사람들이 자기 환경을 그저 받아들이는 결과를 낳는다고 주장한다. 불이익이나 고통을 불운 탓으로 돌리다 보면 우리는 슈클라가 말한 '수동적 부정의'를 수용하게 된다. 그렇게 되면 우리는 사람들을 고통스럽게 하는 해악을 제거하기 위해 행동을 취할 의무감을 느끼지 않을 것이다. 그러한 해악의 원천을 바꾸기에는 뭔가가 분명하지 않거나 우리의 힘이 부족하다고 생각하기 때문이다. 운이 좋아 이득을 보는 사람들이 그보다 운이 없는 사람들을 도와야 한다고 말할 수는 있다. 그들에게는 그럴 수 있는 능력이 있기 때문이다. 하지만 이런 근거에서라면 불이익에 처한 사람들에게 자신의 상황을 바로잡거나 사전에 방지할 권리가 있다고 주장하기는 어렵다.

고통이나 불이익이 부당하다고 판단하는 것은 그 상황이 최소한 사회 제도나 사회 과정에서 비롯되었다고 인식하기 때문이다. 고통이나 불이익에 사회적 인과가 있다는 것을 인정한다면 우리에게 최소한, 그리고 암묵적으로 사회 과정을 향상시킬 의무가 있다는 것을 인정하는 것이다.[35]

만약 어떤 사람의 상황적 조건이 운의 문제라고 치부한 운 평등주의

자에게 동의한다고 하자. 우리는 정의의 관점에서 어떤 이의 유전적 조합이 운의 문제라는 것에 동의할 것이다. 많은 일들이 타이밍 때문에, 또는 날씨가 좋거나 나쁘기 때문에, 또는 일이란 게 사람들 손발이 맞아야 하는 것이기 때문에 성공하거나 실패한다. 대부분의 질병과 상해는 불운의 문제다. 삶의 여러 문제들도 확실히 운의 문제다. 삶에는 자기 통제를 넘어선 여러 가지 상황적 범주가 있다. 하지만 그 범주들이 모두 이처럼 운의 문제인 것은 아니다. 제도적 규칙의 배열, 제도 안에서 특정 개인과 집단이 가진 힘, 구축된 환경 안에서 사회 과정이 물질화되는 방식, 사람들이 형성해온 문화적 관습 같은 것들도 상황적 범주로 유추할 수 있다.[36]

한 사람의 상황을 둘러싼 모든 사실이 똑같이 도덕적으로 자의적인 것은 아니다. 어떤 사실들은 일부 사람들을 지배와 착취와 배제에 취약하게 만드는 선택이나 제도적 결정에서 나왔기 때문에 도덕적으로 의문시된다.[37] 이런 사회 구조적 배경 조건은 더욱이 불운의 영향으로 악화된다. 미국 걸프 연안 지역 주민들은 거주지를 분리한 사회 과정, 편파적인 대피 계획, 부족한 보건 의료, 그리고 낮은 소득 때문에 허리케인 카트리나로 인한 피해를 더 심각하게 입었다. 전 세계 많은 사람들이 이 사실로 큰 충격을 받았다.

개인적인 선택과 구분되는 것으로서, 한 사람의 환경을 둘러싼 모든 사실이 도덕적으로 자의적인 것은 아니다. 그 환경이 일정 부분 어떠한 조치, 정책, 제도적 기구에서 나왔고 이러한 요인들이 결합된 결과 일부 사람들이 지배와 착취와 배제에 취약해졌다면, 우리는 이들 취약한 사람들이 머무는 환경 안에서, 그 환경에 속한 다른 사람들까지 연루된 특정한 정의의 문제를 제기할 수 있다. 즉 부정의는 사람들이 자기 운명 때문에 고통을 받는다는 사실 그 이상을 뜻한다. 부정의는 어떻게 제도적 규칙과 사회적 상호 작용이 사람들의 선택 범위를 좁히는가에 관심을 둔다. 원칙적으로, 이런 방식으로 이해된 부정의는 사회 과정으로 피해가 발생한 이후에 불이익을 보상한다거나 재분배 정책을 시행한다고 해서 바로잡히지 않는다. 사회 구조와 그 구조의 결과가 모두 정의로우려면 사람들의 기본적인 안녕을 위협하는 것을 막기 위해 제도와 관계를 재구성할 필요가 있다.

슈클라에 따르면, 사회에서 무엇이 불운이고 무엇이 사회적 부정의인지를 가르는 경계는 개념적인 경계든 실질적인 경계든 판단하기 어렵다. 사람들이 특정 시기에 특정 고통에 대해 이 경계를 어떻게 긋느냐 하는 것은 안녕을 위협하는 문제를 예방하거나 시정할 만한 사회적 지식과 집단행동 수용 능력에 달려 있다. 더욱이 이런 판단과 인식 모두가 정치적 투쟁과 설득의 문제다. 우리의 사회적 판단은 수세기에 걸쳐 한때는 단순히 불운이라고 생각했던 환경을 점차 부정의로 개념화해왔다. "여성이 된다는 것이 과거에는 불운이었지만 이제는 부정의가 되었다. 우리가 우리의 유산을 바꾸길 원하기 때문이다."[38]

사실 드워킨의 이론은 일종의 사회 구조적 맥락에 대한 언급을 피할 수 없다. 드워킨의 이론에 따르면, 개인의 환경을 결정하는 자질이 그 사람의 성공을 도울 긍정적인 재능인지, 아니면 성취를 가로막는 장애물인지의 여부는 그 재능의 실행과 그로 인해 나타난 결과가 노동과 상품을 위한 시장의 요구에 맞아 떨어지느냐 아니냐에 달린 문제다. 어떤 사람들의 소질과 자질은 그 소질과 자질이 다른 사람들이 원하는 상품과 서비스에 부응하기 때문에 높은 보상을 받는다. 반면 다른 사람들의 소질과 자질은 소수의 사람들만 바라는 것일 수 있다. 타인의 선호도는 시장을 통해 구조 안에서 통합된다. 이러한 통합은 종종 임시적이고 변덕스럽지만 사람들이 잘 살지 못 살지를 결정하는 요인이 된다. 이와 같은 사회 구조에 관한 개념은 결코 복잡하지 않다. 이것이 드워킨의 이론이 가정하고 가정해야 하는, 사람들 간의 관계와 연결로 인해 구성되는 사회적 배경 조건에 대한 이해다. 그러나 이 가정은 드워킨 이론의 배경에만 머문다.

이와 같이 개인의 삶은 시장 관계의 구조적 과정을 통해 전개된다. 한편으로는 그가 가진 소질과 자질, 그리고 야망이 얼마나 적절한가에 따라, 다른 한편으로는 타인들이 종합적으로 비용을 지불할 만한 가치라고 생각하는 것이 무엇이냐에 따라 달라지는 문제인 것이다. 어떤 이의 기술과 그의 생산물에 대한 시장의 수요가 한 사람의 인생에서 개인의 통제를 넘어선 환경적 조건이라면, 그것을 잔인한 운명이라고만 일반화할 수는 없다. 시장 관계는 문화 전통과 사람들의 선호에 영향을 주는 유행의 변화에 따라, 일부 사람들이 다른 사람들보다 자원에 더 큰 지배력을 행사할 수 있게 하는 제도화된 권력 관계에 따라, 그리고 그 밖에 다른 제도의 목적과 규칙에 따라 구성된다. 다음으로는 시장의 선호와 시장 관계의 총합이 이들 관계와 제도를 조건 짓는다. 드워킨의 이론은 방법론적으로 약한 개인주의적 가정을 가지고 사회의 작동 방식을 설명하려 한다. 그러나 이는 사람들의 상황을 조건 짓는 다른 구조화된 사회 과정을 무시하기 때문에 가능한 것이다. 이러한 사회 과정은 단순히 운의 문제로 치부할 수 없다.

엘리자베스 앤더슨은 운 평등주의 이론을 비판하면서 정의 이론은 무릇 노동 분업, 제도적 규칙, 사회 협력 관행 등의 사회관계를 통해 개인의 상호 의존성이라는 관점을 도입해야 한다고 주장한다. 한 사회를 구성원들이 상호 의존하는 협력 체계라고 생각한다면 정의의 촉진이란 불운의 좋거나 나쁜 효과를 사후에 재분배하는 정책으로만 축소할 수는 없는 노릇이다. 우리는 제도적 규칙, 사회적 관행, 구조적 관계가 개혁될 수 있는지의 여부도 물어야 한다. 그래야 구조가 생산하는 불평등을 줄일 수 있기 때문이다.[39]

로머의 수정

존 로머John Roemer는 드워킨의 이론을 분석하고 비판한 뒤, 이론을 수정해 사회 구조적 관계를 어느 정도 설명할 수 있도록 했다. 로머의 주장에 따르면, 드워킨은 개인이 자신의 상황적 측면에 져야 할 책임을 마치 좋은 논문을 완성하기로 한 결정처럼 선호에 따른 것으로 개념화하는 오류를 범했다.[40] 로머는 또 이상적 선호도를 전적으로 개인의 통제하에 있는 것으로 이론화하려 한 리처드 아네슨의 시도에 문제를 제기하면서, 사람들이 바람직하다고 여기는 그런 선호조차 해당 개인이 사회화된 가족 가치 같은 사회 환경에 영향을 받는다고 주장한다. 피에르 부르디외Pierre Bourdieu가 주장한 문화 자본을 자신이 처한 환경 안에서 어떤 종류의 것으로 얼마만큼 접할 수 있느냐도 예가 된다.[41] 로머는 사람들이 자기 것이라고 말하는 욕망이나 야망이 환경에 얼마만큼 영향을 주었는가에 따라 책임을 지는 것이 아니라 자기 통제하에 있는 요인이 낳은 환경에 대해 책임을 져야 한다는 상식적인 이해를 제안한다. 그러나 유리하거나 불리한 요인들이 어떤 면에서 얼마만큼 자기 통제하에 있었는지, 아니면 외부 요인으로 발생한 것인지를 구별하는 것이 쉽지 않다는 게 문제다.

로머는 그 판단을 내리기 위해 다음과 같은 독창적인 방법을 제안한다. 로머의 방법론에는 정확한 수학적 계산이 들어 있다. 먼저 사회 구성원들을 범주로 분류한다. 각각의 범주는 구성원들의 통제 밖에 있는 환경이나 배경 조건, 즉 젠더, 인종, 세대, 부모의 학력 등 확인 가능한 환경 목록으로 구분된다. 이처럼 여러 '유형'을 구분한 뒤, 그렇게 구분된 사람들을 자기의 통제를 넘어선 비슷한 배경 조건을 갖춘 사람끼리 모은다. 사람들 간의 불평등이 부당한 것인지 판단하려면 같은 유형 안에 있는 개인들을 비교하면 된다. 부모가 저소득자, 저학력자이고 1940년대에 태어난 백인 여성 집단이 있다고 가정해보자. 한쪽에는 자기 상황을 바꾸기 위해 부단히 노력해 높은 임금을 받는 변호사가 된 사람들이 있고 다른 한쪽에는 큰 말썽 없이 자랐지만 공부를 열심히 하지 않은 사람들이 있다. 평범한 노동 계급 여성과 변호사의 아들로 그 자신도 변호사인 남성 간의 불평등은 공정하지 않을지라도 위 두 집단 사이의 불평등은 공정하다고 말할 수 있다. 개인적 책임과의 연관 속에서 불평등을 평가하는 이러한 방식에는 두 가지 명쾌한 지점이 있다.

첫째, 서로 다른 배경 조건을 가진 사람들의 태도와 행위, 상황을 비교함으로써 어떤 사람이 자기 환경에 책임이 있는지 없는지를 판단하는 방식에는 오류가 있다는 것을 보여준다. 미드와 머리는 학부모-교사 모임에 참석한 상승 지향의 직업군이 가진 규범을 분석한 뒤, 자기 아이의 학교생활에 냉소적인 가난한 한부모 엄마들에게서 무책임한 면을 발견한다. 따라서 가난한 한부모 엄마들은 어느 정도 그들의 상황에 책임이 있으며, 그들 자녀의 상황에도 책임이 있다는 것이다. 마치 우리 대부분이 자기 인생에 어느 정도 책임을 져야 하는 것처럼 말이다. 그러나 사람들의 노력과 행동을 비교할 때는 비슷한 범주의 선택지와 제약을 가지고 있는 사람들을 대상으로 해야 한다. 그래야 우리는 그들의 행동이 칭찬받을 만한지 아니면 부족함이 있는지를 공정하게 평가할 수 있다.

둘째, 로머는 불평등이란 전적으로 취향과 선호에 따른 개인 행동의 문제고, 사람들은 오직 서로의 재화, 서비스, 노동을 구매하는 것을 통해서만 서로의 삶에 영향을 미친다고 말한 드워킨의 주장을 암묵적으로 거부한다. 로머는 불평등과 책임은 사람들을 서로 다르게 위치 짓고 수많은 제도적 규칙과 사회적 관행에 의해 규정되는 사회적 범주로 개념화되어야 한다고 주장한다. 사회 정의를 이론화할 때 필요한 것으로서 사회 구조라는 개념에 호소하고 있는 것이다. 이 책이 전개하는 논의에서 더 중요한 것은 이 두 번째 지점이다.

그러나 로머는 자기 이론을 정립할 때 가장 중요한 정의의 문제를 제기하지 않는다. 대부분 정의의 문제를 제기하는 불평등은 특정 구조 안에서 젠더, 연령, 가족 배경, 소득 수준 등이 비슷한 사람들 사이에 나타나지 않는다. 오히려 정의의 문제는 구조화된 사회적 지위 그 자체의 불평등, 즉 대부분의 사회 비판론자들이 사회 부정의라고 주장할 때 지적하는 불평등에서 나온다. 물론 집단적 복지에 기여하고자 하는 순수한 노력에 보상을 해주려는 정의의 문제도 있을 수 있다. 그렇게 노력하는 사람들이 어떤 객관적인 환경에 처해 있든 말이다. 또 이기적이거나 부주의하거나 타인을 해치는 사람은 그 사람이 어떤 상황에 처해 있건 처벌할 이유가 확실하다. 정의의 문제는 그러나 사람들이 공정한 배경 조건 아래에서 움직이는지, 특정 범주의 사람들이 다른 사람들보다 광범위한 선택과 기회를 갖는 것이 공정한지에 관심을 기울인다. 또한 일부 사람들이 가진 기회가 다른 사람들을 지배하거나 착취하는 제도가 작동한 결과 얻어진 능력인지, 또는 그 지배와 착취로부터 얻어진 혜택인지에 관심을 갖는다.

운 평등주의 이론과 개인적 책임을 거론하는 정책 담론 사이에는 또 하나 상당히 유사한 점이 있다. 운 평등주의는 상대적으로 불이익을 받는 사람들의 불우한 상황에 대해 책임의 문제를 강조한다. 사람들의 불이익은 보상받아야 하지만 자기가 통제할 수 있는 행동의 결과로 발생한 불이익까지 보상받아서는 안 된다. 이 원칙은 유산을 비싸고 멋진 경주용 차에 낭비한 난봉꾼에게는 맞겠지만, 신용카드 한도가 초과

될지라도 멋진 양복을 사고 싶어 하는 저소득 남성 노동자 같은 많은 사람들에게는 적절하지 않다. 이러한 주장은 개인주의적이며 '소유자' 사회의 철학을 보여주는 사회관계 이론에 기대고 있다. 원칙적으로 모든 사람은 자기가 결정한 선택과 행동, 자기가 통제하는 선택과 행동에 따른 비용을 부담해야 하고 다른 사람에게 그 짐을 전가해서는 안 된다는 것이다. 이와 반대로 자신의 통제를 벗어난 환경에 의해 발생한 불이익일 경우에는 재분배 세제 정책이 적용되어야 한다. 즉 불행이 닥치지 않았다면 그 사람이 있었을 곳에 있게 해야 한다는 것이다. 이러한 점에서 운 평등주의 이론은 보수주의 정책 담론과 다르다.

이 같은 방향성을 가지고는 있지만 운 평등주의 이론이 완전히 원자주의적이라거나, 자신의 행위의 결과가 다른 사람들에게 영향을 미칠 때만 책임을 져야 한다고 간주할 수 있는 것은 아니다. 앞서 논의한 바와 같이 운 평등주의 이론은 시장 관계를 이론화한 것인 만큼, 사람들이 그들 자신이 선이라고 생각하는 것을 자유롭게 추구하고 그 결과로 시장에 특정한 재화나 기술을 요구할 때 그들은 시장에서 제값을 받지 못할 야망과 재능을 가진 사람들의 삶에 부정적인 영향을 끼칠 수도 있다고 가정한다. 일부 사람들의 취향과 행동이 이런 식으로 다른 사람에게 영향을 미칠 수 있기 때문에 운 평등주의 이론에서 정의는 시장적 선택으로 다른 사람의 상황에 부정적인 영향을 미칠 수 있는 사람들에게 비용을 지불할 것을 요청한다. 그 비용으로 부정적인 영향을 받은 사람들이 자신의 통제를 벗어난 불이익을 보상받을 것이다. 드워킨은 이 같은 재분배를 가상의 보험 시장을 상정해 이론화한다. 사회의 모든 사람들이 자기 삶의 계획이나 재능이 시장에서 무용지물이 될 수 있는 비슷한 위험을 가지고 있다고 가정해보자. 이때 국가 주도의 재분배 정책은 보험 체계가 계산한 보상액에 따라 재분배를 해야 한다. 이 같은 위험에 대비해 보험에 가입한 사람들은 동일한 보험료를 지불한다. 21세기 초에 이런 방식으로 공공 부조를 바라보는 것은 20세기 초 복지 국가 건설을 정당화했던 주요 논리인 사회 보험 이론을 연상시킨다는 점에서 흥미롭다. 사회 과정의 결과와 연관 지어 위험을 공유한다는 개념은 후기 산업 사회 문화가 등장하면서 사라졌다.[42]

운 평등주의 이론은 개인이 어떻게 자기 통제하에 있는 선택과 행동의 결과에 책임져야 하는지에 초점을 맞춘다. 반면 개인에게 번창할 수 있는 기회를 열어주거나 제한하는 사회 과정에 과연 그 개인들이 책임을 져야 하는지, 만약 그렇다면 어떻게 책임을 져야 하는지에 관해서는 전혀 언급하지 않는다. 운 평등주의 이론에서 개인이 타인과 관련해서 져야 하는 유일한 책임은 자신의 행동 비용을 내면화하려고 노력하는 것이고, 그런 내면화의 결함을 보상하는 재분배 세제 제도에 기여하는 것이다. 그러나 내가 앞서 주장했듯이, 일부 사람들에게 부당한 불이익을 안기는 환경을 불운으로만 해석하는 것은 적절하지 않다. 그 환경은 전적으로는 아니더라도 상당히, 어떤 사람들에게 더 높은 사회적 지위를 부여하거나 훨씬 더 다양한 선택권을 부여하는 등 사람들을 서로 다른 권력 관계에 처하게 만드는 제도화된 규정과 사회적 관행에 의해 조건화된 것이다. 정의와 관련된 개인적 책임 이론은 개인에게 자기 환경에 책임을 져야 한다고만 요청할 것이 아니라 구조화된 제도적 관계 때문에 형성된 다른 이들의 삶의 배경 조건에도 책임을 져야 한다고 요청해야 한다.

낸시 로젠블럼Nancy Rosenblum은 존 로머의 이론에 답하는 글에서, 개인적 책임에 대해 최근의 철학적·정책적 관심이 '정치적 행위성에 대한 믿음이 쇠퇴하는 현상'을 보여준다고 말한다.

> 우리가 자율성이라는 덕목에 대한 깊은 직관을 공유하고 있다고 해서 에머슨식의 자립self-reliance 개념이나 사적 자선에 호소해야 하는 것은 아니다. 개인적 책임에 심취하는 최근의 경향은 적어도 정치적 절망에서 비롯된 것이다.[43]

로젠블럼은 우리가 사회 문제와 불이익이 집단행동을 통해 개선될 수 있다는 신념을 잃었다고 말한다. "우리 자신의 민주적인 정치 행위에 자신감이 부족할수록 우리는 다른 사람들 탓을 한다."[44] 더욱이 미국인만 유별나게 절망하는 것은 아니다. 그 징후는 곳곳으로 확산되고 있다. 우리는 우리 사회의 복잡한 작동을 마치 자연적인 힘인 양 수동적으로만 생각한다. 그래서 그 힘이 누군가에게는 행운이 되고 누군가에게는 불운이 되는 것이지 우리가 집단적으로 책임을 져야 하는 정의의 문제라고는 보지 않는 것이다. 6장에서 논하겠지만, 그 결과 우리는 사회 과정을 부적절하게 물화하게 된다. 더욱이 사회 과정을 변경할 수 있는 관행이나 정책의 결과가 아니라 운이라는 블랙박스의 결과로 바라봄으로써, 우리는 사회 과정에 대한 우리 자신의 책임이라는 측면에서 나쁜 신념을 채택하게 될 수도 있다.

이후의 장들에서는 개인, 사회 구조적 과정, 책임 간의 관계를 더 적극적으로 이론화할 것이다. 특히 2장에서는 행동의 배경 조건이 사회 구조적이라는 것이 무슨 뜻인지를 더 자세하게 설명할 것이다. 또한 다음 질문들에 대해 광범위한 답을 발전시켜보고자 한다. 개인으로서 도덕적 행위자는 부정의를 생산하는 사회 구조적 과정과 관련해 어떻게 행동해야 하는가? 더 공정한 결과를 얻기 위해 이런 사회 과정을 바꾸는 데 책임을 진다는 것은 어떤 의미인가?

나는 이러한 질문들에 대한 적절하고 철저한 대답은, 책임을 부여할 때 우선적으로 비난, 과실, 또는 법적 책임을 가정하지 않는 책임 개념을 발전시키는 것이라고 주장할 것이다. 4장과 5장에서는 바로 그러한 책임 개념을 발전시킬 것이며, 6장과 7장에서는 그 개념을 설명하기 위한 길을 터주려고 한다.

2장에서는 구조적 불평등이 부정의의 핵심 형식인 이유를 이해시키기 위해 사회 구조적 과정을 이론화함으로써 내 질문의 의미를 명확히 하려 한다. 3장에서는 한나 아렌트의 저작 가운데 죄와 정치적 책임에 관한 논의를 검토해보겠다. 아렌트의 제안만으로는 위의 주요 질문에 충분히 답할 수 없지만 죄와 정치적 책임을 구분한 아렌트의 직관과 추론은 질문에 대한 답을 찾는 데 분명 큰 도움이 될 것이다.

2장

정의의 주제로서의 구조

한 개발업자가 도시 중심에 있는 아파트 건물을 구입했다. 그 아파트에는 한부모인 샌디가 두 아이와 함께 살고 있다. 개발업자는 아파트를 콘도미니엄으로 바꾸려고 한다. 아파트 건물은 허물어져 가고 있었고 유지 보수도 거의 이루어지지 않았다. 샌디는 아파트 상태에 비해 임차료가 너무 높다고 생각해 비용 대비 나은 조건을 갖춘 곳으로 이사할 계획을 세운다. 샌디는 교외 쇼핑몰에서 판매원으로 일하는데 그곳까지 가려면 버스를 두 차례 갈아타야 한다. 하루에 출퇴근하는 데만 총 세 시간이 걸린다. 그래서 샌디는 직장 근처에 아파트를 구하려고 한다. 또 출퇴근할 때마다 대중교통을 이용해야 하기 때문에 버스 노선 가까이에 있는 아파트면 좋겠다고 생각한다.

샌디는 신문과 온라인에서 아파트 임대 광고를 살펴본 뒤 방 한두 개짜리 아파트 임차료에 충격을 받는다. 부동산 중개업소 직원은 샌디의 상황과 선호 조건을 파악하고 나서 부지런하게 임대 목록을 살펴본 뒤 샌디와 만날 약속을 잡는다.

샌디는 직장 가까이에 임대 아파트가 거의 없다는 사실을 알게 된다. 그녀의 직장인 쇼핑몰 인근 주택 대부분은 단독 주택이다. 게다가 근처에 몇 채 되지 않는 아파트는 너무 비싸다. 샌디가 예상하는 가격 범위에 있는 대부분의 교외 지역 아파트는 직장과 반대편에 있다. 물론 일부 아파트가 있기는 하지만 샌디가 생각하기에 아이들에게 안전할 만한 동네에 위치한 적당한 아파트는 턱없이 비싸다. 어떤 경우든 직장까지 대중교통수단인 버스를 타고 이동하기에는 시간이 오래 걸리고 힘들어서 샌디는 아파트 임차 비용으로 생각했던 돈의 일부를 자동차를 구매하는 데 쓰기로 한다. 샌디는 주택 보조 프로그램에 신청했으나 2년은 기다려야 한다는 말에 좌절한다.

두 달 동안 이사할 곳을 물색하다가 퇴거 시한이 임박하게 된다. 마침내 샌디는 교통 체증이 있을 때를 제외하고는 직장까지 차로 45분 걸리는 방 한 개짜리 아파트를 발견하고 임차하기로 결정한다. 아파트는 원했던 것보다 작았다. 두 아이는 침실에서 함께 잠을 잘 것이고 샌디는 거실의 접이식 침대에서 자게 될 것이다. 새로 임차하기로 결정한 그 건물에는 세탁기와 건조기 같은 편의 시설이나 아이들이 놀 수 있는 놀이터가 없다. 어쨌든 샌디에게는 그 아파트 말고는 다른 선택지가 없다. 그러나 샌디는 최종 난관에 부딪힌다. 아파트 보증금으로 석 달 치의 임차료를 선불로 내야 한다는 것이다. 이미 차 계약금으로 저축한 돈을 다 쓴 상태였다. 그녀는 어렵게 찾은 아파트를 임차할 수 없는 데다 보증금으로 석 달 치의 임차료를 내는 것이 전형적인 임대주 정책이라는 사실까지 알게 되었다. 언제든 집이 없는 상태에 놓일 가능성에 직면하게 된 것이다.

미국 내 수십만 명의 사람들이 조금씩 다를 뿐이지 이 이야기 속에 소개된 내용과 거의 동일한 일을 겪고 있다. 2004년에 침실 두 개짜리 아파트의 평균 임차 비용은 974달러였다. 세입자의 40퍼센트에 달하는 연소득 2만 달러 이하의 사람들은 결코 지불할 수 없는 금액이었다. 보조금을 지원받는 80여 개의 아파트 기준으로 단 한 곳만이 뚜렷하게 일자리가 증가하고 있는 곳에 위치하고 있고, 5분의 1은 고용 기회가 감소하고 있는 지역에 있다.[1]

많은 선진국이 가용 주택 부족 문제를 해결하려고 적극적으로 정책을 펴고 있음에도 그러한 선진국에서조차 샌디와 유사한 상황에 놓여 있는 사람이 수없이 많다. 물론 살기 적절한 가용 주택이 부족하다는 문제는 저개발국에서 더욱 심각하다.[2]

이 장에서는 샌디의 이야기가 구체적인 종류의 도덕적 잘못, 즉 구조적 부정의를 드러내며, 그와 같은 구조적 부정의는 특정한 개별적 행동이나 정책으로 말미암아 발생하는 잘못과 구분된다는 것을 논하고자 한다. 첫 번째 절에서는 이러한 구분에 대해 설명하고 구조적 부정의 개념을 명확히 하기 위해 가용 주택 부족의 예를 상세히 살펴볼 것이다. 두 번째 절에서는 앤서니 기든스Anthony Giddens, 피에르 부르디외Pierre Bourdieu, 장 폴 사르트르Jean-Paul Sartre를 포함한 몇몇 사회 이론가의 아이디어를 끌어옴으로써 사회 구조적 과정을 개념화한다. 세 번째 절에서는 정의의 주제는 사회의 기본 구조라는 존 롤스John Rawls의 주장을 상기하면서 부정의에 관해 다시 고찰해보고자 한다. 여기서는 롤스가 개별적 행동과 제도적 정의를 너무 극명하게 분리한다는 논의에 대한 비판을 검토하려 한다. 이러한 비판에 제대로 대응하기 위해서, 정의의 주제가 구조라고 말하는 것이 무슨 의미인지에 대한 이해를 바로잡을 필요가 있다고 생각한다.

Ⅰ. 구조적 부정의란 무엇인가?

사람들 대부분은 샌디와 같은 상황을 접했을 때 뭔가 잘못되었다는 직관을 가지고 반응할 것이다. 그러나 무엇이 잘못되었고, 누가 그러한 잘못에 책임이 있는가? 잘못된 것은 구조적 부정의이고, 그것은 최소한 두 가지 형태의 잘못이나 해악과는 구분된다. 그 두 가지 가운데 하나는 개별적인 상호 작용을 통해 발생하는 잘못이고, 다른 하나는 국가나 다른 강력한 제도 기관에서 행한 특정한 조치와 정책에서 기인하는 잘못이다.

1장에서 언급한 부정의에 대한 논의로 돌아가서, 먼저 샌디의 상황에서 뭔가 도덕적으로 잘못되었다고 느끼는 직관은 샌디의 상황이 온전히 그녀 개인의 선택과 행동에서 발생한 것이 아니라는 사실을 우리가 이미 가정하는 데서 나온다. 샌디는 그녀가 통제할 수 있는 범위를 넘어서 발생한 상황의 희생자라고 볼 수 있다. 샌디가 거주하고 있던 아파트 건물을 팔기로 한 집주인의 결정, 대학 학위나 기술 훈련을 받지 못한 여성들이 갖는 주요 직업이 저임금의 서비스 직종이 될 수밖에 없는 성차별적이고 성별 분리된 노동 시장, 그런 일자리의 일터가 대부분 가용 주택에서 멀리 떨어진 곳에 있는 '공간적 불일치' 등이 바로 샌디와 같은 개인이 통제할 수 있는 범위를 벗어난 요소들이다. 물론 샌디 본인이 결정한 선택과 행동이 그녀의 상황에 전혀 영향을 미치지 않은 것은 아니다. 샌디의 경우는 대학에 가지 않았고, 남편과 별거하고 있으며, 아이들이 다닐 수 있는 좋은 학교가 주택 선정에서 중요한 비중을 차지하는 요인이었다. 우리는 이러한 상황에서 샌디가 얼마만큼 책임을 지거나 혹은 비난을 받아야 하는지 평가하기 위해 샌디의 삶을 좀 더 구체적으로 알아야 한다. 그러나 한 개인이 어느 정도로 책임을 지거나 비난을 받아야 하는가와 같은 질문은 부정의를 판단하는 작업과 큰 연관이 없다.

샌디가 겪는 부정의를 판단하려면 샌디의 특정한 삶이 아니라 샌디가 처해 있는 [사회적] 지위position를 살펴보아야 한다. 샌디의 상황은 다른 많은 이들의 상황과 유사하다. 샌디를 비롯한 많은 사람이 무주택이거나 살고 있는 집에서 언제든 쫓겨날 수 있는 취약한 위치에 놓여 있다. 집을 소유하지 못한 취약한 존재로서의 지위는 사회 구조적인 것이다. 이러한 지위에 놓여 있는 사람은 다른 지위에 있는 사람과 비교해볼 때 사용 가능한 선택의 범위와 행동에 따르는 제약의 성질에 차이가 있다. 주택을 소유할 가능성이 낮은 사회 구조적 위치에 있는 이들이 실제로 무주택자가 될지 안 될지의 문제는 부분적으로는 그들의 행동, 부분적으로는 운, 부분적으로는 다른 사람의 행동에 달린 문제다. 다른 구조적 위치에 있는 사람들의 경우에는 비슷한 방식으로 행동을 하더라도 무주택자가 되는 위험을 무릅쓰지는 않을 것이다. 이 이야기에서 제기되는 사회 정의의 문제는 특히 풍족한 사회에서 누군가가 불안정한 거주자라는 지위에 있어야만 하는 것이 옳은지에 관한 것이다.

어떤 관찰자는 샌디가 겪는 부정의를 일부 다른 사람의 잘못된 행동 때문에 발생한 것으로 개념화하려 할 수 있다. 물론 우리는 타인에게 잘못된 행위를 자주 저지른다. 집주인은 세입자와 원만한 관계를 유지하지 못해서, 또는 친척에게 자기 아파트를 내주고 싶어서 세입자를 부당하게 내쫓는다. 부동산업체나 아파트 중개인은 가끔 그들이 판단하기에 인종이나 직업상 적합하다고 여겨지는 특정한 주택 조건 쪽으로 잠재적인 구매자와 세입자를 '몰아가고', 그렇게 함으로써 잠재적인 고객에게 전체 주택 시장을 공개하지 않는다. 이와 더불어 다른 범죄와 부패 요인으로도 특정 사람들이 주택을 구하지 못하는 이유를 설명할 수 있다. 나는 이를 개별적인 상호 작용 때문에 발생하는 잘못이라고 부른다.

그러나 샌디의 이야기는 이와 같은 개별적인 상호 작용의 해악과는 관련이 없다. 샌디가 주택 문제를 해결하기 위해 만나는 사람들 모두 정직하고 샌디를 존중한다. 아파트 중개인은 가외 시간을 들이는 불편을 감수하면서까지 중개인에게 도덕적으로 기대되는 것 이상의 도움을 준다. 샌디가 만나는 모든 이들은 법이 허용한 울타리 안에서 규범과 규칙에 따라 행동한다.

샌디가 쫓겨난 건물을 매도한 집주인은 어떠한가? 분명 집주인은 세입자를 퇴거시키지 않을 수 있었다. 그 건물을 판 것은 집주인이 세입자에게 행한 직접적인 도덕적 잘못이라고 누군가는 지적할지도 모른다. 그러나 집주인이 건물을 여러 채 소유하고 있고 현재 자신의 재정 상태로는 집주인에게 요구되는 수준으로 지금의 건물을 유지하는 것이 점차 어려워지는 상황이라고 상상해보자.[3] 집주인은 임대료를 올리지 않은 채로 다른 건물들을 유지하기 위해서 샌디가 거주하고 있는 건물을 팔기로 결정한다. 그러므로 집주인은 건물 운영과 관련된 제약을 고려해 최선을 다했다고 볼 수 있다.

이사하기로 결정한 아파트를 계약하려는 샌디에게 석 달 치의 임차료를 선불로 요구한 임대업자는 어떠한가? 그 임대업자가 샌디가 겪는 해악에 개인적으로 책임이 있다고 볼 수 있을까? 임대업자는 단지 자기 일을 하고 있을 뿐이며, 자신이 그 정책을 세우지도 않았고, 그 정책은 하나의 기준이고 또 합리적이라고 항변할 수 있다. 이처럼 각각의 개별 입장을 살펴보면, 샌디는 부정의를 겪고 있지만 특정한 누군가가 그녀에게 구체적인 잘못을 하고 있다고 볼 수 없는 것이다.

샌디가 입은 피해는 그녀를 비롯한 다른 이들이 집을 구하지 못하게 하는 부당한 법이나 정책 때문도 아니다. 샌디는 하라레Harare의 판자촌 철거를 결정한 로버트 무가베Robert Mugabe 정부의 희생자와 결코 같지 않다. 또한 흑인과 유대인이 특정 지역에서 주택을 소유하거나 임차하지 못하도록 한 미국 법 때문에 많은 흑인과 유대인이 입어야 했던 피해와도 다르다. 미국은 과거에도, 그리고 지금까지도 법과 정책을 통해서 직접적인 부정의를 야기해왔다. 그러나 샌디의 경우는 법과 정책 때문에 발생한 부정의의 상황과 다르다. 시의 토지이용규제법, 민간 투자 정책과 같은 일부 정책이 샌디의 곤경을 야기한 구조적인 과정에 기여할 수는 있으나, 그 어떤 것도 직접적인 주요 원인으로 지목될 수는 없다.

샌디의 상황은 허리케인이 집을 쓸어간 것과 같은, 순전히 불운의 문제도 아니다. 샌디는 좀 더 운이 좋았을 수도 있지만 어쨌든 일련의 상호 작용과 제약들이 알 수 없게 작용해 샌디의 운명이 되었다. 다른 한편으로 도심 지역에 일반인이 살기 적절한 주택 공급이 부족해서 일어난 일이라고 설명할 수 있다. 일반적으로 건강한 자본주의 경제 체제가 작동하고 있지만 비영리 주택에 대한 투자가 부족한 곳 말이다. 1장에서 나는 개인이 처한 상황을 단지 그들의 행동이나 운의 결과라고 해석하는 평등주의 이론가들을 너무 단순하고 반직관적이라고 비판했다. 샌디의 경우에서도 볼 수 있듯이, 개인의 어려운 상황은 잔혹한 운의 문제가 아니라 사회적으로 야기된 것이라고 볼 수 있는 일반적인 상황은 많다. 허리케인 카트리나 같은 재난이 닥쳤을 때 그것의 여파는 구조적으로 불리한 위치에 있는 사람들에게 훨씬 더 참혹할 수 있다는 것을 보여준다.[4]

대부분의 사람이 잘못된 것이라고 동의하는 일이 샌디를 비롯해 비슷한 지위에 있는 사람들에게 일어난 것은 개인의 잘못도, 특별하게 부당한 정책 때문도 아니다. 부당한 일을 겪은 사람과 상호 작용한 상대방 때문에 그러한 일이 직접적으로 발생했다고 볼 수도 없고 단일한 정책만 문제 삼을 수도 없다. 주택 소유 여부에서 취약한 존재가 되는 일반적인 원인은 복합적이고, 광범위하며, 상대적으로 장기적이다. 공적이고 사적인 여러 정책과, 규범적인 규칙 및 관행에 따른 수많은 개인의 행위가 이러한 상황에 기여한다.

살기 적절한 주택에 용이하게 접근하는 것을 막는 관행과 과정은 무엇인가? 많은 사람들이 집주인이 요구하는 임대료를 지불하거나 은행에서 요구하는 주택 담보 대출금을 갚기에 부족한 임금을 받는다는 것이 가장 단순한 대답이다. 1993년 이후로 세입자 가구 하위 5분의 1은 실질 임금 상승을 경험하지 못했다. 결과적으로 상당수의 미국 거주자들 사이에 소득 대비 주거비 지출 비용이 눈에 띄게 증가했다. 세입자의 22퍼센트 이상, 또는 750만 명이 소득의 반 이상을 주거비로 지불한다. 그럼에도 이 가운데 많은 사람들이 거주할 만한 수준에 미치지 못하는 부적합한 건물에 산다.[5] 그렇다면 낮은 임금을 언급하며 주택의 불안정성을 설명할 수 있을 것이다.

그러나 주택 불안정을 사회 구조적 과정의 결과로 이해하기 위해서는 주택 산업과 주택 시장의 특수성을 고려해야 한다. 전 세계 대부분의 상황과 마찬가지로 미국에서도 주택은 주로 상품이다. 하지만 다른 소비재 상품과 다르게 주택 생산에는 비용이 많이 들며 투자자는 이윤을 얻기 위해 상당 기간 기다린다. 거주하기 적합한 수준으로 현재의 건물을 유지하는 데도 비용이 소요되며 최근 그 비용은 점점 더 상승하고 있다.

미국의 임대 건물 건설 사업과 재건축 사업은 상대적으로 고소득층을 겨냥한다. 사실 1990년부터 2003년 사이에 미국에서 건설된 300만 개 임대 주택 대부분은 고소득층을 위한 것이었다. 게다가 2001년 이후 지어진 다가구 주택의 5분의 1은 콘도미니엄으로 판매되었다. 동시에 200만 개의 저소득층 주택은 철거되거나 임대 시장에서 철수했다.

고전적인 경제 지식에 따르면 이처럼 시장의 고소득층을 겨냥한 임대는 '낙수' 효과를 가져야 한다. 즉 임차료를 충분히 지불할 수 있는 고소득층을 겨냥해 더 많은 신규 주택을 건설하는 것은 고소득층이 고가의 새 주택에 입주하려고 비운 집을 저소득층이 임차해 더 나은 상태의 주택에서, 그러나 이전에 살던 집보다 비싸지 않은 가격에 거주할 기회로 이어져야 한다는 것이다. 이론적으로 시장에서 주택 단지가 철수하는 것은 살 만하지도, 이윤을 내지도 못하기 때문이다. 이처럼 이론상으로는 개발업자, 집주인, 그리고 세입자 모두 신규 고급 주택 건설에서 이익을 얻는다.[6] 그러나 여기에는 여러 미심쩍은 가정이 전제되어 있다. 예를 들면, 좀 전에 언급한 경제학 이론은 시장에서 임대주택을 철수하는 것은 대부분 사적으로 소유 가능한 콘도미니엄으로 전환하려는 의도에서라는 점을 간과한다. 또한 집주인들이 상대적으로 높은 공가율에 대응해 임대료를 낮출 거라고 가정하지만 임대료를 낮추는 집주인은 거의 없다.

좀 더 일반적으로, 많은 경제학자가 만약 지역 주택 시장이 완전한 자유 시장이 된다면, 공급과 수요의 힘으로 모든 사람이 지불할 수 있는 가격대에서 주택을 충분하게 제공할 수 있는 균형 상태에 도달할 것이라고 말한다. 예를 들면, 우리 대부분은 고급 의류나 최근 유행하는 스타일의 옷을 구매하지는 못하더라도 일상적으로 옷을 사 입는 데는 그다지 어려움을 느끼지 않는다. 그러나 주택 소비자의 취향이나 선호도와 더불어 정부, 기업, 시민 조직이 내린 결정이나 그들이 정한 규칙이 저소득층 세입자에게 불리하기 마련인 구조적 과정을 생산하는 시장의 힘과 상호 작용한다는 것을 생각해볼 필요가 있다.

주택 생산은 토지와 관련이 있는데 보통 토지는 공급 부족 상태다. 지난 십 년간 미국에서는 주택 건설 비용이 상승해왔다. 땅값이 인플레이션을 감안한 주택 건설 상승 비용의 4분의 3을 차지했기 때문이다. 그 결과 개발업자는 보조금 없이 신규 주택 건설에 투자를 할 경우 이윤을 회수할 수 없게 되었다. 그에 덧붙여, 주택 시장은 금융 시장의 영향을 크게 받는다. 그 예로 최근 저당 대출 거래가 상당히 증가했는데 주택 투자업자와 주택 개발업자는 이러한 저당 대출 거래에서 가장 많은 이익을 얻었다.[7]

일반적으로 우리는 시장의 힘 하나만으로 가용 주택의 임대 수준과 공급을 이해할 수 없다. 존 길더블룸John Gilderbloom과 리처드 아펠바움Richard Appelbaum은 관행, 관계, 그리고 여러 제도적 행위자의 이익을 이해해야 한다고 주장한다. 이러한 요소가 시장에서의 행위에 영향을 주고 영향을 받기 때문이다.[8]

길더블룸과 아펠바움은 공적이고 동시에 사적인 국가 기관, 주 기관, 지역 기관이라는 주최 측이 임대 주택의 공급과 가격에 영향을 준다고 말한다. 이들이 제시하는 기관에는 연방준비은행, 의회, 책임 집행 기관, 법원, 그리고 주택건설협회나 부동산관리협회 같은 국내 주택 산업 기구, 전국적인 세입자 권익 옹호 협회, 시 의회와 지역구 위원회, 지역 주택 산업 기구, 지역 세입자 협회, 그리고 개별적인 전문·비전문 임대주가 있다.[9] 이러한 여러 행위자의 계획과 결정이 주택의 공급과 임대에 영향을 주는 시장의 제약 및 기회와 상호 작용한다. 또한 이 모든 사항을 고려할 때 미국 내 거주하기 적합한 가용 주택이 충분히 공급되지 못하는 현상을 설명해주는 구조적 과정을 이해하기 위해서는 개별 세입자의 다양한 취향과 관심, 사적인 제약 역시 고려해야만 한다.

어떤 경제학자들은 임대료 규제나 지역 조례 같은 지방 정부 규제가 임대 주택 공급과 가격 변화에 나쁜 영향을 준다고 주장한다. '강력한' 임대료 규제법이 임대 주택 공급을 감소시켰다는 주장이 옳을지도 모른다. 그러나 길더블룸과 아펠바움은 여러 증거를 검토한 뒤, 미국 내에는 현재 효력이 있는 임대료 규제법이 거의 없다는 것을 발견한다. '온건한' 임대료 규제가 있을 뿐이고 사실상 이 온건한 규제도 임대 주택의 공급 감소에 거의 영향을 미치지 못하며, 임대료를 조정하는 데만 다소의 영향을 주고 있다는 것이다. 예를 들어, 교외 지역에 건물이 빽빽하게 들어서는 것을 막는 토지 사용 규제는 해당 관할 구역의 토지 비용과 주택 건설 비용을 상승시키고, 이 효과는 대도시 주택 시장으로 확산되고 있다.

길더블룸과 아펠바움은 구체적으로 주택을 겨냥하지 않는 중앙 정부의 많은 정책에 비해 지역 임대 시장에 대한 지방 정부의 규제는 미미한 영향만 준다고 본다. 예를 들어, 건설 융자와 주택 담보 대출 금리는 중앙 정부 정책에 속하는 연방 통화 정책에 영향을 크게 받는다. 국민 소득세는 전반적인 주택 투자 방향과 기대 수익 수준에 많은 영향을 미친다.[10]

임대 주택을 순전히 경제적인 측면에서만 바라볼 경우 중앙 정부나 지방 정부의 규제를 덜 받는 시장이 더 경쟁력 있다고 이론화할 수 있다. 시장에 대한 규제가 덜할수록 소비자 수요와 지불 능력에 더욱 즉각적으로 반응할 것이며, 그러므로 임대료가 낮아지고 저소득층을 위한 주택 건설에 더 많은 투자가 이루어질 거라고 보는 것이다. 그러나 이와 같은 주장은 정부와 무관하게 진행되는 과정이 있다는 사실을 간과한다. 정부와 무관한 그 과정에서 임대인과 세입자 사이에는 심각한 불균형적인 권력이 형성되고 시장에서는 경쟁이 과열되는 것이 방지된다.

미국의 임대 주택 소유권은 소수에게 집중되어 있는 듯하다. 많은 건물을 소유한 임대인은 일부 집이 빈다고 해서 염려하지 않으며, 단순히 빈집을 채우려고 임대료를 낮추지 않는다. 임대인은 비용과 이윤을 계산할 때 다른 여러 요소를 고려한다. 예를 들면 관리 회사를 고용하는 비용, 감가상각비, 예정이율 등이다.

임대인은 대개 임대 단체에 속해 있고 비공식적인 임대 네트워크에 참여하기도 한다. 이로 인해 임대에 관한 공식적·비공식적인 여러 가지 규정이 생겨 공급과 수요에 부분적으로 반응한다. 이와 같은 단체나 네트워크를 통해 임대인은 시장 조건과 관련된 광범위한 정보를 얻는다. 임대인은 순수하게 경쟁적인 자유 시장에서보다 평균 임대료를 더 높게 유지하기 위해 서로 협력하거나 압력을 가하기도 한다.

반면에 임차인은 임대인과 비슷한 방식으로 좀처럼 조직화되지 못한다. 임차인은 대개 집주인, 부동산업자, 그리고 친구들이 임대 조건과 가격에 대해 제공한 정보만을 가지고 개별적으로, 또는 단독 가구별로 임대 주택 시장을 접한다. 임차인 협회는 일반적으로 주택을 구하러 다니는 사람보다 이미 주택을 임차해서 살고 있는 임차인의 권리를 옹호하고 지지하는 기능을 한다. 주택 가격을 집주인과 집단적으로 협상하는 것을 고려할 수 있는 임차인 협회는 사실상 드물다.

가용 주택의 경쟁력만을 놓고 볼 경우 특정 주택 시장에 진입해 그 상태를 유지하는 능력 면에서 임대인과 임차인 사이에 존재하는 불균형성이 드러나지 않는다. 집주인이 주택 시장에 진입하거나 퇴장하고 싶다면 주택을 사고팔면 된다. 그 외에 집주인의 행동을 제약하는 것은 없다. 반면 임차인에게는 토지이용규제법이나 차별 관행의 역사가 가용 임대 주택의 가격과 위치를 제한한다. 임차인이 아프리카계 미국인이거나 라틴계이거나, 아이가 있거나, 또는 저소득층일 경우 특히 그러하다. 직장 또한 임차할 수 있는 집의 선택폭을 좁힌다. 친구나 교회, 다른 친목 집단과 가까운 곳에 살고 싶어 하는 임차인의 바람도 마찬가지로 선택을 제한한다. 이러한 제약과 개별 선택의 조합으로 인해 대부분의 세입자는 어떤 장소에서 가장 저렴한 주택을 빌릴 수 없다. 임차인은 마치 값비싼 옷 가게에서 옷을 사는 대신 도시 건너편의 저렴한 상점으로 이동하는 것처럼 가까운 이웃을 떠나 멀리 떨어진 다른 이웃 옆에 둥지를 틀기 위해 주거지를 선불리 옮기지 않기 때문이다.

요약해서 말하자면 안정적인 거주지를 얻지 못하는 사회적 위치는 너무나 흔하고, 수많은 공적·사적인 개별적, 제도적 행위자들이 행동하고 상호 작용한 결과가 결합해 발생한다. 이들 행위자는 환경을 통제하는 능력에 상당한 차이가 있고 그들에게 주어진 선택지의 범주도 다양하다. 이러한 행위자 대부분은 이해관계를 가지고 있다. 일부 사람들은 법을 어기거나 기만을 하거나 타인에게 무례하게 구는 등 개별적으로 잘못을 저지른다. 반면에 대다수 사람들은 자신의 이익을 추구할 때조차도 법을 준수하고 품위를 지키고자 노력한다. 그럼에도 법망 안에서 개별적으로 잘못을 저지르지 않는 행위 과정도 구조적 부정의를 발생시키는 것으로 보아야 한다. 그 과정을 거치면서 누군가는 상당한 혜택을 얻는 반면, 어떤 이들의 선택권은 불공평하게 제한받거나 박탈당할 것이라 위협받기 때문이다.

구조적 부정의는 특정 집단에 속한 사람이 자기 역량을 계발하거나 발휘하지 못하게 제약을 받는 조직적 위협 아래 놓일 때 발생한다. 반면 이 과정에서 다른 집단에 속한 사람들은 주어진 역량을 발달시키고 훈련하는 데 필요한 광범위한 기회의 거의 대부분을 독점하거나 마음껏 누린다. 구조적 부정의는 개별 행위자의 잘못된 행위나 국가의 억압적 정책과 구분되는 도덕적 잘못으로, 보통 허용된 규칙과 규범의 범위 안에서, 특정한 목적과 이해를 추구하는 많은 개인의 행위와 제도가 상호 작용한 결과로 발생한다. 이어지는 글에서는 사회 구조적 과정에 대한 좀 더 일반적인 설명을 하고자 한다.

Ⅱ. 사회 구조적 과정의 개념화

1장에서 논의했듯이, 사회 이론가와 경험주의 연구자는 시간이 지나면서 지속되는 양상과 상황을 설명하기 위해 사회 구조라는 개념을 빈번하게 끌어온다. 그러나 구조를 분명히 정의하기란 매우 어렵다. 윌리엄 슈얼William Sewell은 "어떤 공식적인 정의로도 구조의 의미를 고정시킬 수 없다. 개념을 정립하려는 이론가들의 노력에도 불구하고 사회

과학적 지식의 구성 과정에서 다소 신비스러운 것이 작동한다면 구조에 대한 은유는 여전히 필수적이다"[11]라고 단언한다.

따라서 나는 여기서 사회 구조를 한 문장이나 한 단락으로 정의하려고 하지 않을 것이다. 대신 사회 부정의에 대한 여러 가지 판단이 구조적 부정의를 언급하고 있다는 주장을 깊이 있게 전개하기 위한 목적에서 사회 구조적 과정을 설명할 것이다. 이러한 설명을 구축하려면 몇몇 사회 이론가의 개념이 필요하다. 제도적인 맥락에서 행위의 역동성을 강조하기 위해, 구조로서보다 사회 구조적 과정으로서 사회관계의 역동적인 측면을 좀 더 언급할 것이다. 또한 사회 구조적 과정을 다음의 네 가지 관련된 측면으로 살펴볼 것이다. 첫째, 사회 구조적 과정이 한 개인을 제약하거나 개인이 하고자 하는 바를 가능하게 하는 것으로서 개인이 경험하는 객관적인 사회적 요인이라는 측면, 둘째, 행위자의 지위가 서로 연관되어 있는 거대한 사회적 공간으로서의 측면, 셋째, 사회 구조적 과정이 거대한 사회적 공간을 이루고 있지만 오직 행위 안에서만 존재하는 측면, 마지막으로 넷째, 다수 사람들의 행위가 결합되어 나타나는 의도하지 않은 결과와 연관되는 측면이다.

객관적인 제약

개인으로서 우리는 사회에는 객관적인 제약이 있다고 여기고 그렇게 사회를 경험한다. 제프리 라이먼Jeffrey Reiman은 '통로channels'라는 은유를 사용해 사회 구조를 묘사한다. 그의 설명에 따르면 사회 구조적 과정의 작동은 개인의 행동을 위한 '통로'를 형성하는데, 그것은 특정한 방향으로 행위를 이끌고 제약하지 행위의 흐름을 아예 막지는 않는다.[12] 나중에 논의하겠지만, 구조는 우리를 제약함과 동시에 목표하는 것을 이루게도 한다. 즉 구조는 개인이 그것을 차지하고 이익을 취할 수 있는 행위 가능성을 구성한다.

구조의 객관적 제약이 사실이라는 것을 밝히는 데는 최소 두 가지 중요한 방식이 있다. 하나는 물질material이다. 과거에 한 행동과 과거에 내렸던 결정이 누적되어 물질세계에 흔적을 남긴다. 현재와 미래 행위를 위한 가능성을 일부 열어두고 다른 것을 배제하면서, 혹은 최소한 어렵게 만들면서 말이다. 장 폴 사르트르는 이러한 사회 구조적 측면을 실천적 타성태practico-inert라고 일컫는다.

> 대상화된 모든 프락시스(praxis, 실천)에서 실천적 타성태는 집단이라는 일반적인 구조와 여러 단계를 거쳐 처리된 문제로 수동적인 행위를 지지할 때 자신을 부정한다. 그리하여 대상화되는 지점은 유기적 행위로 변증법적 필연성을 드러낸다. 유기적 행위는 타성 때문에 초월되고 지켜져 왔다. 구체적으로 개별적인 행위자 자신과 유기적 행위를 검증해야 할 필연성 양쪽을 위해, 사회성을 구체화하려고 고통스럽게 만들어진 초기 법령의 형태로 이 행위자와 모두에게 유기적 행위가 개별성을 초월하는 것으로 드러나는 범위에서 그렇게 초월되고 지켜진다.[13]

이 문구는 실제보다 더 모호하게 들린다. 사르트르는 우리가 접하는 세계의 거의 모든 문제에 문화, 인간의 기획, 그리고 인간의 결정이 흔적으로 남아 있다는 사실을 환기시킨다. 그러나 물질화되었다고 해서 우리가 접하는 것이 행위 그 자체는 아니다. 사실 우리가 경험하는 물질적 결과를 낳은 행위 대부분은 과거 오래전에 행해진 것들이다. 우리가 맞닥뜨리는 타성적인 것과 제약은 과거 실천praxis의 흔적을 품고 있다. 하지만 우리는 이러한 실천을 그 자체가 객관적인 특징을 지니고 있는 것처럼 수동적으로 경험한다. 이처럼 과거 실천의 흔적을 담고 있으면서 객관적인 사실로 여겨지는 제약은 우리의 현재 계획과 목적에 상응하거나 상응하지 않을 수 있다. 과거에 이루어진 행위로 나타난 구체화된 결과인 객관적 산물은 바꾸기 어렵다. 우리는 이 같은 사항을 반드시 고려해야 한다.

예를 들면, 오늘날 미국 대부분의 대도시 지역에서 나타나는 많은 물리적 사실은 사회 정책과 투자 결정, 문화 선호도, 그리고 20세기 중반의 인종 간 헤게모니 같은 여러 요소가 결합되어 발생한 구조화된 산물이다. 우리가 원하든 원하지 않든 간에, 이러한 과거 행위와 결정은 현재화되어 여러 지역에 있는 많은 사람의 주택 선택권을 제약한다. 도심 지역에서 인종 분리를 수용했던 일부 사람들의 태도와 배타적인 정책이 어느 정도 사라진 후에도 인종적으로 분리된 도심 인근과 교외는 여전히 남아 재생산되고 있다. 오늘날 많은 이들과 여러 정책이 그러한 가치에 의문을 품고 있지만 고속도로와 교외 주택 지구는 지난날 자동차족의 가치와 저속함을 여전히 담고 있다. 고층 아파트건 단독 주택이건 주택 보유량이라는 물리적 특성은 투자자와 소비자의 선택을 제한한다. 이 모든 현존하는 물리적 구조와 관계는 과거의 가정, 결정, 그리고 그에 따르는 이해관계의 효과를 반영한다. 그리고 과거의 가정, 결정, 이해관계의 효과는 우리가 구조와 관계를 변화시키려고 할 때조차 현재의 행위 가능성에 계속 영향을 미친다.

제도적·사회적인 규칙은 또 다른, 상당히 객관적이고 변화시키기 어려운 구조적 과정의 한 측면을 구성한다. 그 규칙 중 일부는 관료들이 제정해 국가의 이름으로 집행되는 법규이다. 그 밖에 많은 다른 규칙은 습관적으로, 또는 다른 이가 그렇게 해야 한다고 압력을 넣기 때문에, 혹은 그렇게 하는 것이 이득이라고 여기기 때문에 따르는 내재적인 규칙이다. 샌디는 매번 집을 구하려는 노력을 방해하는 듯한 사회적 규칙에 부딪힌다. 집주인이 그의 집을 팔려고 할 때 샌디에게는 전혀 도움이 되지 않는 사유 재산에 관한 규칙, 자산 관리자가 자신의 이익을 보호하려고 세운 규칙, 그리고 그 사이에서 가족, 이웃, 학군, 직업, 체형, 심지어 옷차림에 따라 위계적인 지위를 확립하는 다수의 공식적·비공식적 규칙이 모두 샌디와 같은 이들을 위태로운 상황에 몰아넣는다. 샌디는 사회적 규칙의 결합을 객관적인 제약으로 경험한다. 다른 사람들도 마치 그런 것처럼 행동하기 때문이다.

그렇다면 사회 구조와 관련해 첫 번째로 관찰해야 할 것은 사회 구조가 객관적이고 결정된 것, 그리고 제약하는 것으로 나타난다는 사실이다. 사회 구조는 일부 힘 있는 개인이 나머지 사람을 직접적으로 강압하는 형태로 제약하지 않는다. 그보다는 가능성을 차단함으로써 좀 더 간접적이고 점증적으로 제약한다. 구조를 포착하기 어려운 이유 가운데 하나는 우리가 특정한 제도, 특정한 구체적 사실, 혹은 특정한 규칙 그 자체를 제약의 근원으로 경험하지 않는다는 것이다. 제약은 우리의 가능성에 영향을 미치는 제도와 이미 주어진 구체적 조건에서 움직이는 개인들의 행위가 결합해 일어난다. 마릴린 프라이Marilyn Frye는 이러한 형태의 제약을 새장[14]에 적절히 비유한다. 하나하나 살펴보면, 어떤 선wire도 새가 날아가는 것을 막지 못한다. 각각의 선이 연결된 관계가 새를 비행하지 못하게 막는 것이다.

구조가 제약을 한다는 것은 자유를 아예 제거한다는 뜻이 아니다. 그보다 사회 구조적 과정은 개인들이 선택할 수 있는 선택지의 종류와 범위 면에서 차이를 만들어낸다. 사회 구조의 작동으로 인해 제기되는 사회 정의의 문제는 이러한 구조로 말미암아 개인이 선택할 수 있는 종류와 범위에서 발생하는 차이가 공정한지에 관한 것이다.

개인은 사회 구조를 제약적이고, 객관화된 것으로 경험한다. 상대적으로 특권을 누리는 개인도 구조적 과정을 경험하기 때문에 어떤 행동을 하거나 하지 않은 것에 대해 '선택의 여지가 없었다'고 말할 수 있다. 앞서 나는 건물 유지비가 상승하고 매도 조건도 유리했기 때문에 집주인이 아파트를 팔 '수밖에' 없었다고 설득력 있게 말할 수 있다는 시나리오를 제시한 바 있다. 물론 집주인이 말 그대로 건물을 파는 것 말고는 다른 대안이 없다고 믿은 것이 잘못이었을 수 있다. 나는 이러한 태도에 관해 6장에서 논할 것이다. 그러나 집주인이 제약적인 구조를 바꾸기에는 다른 이들과 협력하기 어려운 상황에 처해 있음을 감안할 때, 그리고 비록 상대적으로 특권적인 위치에 있기는 하지만 구조적 과정에서 객관적으로 주어진 일련의 제한된 선택지에 직면하게 된다는 점을 고려할 때, 팔 '수밖에' 없었다고 믿는 것이 집주인의 잘못은 아니다. 인력으로는 사회적 사실을 변화시킬 수 없다는 태도를 취하는 것은 쉽다. 예를 들면, 우리는 노동 시장이 불가사의한 방식으로 작동한다고 여기며 대규모 실업을 자연적 사실로 받아들인다.

사회적 지위 고려하기

앞서 나는 적정한 집을 구하지 못하는 샌디의 어려움이, 많은 사람이 경험하거나 경험하기 쉬운 일반적인 조건인 한 사회적 부정의로 판단되어야 한다고 주장했다. 주택을 구할 수 없는 취약한 존재는 다양한 태도, 삶의 이야기, 목적을 가진 개인이 그러한 취약성에 대응하기 위해 노력했음에도 수십 년간 사회에서 지속되어온 공통적인 지위position에 놓인다.

구조의 관점에서 사회관계를 보려면 사람들이 객관적인 사실로 여기는 사회적 제약이나 기회를 이해하는 것만으로는 충분하지 않다. 구조의 관점을 제대로 취한다는 것은 (제약과 기회를 규정하는 일반적인 범주를 가리키는) 사회적 지위를 규정하고 그러한 사회적 지위가 다른 지위와 어떻게 체계적으로 연관되는지를 밝히는, 사회에 대한 더 폭넓고 거시적인 관점을 갖는다는 뜻이다. 따라서 피터 블라우Peter Blau는 "사회 구조는 다양한 사회적 지위에 따라 인구가 분포된 가운데 그러한 사회적 지위가 다층적으로 배치된 공간으로 정의될 수 있다. 사람들 사이의 사회적 연합은 사회적 지위를 구분하는 기준이 되기도 하고 사람들 사이의 연결성을 보여주기도 한다. 그럼으로써 사람들은 단일한 사회 구조의 요소들이 된다"고 말한다.[15] 피에르 부르디외는 사회 구조를 이론화하기 위해 매우 다른 언어와 개념을 사용하고 있지만, 그 역시 지위 개념에서 시작한다. 부르디외는 사람들의 지위가 서로 연관되어 있는 '장field'으로 사회 구조를 정의한다. 사회 공간에서 사람들의 지위는 그들이 사회적으로 '가까운지' 아니면 '먼지'를 결정한다. 즉 사람들이 서로를 동일시하기 쉬운지 아니면 다름을 표현하는 게 쉬운지를 규정하는 것이다. 그리고 행동으로 그러한 동일시와 거리두기를 표시한다.[16] 부르디외는 프랑스 주택 개발의 구조적 과정, 특히 가족 소유의 단독 주택 개발을 비롯해 시장, 유행에 '장'과 '지위'의 개념을 적용한다.[17]

사회적 지위라는 관점에서 사회 구성원을 볼 때 우리는 구성원의 개별적인 선호, 능력, 특성에 관심을 갖기보다는 그들이 배치되어 있는 **관계**relations에 더 많은 관심을 갖는다. 사회학적으로, 이러한 관계는 사람들을 상호 작용도 하기 전에 각자가 있어야 된다고 여겨지는 자리에 위치시키고, 사람들 간 상호 작용에 대한 기대와 가능성에도 영향을 미친다. 사회 이론가, 혹은 규범 이론가로서 우리가 단지 개인의 특성과 행동에만 초점을 맞춘다면, 우리는 그 특성과 행동의 중요성 및 결과에 대해 많은 것을 놓칠 수 있다. 개인의 특성과 행동의 중요성 및 결과를 이해하려면 개별적인 상호 작용이 발생하고 그러한 상호 작용이 일부를 이루는, 조직적 관계라는 보다 넓은 관점을 택해야 한다. 동일한 종류의 상호 작용이라 하더라도 사실 이러한 맥락에 따라 다른 함의를 갖는다.

칼 마르크스Karl Marx 역시 교환의 매개체로서의 화폐와 자본으로서의 화폐의 차이를 논할 때 조직적 관계라는 관점을 적용한다. 개별적인 상호 작용이라는 관점에서 본다면, 각각의 경우 우리는 일련의 교환을 한다. 상품을 가지고 있는 사람은 돈과 상품을 교환하고, 그 돈으로 다른 상품을 산다. 화폐는 상품이 순환되도록 하는 수단이며 따라서 물건을 필요로 하는 사람은 자신이 필요로 하는 것을 가지고 있는 사람과 자신이 가지고 있는 것을 직접적으로 교환하지 않아도 된다. 이러한 과정에서 상품 소유자는 처음 교환을 시작했던 상품과 동일한 가치를 지닌 상품을 갖는다. 그러나 일부 교환은 돈을 가지고 있던 사람에게서 시작되어, 물건을 사고 그 물건을 되파는 과정을 통해 처음 시작했을 때보다 더 많은 돈을 만들어낸다. 그러한 과정이 자본의 축적이다. '무엇이 돈을 자본으로 바꾸는가?' 하고 마르크스는 묻는다. 다르게 표현하자면, 무엇이 잉여 축적을 가능하게 하는가? 특정한 교환이나 모든 교환의 상호 작용을 살펴보는 것으로는 잉여를 가능하게 하는 조건을 설명할 수 없다. 각각의 교환은 상품 판매자가 구매자를 찾는 형식이므로 공식적으로는 동일하다. 화폐가 단순히 맞바꿈의 매개가 되는 교환과, 화폐의 주인에게 더 많은 돈을 축적하게 하는 교환 사이의 차이를 설명하기 위해서는 시장 관계의 배후로 들어가 시장으로 돈과 상품을 불러들이는 구체적인 과정을 살펴보아야 한다. 마르크스는 돈을 가지고 있는 사람이 원재료와 노동력을 팔고자 하는 사람들을 함께 끌어모을 수 있는 위치에 있을 때 돈이 자본이 된다는 사실을 증명한다. 투자자는 새로운 것을 생산하는 과정을 소유한다. 이는 투자자에게 시장에 투자한 것보다 더 많은 것을 회수할 수 있게 해준다. 자본을 소유한 이와 노동력만을 소유한 이의 사회적 지위는 이러한 교환의 결과를 설명해주는 핵심적인 부분이다.[18]

사회를 바라볼 때 거시적 관점을 취하고 구조적인 장field에 지위를 위치시키는 한 가지 중요한 목적은, 사람들의 생애에 지대한 영향을 미치고 세대를 거치면서 지속되는 광범위한 구조적인 불평등을 확인하기 위해서다. 찰스 틸리Charles Tilly는 이것을 '지속적인durable' 불평등[19]이라고 부른다. 개인의 사회적 지위를 확인하고 그러한 개인이 서로 어떠한 지위에 어떻게 배치되어 있는지를 확인하는 데 있어 통계를 모으고 분석하는 작업은 중요하다. 푸코주의 비평가들이 그러한 통계적 분석을 통해 국가와 다른 강력한 기관들이 인구를 통제하기가 용이해진다고 주장하는 데는 충분한 이유가 있다. 그러나 서로 다르게 위치하고 있는 집단에 속한 사람이 느끼는 행복을 사회적으로 광범위하게 비교하지 않고서 사회 정의와 부정의를 판단할 수는 없다.[20] 근대 산업 사회는 범주적인 불평등으로 구조화되는데, 그 범주는 전형적으로 계급 또는 계층, 인종, 젠더, 능력, 그리고 때로 민족성ethnicity에 따라 이루어진다. 특권과 불이익의 관계는 이러한 범주들 각각을 구조화한다.

예를 들면, 계급과 젠더라는 범주에서 구분되는 사회적 지위는 샌디의 상황을 많은 부분 설명해준다. 노동의 성적 구분과 같은 강력한 규범은 샌디에게 아이를 돌보고 양육해야 한다는 주요 책임을 부여한다. 샌디는 더 나은 직업을 가질 수 있는 훈련 기회를 포기하고 대신 아이를 양육할 책임을 다하는 데 시간과 에너지, 돈을 쏟는다. 샌디는 전문적인 직업 훈련 기회를 갖지 못하기 때문에 적은 급여를 받고 직업 안전성이나 자율성을 거의 갖지 못한다. 따라서 직업상의 서열 구조에서 하위 지점에 놓여 있다. 더 나아가 젠더는 소매업과 같은 몇 안 되는 직업 범주에 여성을 몰아넣음으로써 직업 서열을 구조화한다. 관련 연구를 보면 명백하게 성차별적인 정책과 관행이 아니더라도 이러한 메커니즘이 분명 성 분리를 강화한다는 것을 알 수 있다. 여성을 소수의 직업 범주에 몰아넣음으로써 그 범주 안에서 여성이 저임금을 받고 일하는 구조가 유지되는 것이다.[21]

행위로 생산되는 구조

20세기를 거치면서 지난 몇십 년 동안, 사회 이론가들 사이에서 구조적 관점으로 사회관계를 개념화함으로써 이론가들이 사회 구조 안에서 개인을 진정한 행위자로 보지 않는 것은 아닌지, 개인은 자신의 법칙에 따라 구조와 전적으로 독립된 행위성을 갖는다고 보아야 하는 것은 아닌지를 둘러싸고 격렬한 논쟁이 있었다. 일부 이론가들은 사회에 관한 모든 것을 개인의 특성과 행위가 작동한 결과로 설명할 수 있다는 것을 증명하기 위해 '방법론적 개인주의methodological individualism'[22]라는 기획에 착수했다.

이러한 논쟁이 완전히 사라진 것은 아니지만 수그러들기는 했다. 개별 행위자가 구조를 생산한다는 것을 부정하는 사회 구조론자는 거의 없다. 앤서니 기든스의 구조화 이론은 사회 구조와 개별 행위 사이의 관계를 가장 완벽하게 설명해준다. 기든스는 구조가 서로 관련된 개인에 의해 재연됨으로써 존재하지만, 그럼에도 사회는 구조적 차원과 개별적 차원으로 반드시 구분해 분석해야 한다고 설명한다.

기든스는 사회 구조적 특성을 "사회 체계의 재생산에 회귀적으로 원인을 제공하는 규칙과 자원"[23]으로 정의한다. 구조는 사회 체계 또는 집단성의 자산이다. 현대 사회에서 이러한 사회 체계는 서로에게 장기적인 영향력을 미치는 복잡하게 얽힌 여러 겹의 제도 안에서, 다층적인 소통 체계를 통해 서로 연결되어 있는 수백만 명의 사람들을 포함한다. 그러나 구조를 정의하는 규칙과 자원은, 사회 속의 개인이 그것을 인지하고, 규칙과 자원을 개인의 가능성을 창조하는 것으로 여기며, 다른 이와의 상호 작용에 규칙과 자원을 동원하는 한에서만 존재한다. 사회적 지위를 구분하는 것은 서로 다른 지위에 있는 사람에게는 다른 규칙이 적용되며, 목적을 달성하려는 노력에 동원할 수 있는 자원의 종류와 양이 다르다는 것을 뜻한다. 기든스는 개인이 행위를 할 때 두 가지를 동시에 하고 있다고 말한다. 첫째, 개인은 행위를 함으로써 자신이 의도한 상태를 발생시키려고 한다. 둘째, 개인은 의도한 상태를 발생시킬 행위를 하고자 끌어들인 구조적인 특성, 규칙과 자원의 지위상의 관계를 재생산한다.

어떤 사람들은 행위성에서 구조의 회귀적 특징을 논하지 않은 채 기든스가 내린 구조의 정의에 이의를 제기한다. 예를 들면, 윌리엄 슈얼은 기든스의 '규칙' 개념이 너무 애매하다고 하면서 그것을 '도식schema'으로 교체하자고 제안한다. 또한 슈얼은 기든스의 이론으로는 구조적 변화의 가능성을 충분히 설명하지 못한다고 말한다.[24] 구조는 행위로 환원되지 않은 채 행위를 통해서만 생산되고, 개인은 구조에 대해 알고 있는 지식에 따라 행위한다는 핵심 주장을 수정하지 않고도 우리는 슈얼이 지적하는 이 두 가지를 [기든스의 이론 안으로] 모두 수용할 수 있다. 기든스의 이론은 개선이 필요하나, 포괄적이고 정확한 구조화 이론을 만드는 것이 나의 목적은 아니다.[25]

내 설명에서 중요한 부분은 구조가 회귀적이라는 개념이다. 사람들은 규칙을 알고 있는 제도 안에서 행위한다. 그 규칙 덕분에 다른 사람들이 어떻게 일이 전개될 거라 예상하는지를 알 수 있고 특정한 발화나 행동이 어떤 의미를 갖는지를 알 수 있는 것이다. 그리고 암암리에 존재하는 규칙이나 공식적인 법칙이 훼손될 경우 제재를 가하거나 예측 가능하지 않은 방식으로 대응할 것이라는 점도 알고 있다. 제도적 규칙에 순응하거나 의존하는 행동은 행위자가 의도적으로 자각한 데서 나오는 것이 아니라 일상적이거나 습관적으로 나온다. 기든스에 따르면, 개인은 목적을 달성하기 위한 능력을 계발하거나 발달시키기 위해 내재적 혹은 명시적으로 자원에 의존한다. 자원은 물질적인 상품뿐만 아니라 기술, 행위 능력, 특정한 분야의 기술 등을 포함할 수 있다. 즉 자원 개념은 광범위하게는 권력을 의미하는데, 그 권력은 능력으로서의 권력과, 제재를 가하거나 원하는 물건을 제공하는 수단으로서 다른 이에게 가하는 권력 모두를 말한다. 구조에 관한 연구는 대부분 이렇게 광범위하게 이해되는 권력 관계와 권력 차이가 어떻게 재생산되고 어떻게 변하는지를 이해하는 것으로 이루어진다.

부르디외는 아비투스habitus 개념으로써 행위를 통해 구조적 위치가 반복적으로 생산된다는 기든스의 설명에 다른 측면을 덧붙인다. 아무리 우리가 독특하고 유일한 개인일지라도, 일상적인 행위는 비슷한 사회적 지위에 있는 사람들에게 전형적으로 내재된 행동과 반응을 나타내는데 그것이 바로 아비투스다. 부르디외는 『구별 짓기*Distinction*』라는 자신의 위대한 저서에서 취향, 선호, 미감美感이 계급과 사회 계층에 따라 얼마나 다양하게 나타나는지를 보여준다.[26] 사회 활동에 적절하다고 여겨지는 신체적 아비투스와, 그것을 가지고 사람들이 상호 관계에서 무의식적으로 자기 자신을 드러내는 것은 목소리에서부터 몸짓, 그리고 술에 대한 선호에 이르기까지 다양한 일상적 표시로 나타난다. 마케팅 연구원들은 무의식적이기에 더 강력하게 구조적 불평등과 상대적 특권을 재생산하는 이러한 사회적 구별과 관계의 상징을 활용해 돈을 번다. 예를 들어, 중산층이 생각하기에 주거 공간에 필요하다고 여기는 것이 표준적인 취향이 되어 주거 비용을 증가시키고 있다.

한 가지 예를 더 보자. 기든스는 '구조의 이중성'을 언급한다. 앞서 언급했던 가용 주택의 예를 다시 들어보면, 샌디는 안전한 교외 지역에서 아파트를 구하려고 한다. 샌디가 생각하는 '안전함'에 대한 정의와 교외 지역을 '안전하다'고 보는 관점은 대도시 지역에서 샌디와 함께 살고 있는 대다수 사람들이 공유하는 바다. 아마도 안전한 지역이란 수입이 기준이 아니라면 대부분 중산층 백인 이웃으로 구성된 지역을 가리킬 것이다. 이처럼 널리 확산된 사회적 규범은 중산층 백인 이웃에게 특권을 주고 대부분이 쇠락해가는 형편인 다수자-소수[majority-minority, 미국에서 비히스패닉계 백인의 인구 비율이 50퍼센트 이

하인 지역을 가리킨다—옮긴이] 이웃을 평가절하한다. 많은 사회 규칙은 다양한 사람들이 어디에 '속하는지', 그들이 어디를 여행하고, 방문하고, 어디에 사는지 등 이웃의 형태와 관련이 있다. 가끔 공무원이 그러한 규칙을 집행하고 강화한다. 예를 들어, 한 아프리카계 미국인 남성이 거리를 걷고 있거나 운전을 하던 중에 경찰이 아무 이유 없이 백인 중산층 거주 지역을 지나가고 있는 그 남성을 멈춰 세웠다면, 아프리카계 미국인 남성은 그 중산층 지역에 속하지 않는다는 암묵적인 사회 규칙이 작동한 것이다. 때때로 규칙은 친구, 이웃, 또는 부동산 중개인에 의해서 더 은연중에 시행된다.

어떤 지역에 대해 '안전하지 않다'는 인식이 널리 퍼지면 지역의 가치는 더 떨어지기 마련이다. 그러면 기업은 그 지역에 대한 투자를 멈추고 떠날 것이며 사람들도 그 지역을 방문하거나 그 지역에서 살 만한 이유를 찾지 못할 것이다. 반면에 지역이 '안전하다'는 인식이 퍼지면 주택과 사업 투자의 가치가 모두 증가하는 것이 일반적이다. 그러므로 저소득 주택 소비자가 바람직하고 '안전한' 지역이라는 관습적인 이해를 따름으로써 그들로 하여금 주택을 구할 수 없게 만드는 바로 그 구조적 과정에 부유한 소비자와 함께 참여하고 있다는 것은 참으로 역설적이다.

의도하지 않은 결과

그렇다면 사회 구조란 다수의 개인이 종종 타인과 조화를 이루지 않는 자신만의 계획을 추진하는 가운데 그 행위들이 축적된 결과를 가리킨다. 행위의 조합은 다른 이의 행위 조건에 영향을 미치며, 종종 참여자 누구도 의도하지 않은 결과를 만들어낸다. 가끔 이러한 의도치 않은 결과는 대다수 행위자의 의도를 거스르기조차 한다. 사르트르는 이것을 '역행적 귀결'이라고 부른다. 즉 자기 목적을 추구하는 사람이 그러한 개인의 의사에 반하는 목적을 가진 구조적 체계를 만든다는 것이다.[27] 그 유명한 '공유지의 비극tragedy of the commons'도 이와 유사한 사례다.[28] 각 개인이 공유지를 마치 고갈되지 않는 자원처럼 자기 욕구를 충족시키는 데 쓰면서 어떤 것도 다시 채워 넣지 않을 때 결핍은 빠르게 나타난다. 교통 정체는 각자 자기 목적을 추구하는 개인이 어떻게 그 목적을 충족시키기 불가능한 집단적 결과를 만들어내는지를 잘 보여주는 예라고 할 수 있다. 운전자는 모두 목적지에 도착하기 위해 교통 상황을 최대한 이용하려고 한다. 그러나 빽빽하게 늘어 서 있는 차, 도로의 규모, 그리고 다양한 장애물 때문에 어떤 차들은 교차로에 멈추어 서서 꼼짝할 수 없다. 결국 차량은 곧 다른 교차로로 이동하고 도시 전체는 정지된다.

대다수 개인이 규칙을 따르고 자기 일에만 신경 쓰고 합법적인 목적을 추구하기 위해 노력한다고 믿는 거대한 규모의 사회적 과정이 구조적으로 보았을 때 바람직하지 못한, 의도치 않은 결과를 야기하는 것이다. 재정적인 위기도 일반적으로 이러한 경로를 따라 발생한다. 사람들은 단지 자신의 이익을 위해 최선을 다하면서 화폐와 상품, 상품 선물을 사고판다. 그들은 이러한 행위에 구조적으로 영향을 미치는 가격 동향을 살펴보고, 그에 따라 판단을 조정한다. 가끔 특정 범주에 속한 상품의 수요가 폭증하는데, 그러면 시장은 과열되고 결국 붕괴하며, 많은 투자자가 파산한다. 아무도 이러한 결과를 의도하지는 않았다. 경제학자는 사람들이 선택하고자 하는 특정한 행위를 제한하고 구조 그 자체를 유지하려는 규제에 의해서만 의도하지 않은 결과를 예방할 수 있다고 말한다. 1997년의 아시아 외환 위기는 이러한 설명에 들어맞는다.

샌디가 겪은 곤경은 전 세계 많은 도시에서 발생한다. 주택 임차료로 수입의 절반을 지불하는 사람이 너무 많으며 자기 집을 갖지 못한 사람도 수없이 많다. 이들 도시의 어느 누구도, 또는 어떤 제도적 정책도 이러한 상황을 의도하지 않았을 것이다. 대부분의 사람은 이러한 상황을 안타까워할 것이다. 그리고 그들 가운데 일부는 의도하지 않은 결과를 완화시키려고 노숙자 쉼터를 세우거나 쉼터에 기부를 할 것이다. 그럼에도 주택 부족난을 막기 위해 적극적으로 개입해 규제하지 않는다면 주택 부족에 취약할 수밖에 없는 상황은 현재 주택 시장에서 발생하는 정상적인 결과로 나타날 것이다. 자유 시장은 비교적 효율적으로 대다수 사람에게 많은 종류의 물건을 전달할 수 있다. 그러나 대부분 도심 지역의 주택 가격은 너무 비싸서 자유 시장에서 이루어지는 것처럼 효율적으로 상품을 전달할 수 없다. 서로 다른 지위에 있는 수백만 명의 행위가 낳은, 의도하지 않았지만 불공정한 결과란 바로 이런 것을 말한다. 소비자, 투자자, 정부 관료, 임대업자 등, 모두는 보통 정상적으로 허용된 규칙을 따르고 자신의 위치에서 정상적으로 이용 가능한 자원에 의존했다. 우리가 불공정하다고 판단하는 많은 상황도 마찬가지로 개인 수백만 명이 정상적이고 이미 허용된 범주 안에서 행했던 행위가 만들어낸 의도하지 않은 결과다. 그런 결과가 앞으로도 수십 년간 반복될 것이라 예측할 수 있다고 해도, 그 결과가 의도된 것이 아니라는 사실은 변함없다.

Ⅲ. 정의의 주제로서의 구조

지금까지 설명했듯이, 사회 부정의는 대개 사회 구조적 과정 때문에 일부 사람들이 겪게 되는 지배와 박탈에 대한 취약성을 말한다. 나는 구조가 정의의 주제라는 존 롤스의 주장 이면에 있는 직관을 지지한다.[29] 롤스는 제도적 차원에서 이루어져야 할 분석과 도덕적 판단을, 개인의 행위나 상호 작용을 언급하는 분석이나 판단과 구분한다. 내가 여기서 설명했던 것도 일반적으로 이러한 롤스의 생각과 일치한다.

일부 철학자들, 특히 G. A. 코헨G. A. Cohen과 리엄 머피Liam Murphy는 정의의 주제가 기본 구조라는 롤스의 주장을 비판한다. 무엇보다도 코헨과 머피는 롤스의 주장이 정의를 촉진하는 활동은 일상생활에서 개인이 취하는 행위나 선택과 무관하다는 뜻을 함축하고 있는데, 이러한 함의가 타당하지 않다고 말한다.

여기에서 나는 정의의 주제가 기본 구조라는 롤스의 주장을, 그 주장에 반대하는 논의를 따라 검토해볼 것이다. 코헨과 머피는 롤스가 자신의 주장을 잘못 공식화했다는 점에서 그를 비판하는 것이라 보고 나는 그런 롤스의 주장을 재공식화할 것이다. 앞에서 설명한 바대로 구조적 과정을 이해한다면, 개인의 행위는 분명 부정의를 영속화하거나 약화시킨다. 바로 이 지점에서 코헨과 머피는 옳다. 그럼에도 구조적 과정에 적용하는 도덕적 관점을 미세하고 즉각적인 상호 작용에 적용하는 도덕적 관점과 구분해야 할 중요한 이유가 있다.

롤스가 자신의 저서 『정의론*A Theory of Justice*』에서 사회 정의의 주제는 사회의 기본 구조라고 언급한 것은 유명하다. 또한 롤스는 사회 정의의 주제를 "주요한 사회 제도가 근본적인 권리와 의무를 분배하는 방식, 그리고 사회적 협력에서 나오는 이득을 어떻게 나눌 것인지를 결정하는 방식"이라고도 정의한다.[30] 주요 제도에는 기본적인 권리와 의무를 정의하는 법 제도, 시장 관계, 생산 수단이 되는 자산 체계, 그리고 가족이 포함된다고 롤스는 말한다. 롤스는 정의의 문제를 다룰 때 기본 구조를 고려해야 한다는 주장에 대해서 다음과 같은 두 가지 주요 근거를 제시한다. 기본 구조는 사회 안에서 살아가는 사람들이 삶을 전망하는 데 중대한 영향을 미치고, 그러므로 정의의 원칙은 개별적인 거래보다는 배경 조건에 적용되어야 한다는 것이다.

첫 번째 근거에 대해서 롤스는 다음과 같이 말한다.

> 하나의 제도로 미루어볼 때, 주요 제도는 인간의 권리와 의무를 정의하고 그들이 무엇을 기대할 수 있을지, 그리고 그것을 얼마나 잘 이루어낼 수 있을지 등과 관련된 삶의 전망에 영향을 미친다. 기본 구조는 정의의 주요한 주제다. 기본 구조는 인간에게 매우 깊은 영향을 미치며, 처음부터 그

영향을 미치기 때문이다. 여기서 직관적으로 이해한 바는 다음과 같다. 구조는 다양한 사회적 지위를 포함한다. 그리고 서로 다른 지위를 가지고 태어난 사람은 경제적·사회적 환경에 의해서뿐 아니라 정치 체제에 의해서도 부분적으로 서로 다른 삶의 기대치를 갖는다는 것이다.[31]

여기에서 롤스는 여러 제도가 사회에서 함께 작동해 사회 구성원을 서로 다른 지위에 위치시킨다는 점을 강조한다. 이 장을 시작할 때 내가 설명한 것과 다르지 않은 주장이다. 사람들이 자신의 역량을 계발하고 행복을 증진하기 위해 가지는 선택지나 기회가 사람들의 지위를 결정한다. 불공정한 사회에서, 일부 범주에 속한 사람은 불공평하게도 다른 범주에 속한 사람보다 더 제한된 선택지와 기회를 갖는다. 그리고 특정 집단이 갖는 상대적 기회는 다층적 제도의 공식적·비공식적 규칙이 서로를 강화하는 그 내부에서 일어난 행위에 좌우된다.

더 나아가 롤스는 이들 기본 구조에 적용되는 도덕 원칙과 판단을 사회 안에서 살아가는 개인이나 개별 조직의 행동과 결정에 적용되는 도덕 원칙이나 판단과 구분하는 것이 중요하다고 주장한다.

정의의 원칙, 그 가운데 특히 차등의 원칙은 사회적이고 경제적인 불평등을 규제하는 공공 원칙과 정책에 적용된다. 정의의 원칙은 자격과 소득 체계를 조정하는 데 사용되고 그 체계가 채택한 친숙한 일상의 기준과 인식의 균형을 유지하는 데 사용된다. 예를 들면, 차등의 원칙은 수입과 재산세, 재정과 경제 정책에 적용된다. 정의의 원칙은 공식화된 법과 법규 체계에 적용된다. 또한 특정한 거래나 분배, 또는 개인이나 단체가 내리는 결정에 적용된다기보다 특정한 거래나 개별적인 결정이 발생하는 제도적 배경에 적용된다.[32]

여기에서 적절한 도덕적 구분이 이루어진다. 즉 각 개인과 단체의 행동을 틀 짓는 일반적인 배경 조건에 초점을 맞추는 원칙이나 판단과, 개인의 행동 그 자체를 평가하는 원칙이나 판단 사이를 구분하고 있는 것이다.[33] 부모는 아이들이 귀가 시간을 지키지 않았을 때 벌로 일주일 동안 외출을 금지한다고 해서 평등한 자유 원칙을 침해한다고 걱정하지 않아도 된다. 종교 단체는 기본 구조를 규제하는 기회 균등 원칙과 충돌하지 않고 단체가 소유한 특정한 사무실은 오직 남성만이 점유할 수 있다고 명시할 수 있다. 개인 사업장의 고용주는 급여 지급 주기를 정할 때 자신이 원하는 사람들을 새로 고용하거나 고용을 유지하기에 유리한 방식을 택할 수 있다. 이때 회사에서 가장 적게 월급을 받는 사람이 다른 급여 체계에서는 좀 더 나은 대우를 받을 수 있는지 없는지를 굳이 따질 필요는 없다. 개인과 단체가 롤스의 두 가지 원칙을 모든 행위와 결정에 적용하고자 한다면 그들의 자유는 과도하게 제약될 것이다. 그리고 그렇게 하는 것은 상당히 복잡할 것이다. 나중에 논의하겠지만, 보다 중요한 점은 롤스가 사회 구조의 차원과 개별적인 상호 작용의 차원을 구분하지 못하면 수많은 개인 행위가 결합된 집단적 결과를 규범적으로 평가하기 어렵다고 주장했다는 사실이다.

코헨은 개인이 선택한 행위는 정의 추구와 관련이 없다는 뜻으로 롤스의 주장을 해석해 롤스식의 도덕적 구분에 반대한다. 최소한 하나의 해석을 적용해보면, 정의의 주제가 기본 구조라는 롤스의 입장은 다음과 같은 의미가 있다고 볼 수 있다. 만약 기본 구조의 규칙과 제도가 적절하게 고안되고 이행된다면, 사회 내 개인과 단체는 기본 구조가 마련한 틀 안에서 움직이는 한, 자존감을 지키면서 이익을 극대화하는 방식으로 행위를 할 수 있다는 것이다. 그러나 코헨에 따르면, 정의를 추구하거나 보전하기 위해서는 적절한 제도뿐 아니라 사회 내 개인의 행동에 동기를 제공하는 정의에 대한 개인적인 **에토스** 역시 요구된다.

코헨은 기본 구조라는 롤스의 개념이 애매하고 분명하지 않다고 주장하면서 한 가지 특정한 애매함에 중점을 둔다. 기본 구조는 사회의 강제 장치를 일컫는다는, 롤스의 기본 구조 개념에 대한 코헨의 해석은 널리 알려져 있다. 이러한 기본 구조는 "헌법 조문에, 해당 조문의 실행을 요구할 수 있는 구체적인 법률에, 그리고 매우 핵심적이지만 헌법 그 자체에 공식화되어 있지는 않은 진척된 법률이나 정책에서 또렷하게 확인할 수 있다."[34] 이러한 해석에 따르면, 기본 구조는 정치적·사회적·경제적 행동을 규제해 그러한 행동의 효과가 롤스가 말하는 두 가지 원칙을 따라 발생하도록 돕는 강제적인 법체계를 일컫는다.

다른 한편으로 코헨은 때때로 롤스가 기본 구조 안에 제도와 관계를 포함시킨다고 말한다. 제도와 관계는 강제적인 규칙의 선포나 시행보다는 헌신, 습관, 순응하려는 열망에서 비롯되는 비공식적인 관행이나 관습에 의해 구조화되고 규칙을 얻는다. 예를 들면, 몇 군데에서 롤스는 기본 구조를 구성하는 제도 목록에 가족을 포함시킨다. 코헨은 정의로울 수도, 정의롭지 않을 수도 있는 관행이나 관습에 따라 발생하는 사람들의 비강제적인 행위까지 포함하도록 정의의 주제를 열어두어야 한다고 주장한다. 제도와 개인 행위 사이의 도덕적 구분은 타당하지도 않고 정의를 추구할 때 걸림돌이 될 수 있다는 것이다. 개인이 다른 사람들과의 관계에서 어떤 행동을 선택하느냐 하는 것은 정의와 관련해 매우 깊은 함의를 갖는다. 예를 들면, 여성이 직업을 가지고 있을 때조차도 많은 남성과 적지 않은 여성이 가정에서 무급 돌봄 노동을 주로 책임지는 것은 여성이라고 생각한다. 이러한 비강제적인 행위의 결과 공적으로 인정을 받는 데서 남성은 특권을 누리고 여성은 불이익을 받게 된다.

머피는 코헨의 주장을 지지하면서 롤스의 도덕적 이원론을 반박하는 몇 가지 논리를 추가한다. 머피에 따르면, 롤스의 이원론적 입장에서 정의의 원칙은 오직 제도 평가에만 적용되며 개인의 행위를 평가할 때는 정의의 원칙과는 다른 종류의 규범적인 기준이 적용된다. 반면에 머피의 일원론적 입장에서는 동일한 원칙이 제도의 작동과 개인의 행위에 모두 적용된다. 머피는 제도의 작동과 개인의 행위 모두 동일한 목적을 지니고 있다고 주장한다. 그 목적은 바로 사람들 사이에서 형성되는 관계를 정의로운 양상으로 달성하는 것이다.

> 본질적인 차원에서, 전반적으로 타당한 정치적/도덕적 관점은 사람들의 선택에 적용할 수 있는 규범적 원칙임과 동시에 제도가 정의로운지 아닌지를 평가할 수 있어야 한다. 우리는 법 제도, 정치 제도, 그리고 다른 사회 제

도가 별도의 규범적인 제1원칙을 요구하고 있다고 생각해서도, 별개의 규범 영역을 구성하고 있다고 생각해서도 안 된다. 그보다는 사람들이 공동의 정치적/도덕적 목표를 더 잘 성취하기 위해 이용하는 수단으로 보아야 한다.[35]

머피에 따르면, 기본 구조인 제도에 적용되는 원칙과 개인의 행위를 평가하는 데 적용되는 원칙을 구별하는 도덕적 이원론은 개인으로 하여금 정의, 부정의의 문제가 그들 행동과 맺는 관계를 고려하지 않은 채 선택을 하게 만든다. 이원론자의 관점에서 보면 사람들은 오직 정의를 촉진할 제도를 지원하는 일에만 책임을 지면 된다. 반면에 일원론자의 관점에서 보면 사람들은 정의를 직접적으로 촉진해야 할 책임을 갖는다.

사회 부정의가 일부, 또는 상당한 정도로 존재하는 이상적이지 못한 상황을 고려할 때 이원론적 관점이 지닌 결함은 매우 명백하다고 머피는 말한다. 어떤 개인이 부정의로 고통받을 때 개인, 집단, 제도는 모두 정의를 고취시키기 위해 이용 가능한 수단을 사용할 의무가 있다. 주요 의무는 공정한 제도를 촉진하는 것이 아니라, 공정한 제도가 이루어야 할 공정한 결과를 촉진하는 것이다. 머피는 때로는 정의를 촉진할 제도를 운용하는 것보다 개인이 직접 정의를 촉진하는 것이 더 생산적일 수 있다고 주장한다. 그는 전 지구적 빈곤에 대해 무엇을 해야 할지 고민하는 선진국 부자의 예를 든다. 머피에 따르면, 그러한 부자가 "공정한 국제기구를 건설하는 돈키호테식의 공상적 업무"에 자산을 쏟는 것보다 인도주의 구호 단체에 돈을 기부한다면 훨씬 더 실질

적으로 정의를 향상시킬 수 있다는 것이다.[36]

머피는 매우 효과적인 예를 들어 설명한다. 부유한 제1세계 거주자가 '직접적으로' 정의를 촉진해야 한다는 것이다. 그러나 인도주의 구호 단체에 돈을 기부한다고 해서 정의를 향상시키는 제도적인 수단에 대한 언급을 피할 수는 없다. 여기서 머피는 현존하는 인도주의 구호 단체가 정의를 촉진하는 효과적인 수단이라고 가정하고 있는 것처럼 보이는데, 이는 검토가 필요한 부분이다. 더 큰 문제는 아무리 부자라도 제도를 매개로 하지 않고 개인이 '직접적으로' 정의를 촉진한다는 것이 무슨 의미인지 상상하기 어렵다는 데 있다. 머피는 제도가 종종 개인이 정의를 추구할 때 활용할 수 있는 훌륭한 수단이 되기도 한다는 데 동의한다고 조심스럽게 말한다. 머피가 제시한 사례에 나오는 부유한 개인은 정의를 향상시키기 위해 제도를 이용하지 않을 수 없다. 그러므로 사회 정의가 사회 내 사회적 지위와 관계의 광범위한 양상과 관련된 문제라면, 이 사례는 제도가 정의를 촉진하는 데 필수적인 수단이라는 점을 보여준다. 정의 향상을 위해서는 집단적 행위가 요구되며, 따라서 조직을 필요로 한다.

머피의 주장에 대한 이와 같은 반론에도, 나는 개별 행위자가 정의의 문제와 관련된 책임을 가지고 있다고 주장하는 코헨과 머피가 옳다고 생각한다. 정의와 관련해 개인이 져야 할 책임을 개념화하려는 것이 이 책의 핵심이다. 개인이 행하고 재현하는 수많은 일상적인 사회 관습, 관행, 습관이 사회 부정의를 생산하고 재생산하는 데 기여한다는 코헨의 주장은 전적으로 옳다. 앞서 구조적 과정을 설명한 부분에서도 이를 확인할 수 있다. 가용 주택 부족 현상이 심화되는 과정을 설명하면서 나는 공공 정책과 투자 동기뿐 아니라, 일부 주택 소비자의 선택과 선호 때문에도 그러한 결과가 발생한다고 언급한 바 있다.

그러므로 기본 구조가 정의의 주제라는 롤스의 주장에 대한 코헨과 머피의 비판은 지극히 정당하다. 그럼에도 개별 상호 작용에 중점을 두는 관점과 구조적 관점을 구분해야 할 중요한 이유가 있다. 따라서 구조가 정의의 주제라는 주장을 재설정하고, 구조와 상호 작용 사이의 구분을, 양쪽 차원에서 모두 발생하는 개인의 행동을 포함해 다시금 분명히 할 필요가 있다.

기본 구조에 대한 롤스의 설명이 애매하고 불분명하며 가변적이라는 코헨의 지적은 옳다. 기본 구조는 권리나 세금, 재정 정책, 경제 활동을 규제하는 기본적인 법체계를 언급하는 것처럼 보인다. 그러나 다른 맥락에서의 구조는 가족이나 법원, 주요 기업체 등과 같은 일련의 제도를 의미하는 것 같기도 하다.

롤스는 잘못된 방식으로 구조를 생각했기 때문에 이러한 애매함을 피할 수 없었다. 롤스는 그를 따르는 많은 이들과 함께 다른 어떤 부분보다도 더 근본적이며 사회 제도의 작은 부분집합인, 사회의 일부를 찾고 있었다. 그러나 만약 내가 앞에서 사회 구조적 과정을 제대로 설명했다면, 롤스의 이런 노력은 실수다. 앞서 설명한 사회 구조적 과정에서 볼 때 부정의를 양산할 수 있는 구조적 과정은 반드시 사회 제도의 작은 부분일 필요는 없으며, 일상의 습관과 선택된 행위를 결코 배제하지 않는다. 사회 구조란 사회의 일부만이 아니다. 사회 구조는 전체 사회를 바라보는 특수한 방식을 포함하고, 혹은 그러한 방식을 통해 가시화될 수 있다. 누군가는 사람들 사이의 관계에서 사회 구조의 양상을 볼 수 있고, 다른 사람들과 비교했을 때 그들이 차지하고 있는 지위를 통해서도 확인할 수 있다. 앞에서 언급했듯이, 수많은 제도 안에서 움직이는 수많은 사람들의 행위가 어떻게 그와 같은 양상이나 지위를 생산하는 효과로 통합되는지 보여주려 한다면, 우리는 사회관계에 대한 구조적 관점을 취한 것이다.

이러한 방식의 접근에서, 나는 구조에 적용되는 규범적 판단과 개인의 상호 작용에 적용되는 규범적 판단을 구분하는 것이 중요하다고 생각한다.[37] 이 둘은 사회관계에 대해 서로 다른 관점을 취하는 도덕적 판단이다. 구조에 적용되는 규범적 판단은 사회 과정에 대해 거시적인 관점을 취한다. 말하자면 제도 안에서 발생한 행위의 효과가 어떻게 다른 제도에서, 다른 사람에 의해 발생한 행위에 영향을 받아 우리가 정의롭거나 정의롭지 않다고 판단하는 결과들을 산출해내는지를 생각하는 것이다. 개별적인 상호 작용에 적용되는 규범적 판단은 면 대 면 관계에서 사람들이 어떻게 서로를 대하는지와 같은 좀 더 직접적인 사안을 다룬다.

그러면 샌디의 경우를 다시 살펴보자. 아파트를 구하는 과정에서 샌디가 한부모라는 것을 알고 그녀에게 거짓말하고 무시하는 태도를 보이는 집주인을 만났다고 가정해보자. 전화상으로는 샌디에게 아파트 임대가 가능하다고 말했지만, 그녀가 아파트를 보러 오자 샌디가 한부모 가장임을 알고 집주인은 아파트가 임대되었다고 거짓말을 한다. 집주인은 무례하고 퉁명스럽다. 미국의 현행법에 따르면 이러한 집주인의 차별은 불법이다. 만약 불법이 아니라고 해도 도덕적으로 잘못된 것이다. 타인을 무례하게 대하고 타인에게 거짓말하는 것은 우리가 다른 사람에게 직접적으로 행하는 도덕적 잘못이다. 그러나 정의에 대한 관념과 도덕성이 일치하지 않는다면 아무리 그런 일들이 흔하게 발생한다 하더라도 그것을 부정의라고 볼 수 없다. 우리는 좀 더 구조적인 잘못에 적용하기 위해 정의와 부정의 개념을 아껴두어야 한다. 샌디와 집주인의 상호 작용 이면에는 조직적인 잘못이 있다. 다수의 비전문적 여성 노동자를 상대적으로 적은 임금을 받는 직업 쪽으로 몰아넣는 노동 시장과 '제대로 된' 가정은 남성이 이끌어야 한다는, 사회적으로 강제적이고 폭넓게 공유되고 있는 편견이 바로 그것이다. 특정 직업군에 한쪽 성을 몰아넣어 젠더 불평등을 야기하는 규칙, 동기 구조, 행위는 복합적으로 일어나며, 구직자들은 종종 직접 경험하지 못한다. 어느 하나로 환원할 수 없는, 이 두 가지 다른 관점에서 샌디의 상황을 살펴볼 필요가 있다. 사람들이 다른 사람들과 직접적인 상호 작용을 할 때 존중하는 태도로 서로를 대하는지, 그리고 그들이 처한 사회적 지위가 다른 이의 지위와 비교했을 때 공정한 기회를 제공하고 있는지의 여부를 평가하는 것은 매우 중요하다.

롤스는 도덕적 평가를 '역사 과정의 관점'으로 바라보는 데 이의를 제기하면서 자신의 '사회 과정의 관점'은 개별 거래에 대한 평가와 그러한 거래가 누적된 결과에 대한 평가 사이의 구분을 요한다고 주장한다. 여기서 롤스는 로버트 노직Robert Nozick의 정의 이론을 비판하고 있다. 노직의 관점에서, 도덕 원칙은 오로지 개인 간의 상호 작용에만 적절하게 적용될 수 있다. 도덕은 개인이 타인과의 거래에서 기만, 또는 강압에 가담하는 것을 금한다. 만약 사람들 사이의 거래가 어떤 부분에서도 기만이나 강압과 관련되지 않는다면, 그 과정의 결과로써 일부 사람들이 부유해지거나 궁핍해지더라도, 그 결과는 도덕적으로 받아들여질 수 있다.[38]

롤스를 포함한 많은 이들은, 연속적인 거래 결과는 결과와 상관없이 공정하다는 결론에서 망설인다. 도덕적 평가의 주제가 단 하나뿐이라면, 다시 말해 타인과의 개별적 거래에서 도덕적 규칙을 따르는지의 여부만이 도덕적 평가의 주제라고 한다면, 우리는 노직식의 결론[도덕이 개인 간 거래에서 기만, 강압을 금하는 것에만 적용되는 것이라는]에 의문을 제기할 규범적 수단을 가질 수 없게 된다. 지위를 생산하는 사회 과정의 결과, 일부 사람들은 지배와 박탈에 취약해질 수 있다. 만약 이러한 사회 과정이 불공정하다는 판단을 내리고자 한다면 우리는 또 다른, 사회관계에 대한 보다 넓은 관점을 택해야 할 것이다. 덧붙여 롤스는 지배와 박탈에 취약한 지위가 만들어지는 것은 거래하는 양쪽 모두가 기만당하지도 강요당하지도 않은 거래의 불가피한 결과일 것이라고 논한다. 롤스는 왜 그것이 불가피한 것인지에 대해서는 설명하지 않는다. 아마도 다른 사람들과 효과적으로 경쟁하지 못하게 하는 불운과 무능력이 겹쳐 일부 사람들이 협상에서 불리한 위치에 놓인다는 뜻일 것이다. 일단 이러한 불이익의 간격이 벌어지기 시작하면, 도덕 규칙에 따르는 상호 작용이 계속해서 반복될수록 불이익의 격차도 더 커질 것이다. 그러므로 우리는 개별 상호 작용을 판단하기 위한 관점과는 별도로 구조를 도덕적으로 판단할 수 있는 관점이 필요하다.

> 개인의 행동과 지역 환경에서 발생한 행동만을 놓고 본다면, 우리는 사회적인 관점에서 합의에 도달한 결론이 공정한지 또는 공평한지 말할 수 없다. (…) 이중성이나 기만만이 부정의를 초래하는 것은 아니다. 개인들이 공정하게 행동할 때조차 어떠한 '경향' 같은 것이 배경에 있는 정의를 침식시킬 수 있다. 따로따로, 독립적으로 일어나는 거래의 종합적인 결과는 배경에 있는 정의를 향하는 것이 아니라 그로부터 멀어질 수 있다.[39]

즉 제도가 위와 같은 경향에 대응해 명쾌하게 조직된다고 해서 개별적인 상호 작용이 도덕적인가에 대한 평가와 사회 과정으로 생산되는 사회적 지위가 정의로운가에 대한 평가를 구분하는 이원론적 입장은, 코헨과 머피가 우려했듯이 개별 행위자의 선택이나 상호 작용이 정의의 문제와 연관되지 않는다는 의미는 아니다. 이와 반대로 우리가 많은 관심을 기울일 때에만 부정의를 약화시킬 구조적 변화를 바랄 수 있다. 그것은 개인으로서 우리가 서로 다른 두 가지 환원 불가능한 관점으로, 즉 상호 작용적인 것과 제도적인 것으로 우리의 행위를 평가해야만 한다는 뜻이다. 먼저 우리가 직접 만나는 사람들을 어떻게 대하는지에 따라 우리 자신의 행동과 다른 사람의 행동을 평가해야 한다. 예를 들면, 우리는 정직한가? 우리에게 힘이 있는 경우에도 지배적인 권력 행사를 자제하는가? 우리는 사려 깊은가? 또한 상대적으로 제한된 선택권을 가진 특정 지위에 있는 사람들을 박탈과 지배에 취약하게 만드는 구조적 과정이 있다고 할 때, 그러한 구조적 과정에 우리의 행위가 영향을 미치는지, 그리고 어떻게 영향을 미치는지에 대해 물어야 한다. 타인과의 개별적인 상호 작용에서 흠잡을 데 없는 행동을 보이는 사람들도 그들이 점유하고 있는 사회적 지위와 그 지위를 가지고 취하는 행위 때문에 구조적 부정의를 생산하거나 재생산하는 데 큰 영향을 미친다고 주장할 수 있으며, 그럴 개연성이 높다.

이후의 장에서 나는 자신과 타인의 행위에 대한 이중적 관점이 어떻게 정의와 관련된 책임을 회피하는 수단을 제공하는지 살펴볼 것이다. 그러나 그 논의에 앞서, 우리는 정의와 관련된 책임이 무엇을 뜻하는지에 대해 알아볼 필요가 있다. 개별적인 상호 작용에 대한 도덕적 판단과 사회 구조적 과정 및 그 효과에 대한 도덕적 판단을 구분하는 것이 적절한 것처럼, 각각의 도덕적 판단과 개인적 책임 개념을 반드시 구분해야 한다. 3장과 4장에서는 도덕과 법 이론에서 가장 기준이 되는 책임 개념은 개인들 사이의 상호 작용을 평가하는 관점에서 나왔으며 구조적 과정 및 과정의 결과를 공정하거나 불공정하게 만드는 행동을 평가하는 데는 적용하기 쉽지 않다는 점을 논할 것이다. 그리고 구조적 부정의와 관련해서 책임을 부여하기 위해 그에 걸맞은 적절한 책임 개념을 발전시킬 것이다.

3장

죄와 책임:

한나 아렌트 읽기와 부분적 비판

이 연구의 동기가 된 질문은 도덕적 행위자는 구조적인 사회 부정의와 관련한 자신의 책임에 대해 어떻게 생각할 것인가 하는 것이다. 한나 아렌트Hannah Arendt는 아마 이런 질문을 별로 달가워하지는 않았을 것이다. 아렌트는 경제적 착취, 필요의 박탈, 그리고 이에 동반되는 여러 형태의 지배에 대해 사회적인 것을 정치적인 관심보다 우선으로 삼는 이론적 관점을 비판적으로 보았다. 비록 나의 궁극적 목적이 아렌트의 확고한 신념 중 어떤 것과 어긋나기는 하지만, 아렌트의 사상 가운데는 내 질문에 답을 주는 요소가 있다. 「조직화된 죄와 보편적 책임Organized Guilt and Universal Responsibility」,[1] 「집단적 책임Collective Responsibility」[2]이라는 두 편의 짧은 논문에서 아렌트는 죄와 책임을 구분하는데, 이는 내가 던진 질문에 대한 대답이 나아가야 할 방향을 시사해준다. 그렇지만 그 방향은 아렌트의 논의 가운데 몇 가지 혼란스러운 부분을 정리하고, 또 몇 가지 공식을 비판하지 않고서는 명확하게 드러나지 않는다.

따라서 이 장에서는 먼저 내 방식대로 죄와 책임을 구분할 것이다. 그런 다음 아렌트의 저서 『예루살렘의 아이히만*Eichmann in Jerusalem*』[3]을 독해하며 나의 해석을 보완할 것이다. 아렌트는 『예루살렘의 아이히만』 곳곳에서 정치적 책임이라는 특수한 형태의 책임은 한 국가 안의 공통 성원권common membership과 국가의 이름으로 행해진 잘못에 대한 책임을 수용하는 데서 나온다고 말한다. 아렌트는 「집단적 책임」에서도 비슷한 말을 한다. 그녀는 나치가 유대인을 대량 학살한 시기에 많은 개인과 집단이 수행한 행위를 섬세하게 분석했다. 그러나 이러한 아렌트의 분석은 관념의 단순성을 노정하고 있다. 『예루살렘의 아이히만』을 독해하며 나는 국가가 저지른 범죄에 행위자가 연루되는 방식을 네 가지로 구분할 수 있다고 보았다. 이 구분을 통해 나는 광범위한 국민 대중에게 영향을 끼치는 조치나 사건에 관해 공적인 자세를 취하고 거대한 해악이 발생하는 것을 막기 위해 집단행동을 취하고자 노력하거나 더 나은 방향으로 제도적 변화를 촉진해야 할 의무가 개인에게 있으며, 이러한 의무를 정치적 책임으로 보아야 한다는 관점을 도출할 것이다. 그리고 그러한 정치적 책임 개념을 죄guilt나 비난blame, 과실fault 등에 연관된 개념과 구분하는 것이 정치 이론과 실천에서 중요하다는 것을 보여줄 것이다.

I

아렌트는 1968년 미국철학회American Philosophical Association에서 조엘 파인버그Joel Feinberg가 쓴 논문을 논평하며 「집단적 책임」을 발표했다. 여기서 아렌트는 죄나 비난 같은 도덕적이고 법적인 개념을 전체 집단이나 단체에 적용해서는 안 된다고 주장한다. 아렌트가 다룬 전형적인 사례는 나치 독일이었고, 아렌트는 칼 야스퍼스Karl Jaspers 및 다른 여러 인물들과 함께 나치 범죄의 '유죄' 딱지를 독일인 전체에게 붙이는 것이 적합한지를 둘러싸고 논쟁을 벌였다. 아렌트는 죄나 무고함 같은 개념은 개인 행위에만 엄격히 제한해서 적용되어야 한다고 주장한다. 잘못과 관련이 있는 전체 집단이나 공동체에 연좌를 적용한다면 죄는 그 의미를 잃게 된다는 말이다. 아렌트는 "모두가 유죄다"라고 말하는 것은 "누구도 유죄가 아니다"라고 말하는 것이나 같다고 한다. 또 "책임과 달리 죄는 늘 추려내는 것이고 순전히 개인적인 것이다"라고 말한다.[4] 「집단적 책임」보다 20년 일찍 썼던 「조직화된 죄와 보편적 책임」에서 아렌트는 비슷한 생각을 거의 동일한 단어로 표현한 바 있다. "모두가 유죄인 곳에서는, 결국 누구도 심판받지 않는다."[5]

죄의 소재나 비난의 경중을 가리는 목적은 정확히 추려내는 데 있다. 즉 이 사람, 혹은 이들 인민은 그들이 행한 잘못이나 범죄에 도덕적·법적 책임을 직접 지지만, 다른 이들은 그런 행동을 하지 않았으므로 책임이 없다고 말하는 것이다. 비난하거나 죄를 밝힐 때 우리는 여러 사람 가운데 특정인을 추려내서 그에게 제재를 가하거나 보상을 요구한다. 따라서 우리가 같은 사회에 있었다는 이유만으로 범죄나 잘못에 연루되어 그것을 수동적으로 용인하게 된 특정 집단 전체에 도덕적·법적 죄를 확장해 적용한다면 죄를 묻는 행위는 무의미해질 것이다. 사회의 모든 구성원이나 사람들 상당수에 사회에서 행해진 범죄나 잘못, 혹은 그 사회의 이름으로 범한 범죄나 잘못에 대해 죄를 묻는다면 죄는 실용적 의미를 잃는다.

아렌트는 『예루살렘의 아이히만』에서도 비슷한 말을 사용해 이 문제를 파고든다. 아렌트는 아이히만의 입에서 나올 법한 변명들을 기록한다. 누구라도 아이히만의 자리에 있었다면 그와 똑같은 행동을 했을 거라는 것이다. 나치당을 믿고, 당의 지도자를 지지하고, 자신에게 내려진 지시에 복종하는 등 아이히만은 자기 임무를 충실히 수행했다. 그러니 다른 많은 독일 시민들도 아이히만과 같은 수준으로 유죄라고 주장할 수 있다. 유대인을 죽음의 캠프까지 기차로 운송하는 일을 조직하는 특수한 임무를 맡은 건 아이히만의 불운일 뿐이라는 것이다. 이런 가정 아래서라면 아이히만에게 다른 독일인보다 더 큰 죄가 있다고 말할 수 없다. 아렌트는 이런 변명을 단호히 거부한다. 이런 논리에서는 누구도 죄 있는 자로 추려낼 수 없다. 바로 이것이 문제다. 나쁜 일을 행할 가능성이 있었던 사람이나 나쁜 일을 수동적으로 허용했던 사람과 실제로 나쁜 일을 행한 사람 사이에는 엄청난 차이가 있다. "당신을 돌연 범죄자의 길로 밀어 넣은 내적·외적 사건이 무엇이든, 당신이 실제로 그 일을 했다는 현실과 다른 이들이 행할 수도 있었다는 잠재성 사이에는 깊은 심연이 놓여 있다."[6]

죄를 지은 당사자가 악의를 가지고 있었는지의 여부와 상관없이 죄는 객관적이며 원인을 판가름할 수 있다. 죄는 피의자가 행한 것으로 밝혀질 것이 분명한 행동에서 드러난다. 독일인과 같은 전체 사람들에게 죄가 있다고 할 수는 없다. 어떤 정치 공동체의 구성원이 자신이 하지 않은 일에 대해 조상이나 인류를 대신해 죄책감을 느낀다고 말하는 것은 은유일 뿐, 자신이 어떤 행위를 해서가 아니라 단지 특정 단체에 소속되어 있기 때문에 집단 전체를 대신해 죄책감을 표현하는 것은 현실적인 정치적 쟁점들을 불분명하게 만드는 일종의 감상적인 몸짓에 불과하다는 것이다.[7]

그렇다고 아렌트가 어떤 집단이나 그 집단의 구성원에게 책임이 있을 수 있다는 것을 부정하는 것은 아니다. 단지 여기서 책임은 죄가 있다는 것과는 다른 의미다. 「집단적 책임」이라는 논문에서 아렌트의 논점은 정치적 책임과 죄를 정확히 구분하는 데 있다. 집단에게는 도덕적이거나 법적인 용어가 아니라 정치적인 용어로 책임을 물을 수 있다. 아렌트는 그런 집단적 책임에는 두 가지 조건이 있다고 말한다. 첫 번째 조건은 '나는 내가 행하지 않은 일에 책임이 있다는 것'이고, 두 번째 조건은 '내게 책임이 있는 이유는 내가 어떤 의지적 행위로도 해소할 수 없는, 그 집단의 일원이라는 사실'에서 나온다. 아렌트가 염두에 두고 있는 그런 집단의 유일한 예가 바로 국가, 혹은 정치 공동체다. 내가 정치 공동체의 일원이라는 사실 때문에, 나는 국가나 정부의 이름으로 특수한 행위자들이 저지른 행동이나 일에 책임이 있다.[8]

도덕적·법적인 것과 정치적인 것 사이의 이런 구분은 아렌트에게 결정적으로 중요하다. "인간 행동에 대한 도덕적 고려의 한가운데 자아가 있고, 행위에 대한 정치적 고려의 중심에 세계가 있다."[9] 개인은 그들이 행한 것에 기초해서만 비난을 받고 죄를 추궁당할 수 있다. 도덕적이거나 법적인 것은 그런 개인적인 의미에서 자아에 관여한다. 다른 한편으로 정치적 책임은 세계의 질서에 관여한다. 고통의 원인이 무엇이든 간에, 그 고통에 주목하고 문제를 제기하는 것은 우리의 책임이다. 선조의 죄는 지속적인 결과를 낳으며, 우리가 그 지속되는 정치 공동체에 속해 있는 한 우리는 선조의 죄에 책임이 있다.

다소 혼란스러운 역설로 쓰여 있기는 하지만, 아렌트는 1945년 처음 발표한 「조직화된 죄와 보편적 책임」에서도 이와 비슷한 구분을 한다. 독일 사회 구성원 가운데 나치의 범죄로 인한 죄나 책임을 면할 수 있는 이는 거의 없다. 나치가 "사람들이 일상적인 삶을 평범하게 살아가는 중립 지대"[10]를 없애고 사회를 하나로 통합시켰기 때문이다. 통상적으로 사회는 사람들이 거대한 역사적 범죄와 연관되는 것을 피하는 게 어려울 정도로 조직화되지는 않는다. 그렇다고 해도 연관된 모든 사람들이 유죄가 되지는 않는다. 아렌트는 특히 나치 범죄와 관련해 책임과 죄 둘 다 있는 사람의 수는 비교적 적다고 말한다. 많은 이들이 죄는 없지만 책임은 있다. 그들이 행한 어떤 구체적 행위도 유대인 말살 기획에 직접적으로 기여하지는 않았다. 그 대신 그들은 유대인을 죽인 체제의 지지자였다. 이들 가운데는 "되도록 오랫동안 히틀러에게 동조를 보내고, 히틀러의 권력 부상을 돕고, 독일과 다른 유럽 국가에서 히틀러에게 박수갈채를 보내던"[11] 사람들도 있다. 아렌트는 반면 어떤 사람들은 "조금의 책임도 없지만"[12] 유죄라고 말한다. 이것은 무슨 의미인가? 이들 개개인은 분명 나치의 범죄적인 목표를 진전시키는 행위를 수행했고, 그 목표를 진전시키려는 의도 또한 가지고 있었다는 점에서 분명 책임이 있다. 그런데도 왜 아렌트는 이들에게 "조금의 책임도 없지만"이라고 말하는가? 나는 여기에서 아렌트가 '책임'이라는 개념을 또 다른 의미에서 사용하고 있다고 생각한다. 즉 옳고 그름이라는 도덕적으로 적합한 행위라는 의미다. 아렌트는 이러한 의미의 모든 것이 나치 독일에서는 사라졌다고, 그렇지만 그 사실이 범죄적 행동에 대한 변명이 될 수는 없다고 믿는다. 자신의 행위로 범죄를 저지른 사람들에게 어떻게 '책임이 없을 수 있는가'에 대한 또 다른 해석은 그들은 범죄를 저지르는 것 말고는 다른 어떤 대안도 없다고 믿었다는 것이다. 만약 그들이 지시받았거나 부추김을 받은 일을 하지 않겠다고 나섰다면 일자리도 잃고 가족들도 위험에 처했으리라는 것이다. 『예루살렘의 아이히만』에서 아렌트는 많은 이들의 경우 이와 같은 주장은 사실이 아니며 따라서 대부분의 경우 죄를 감면받을 수 없다는 것을 보여준다.

정치적 책임과 죄를 구분하려고 한 아렌트의 시도는 중요하다. 나는 여기서 몇 가지만 더 세밀하게 구분하면 이 책의 출발점에서 내가 던진 질문에 대한 답을 찾는 데 도움이 될 수 있으리라고 생각한다. 그렇지만 아렌트가 특히 「집단적 책임」에서 언급했던 정치적 책임 개념은 매우 성이 차지 않는다. 하거나 하지 않은 어떤 행위 때문이 아니라 단지 정치 공동체의 일원이기 때문에 책임이 있다고 말하는 것은 일종의 신비화다. 나는 아렌트가 『예루살렘의 아이히만』에서 밝힌 분석이 정치적 책임이라는 관념을 더 구체화하고 있음을 논증할 것이다. 이때의 정치적 책임 개념은 「집단적 책임」에 나온 해석에 문제를 제기하는 것이기도 하다. 그러나 『예루살렘의 아이히만』의 말미에서 아렌트는 똑같이 추상적이고, 내 생각에는 타당하지 않은 의미로 책임 관념을 설명한다.

> 오늘날 많은 사람들은 집단적 죄, 혹은 집단적 무죄와 같은 것은 없다는 것, 만약 그런 것이 있다고 한다면 누구도 유죄이거나 무죄일 수 없을 거라는 말에 동의할 것이다. 물론 정치적 책임 같은 게 있음을 부정하는 것은 아니다. 그러나 정치적 책임은 집단의 개별 성원이 취한 행동과는 너무 멀리 떨어진 곳에 존재하며, 따라서 도덕적 용어로 판단될 수도, 법정 앞에 세울 수도 없다. (…) 좀 더 일반적으로 말하자면, 각 세대는 역사적 연속체 속에서 태어났기 때문에 선조가 취한 행동 덕분에 축복을 받는 것처럼, 선조가 행한 죄로 인해 부담을 진다는 것 이상을 뜻하지 않는다.[13]

이것이 정치적 책임의 전부일 수는 없다. "역사적 연속체 속에서 태어났기 때문에" 각자는 반드시 자신의 정치적 선조가 범한 잘못에 태도를 취하고 때로는 그와 관련해 구체적인 행동에 나서야 한다고 말하는 게 맞을 것이다. 딱히 누구를 특정 국민의 '조상'으로 볼 것인지를 결정하는 데 따르는 어려움은 제쳐놓고서라도, 이것이 정치적 책임이 있다는 것의 전부일 수는 없다. 아렌트 자신부터 정치적 책임에 대한 생각들을 도처에서 펼치고 있다. 아렌트는 나치 범죄에 대한 정치적 책임을 논할 때 다음 세대뿐만이 아니라 많은 동시대인들도 언급한다. 「조직화된 죄와 보편적 책임」에서와 마찬가지로 「집단적 책임」에서도 아렌트는 동시대인들이 책임을 공유한다는 말이 의미하는 바는 그들이 공동체의 이름으로 죄를 저지른 사람들과 동일한 정치 공동체의 구성원이라는 것이라고 주장한다. 흡사 신플라톤주의자neo-Platonist의 말 같다. 단지 국가라는 실재entity에 참여했기 때문에 내게 책임이 있다.

그렇게 해석된 책임 관념은 야스퍼스가 제안했고 아렌트는 거부했던 '형이상학적 죄'라는 관념과 유사하지만 그보다 덜 정직해 보인다.[14] 그러나 나는 아렌트가 단지 힌트만 주고 넘어가기는 했지만, 죄와 구분되는 공유된 정치적 책임이라는 개념을 위한 좀 더 그럴듯한 해석이 있다고 생각한다. 앞서 인용한 글에서 아렌트는 나치 범죄에 책임은 있지만 죄는 없는 사람들 가운데는 히틀러에 동조하고 히틀러의 권력 부상을 돕고, 히틀러에게 박수를 보낸 사람들이 있다고 했다. 이런 해석에서 정치적 책임은 행한 것(과 아마도 행하지 않은 것)을 필요로 한다. 단, 범죄나 잘못에 간접적으로 기여하는 것을 행함을 필요로 한다. 다음으로는 『예루살렘의 아이히만』을 읽으며 죄가 있다는 것과 정치적 책임이 있다는 것의 의미를 좀 더 면밀하고 구체적인 방식으로 살펴보겠다.

II

『예루살렘의 아이히만』은 여러 목적으로 독해될 수 있는 매우 풍부한 텍스트이지만 나는 단 하나의 목적을 가지고 읽었다. 『예루살렘의 아이히만』에서 제시된 여러 중요한 통찰과 논점들을 여기서는 그냥 넘어가겠다는 뜻이다. 아렌트는 개인이나 행위자가 유대인 대량 학살이라는 범죄와 맺는 관계를 은연중에 네 가지로 구분했다. 나는 그 의미들을 다음과 같이 명백히 하고자 한다. ① 죄를 저지른 자, ② 죄를 저지르지는 않았지만 사회에 참여해 죄를 저지른 사람에게 권력을 뒷받침하는 수동적인 지지를 보냈기 때문에 책임을 져야 하는 자, ③ 잘못의 일부라도 막기 위해 애를 썼든 잘못을 피해 도망을 가버렸든, 잘못된 것으로부터 스스로 거리를 두는 행동을 취한 자, ④ 그릇된 조치들에 공개적으로 반대하거나 저항했던 자. 내가 독해한 바, 이러한 구분 중 첫 번째는 도덕적·법적 문제이며, 두 번째는 정치적 문제, 세 번째는 다시 도덕적 문제, 네 번째는 정치적 문제다. 앞서 언급했지만 좀 더 구체적인 사회관계나 행동에 따라 정치적 책임을 지는 것이 아니라 단지 공동체의 성원이라는 이유로 정치적 책임을 진다는 아렌트의 '집단적 책임' 주장에 도전하는 정치적 책임의 중요한 의미가 『예루살렘의 아이히만』을 독해하면서 나타날 것이다.

1. 대학살 범죄를 저지른 자들

아이히만은 끔찍한 범죄를 저지른 죄가 있다. 아이히만은 순전히 그가 행한 일 때문에 유죄다. 그러면 그는 무엇을 했던가? 아이히만은 거의 전 유럽에서 유대인을 강제 추방해 그들을 동유럽에 위치한 죽음의 캠프로 이송했다. 또한 지역 정치 관료들, 지방의 유대계 지도자들 및 그 밖의 사람들을 만나 유대인을 기차에 태우도록 독려했다. 예루살렘에서 열린 재판에서도, 그리고 아렌트 역시 자신의 보고서에서 아이히만이 저지른 범죄에 대해 그의 책임을 경감시킬 수 있는 몇 가지 문제들을 고려했지만 모두 타당하지 않다는 것이 밝혀졌다.

아이히만 자신은 누구도 직접 죽이지는 않았다. 그렇다고 그의 죄가 경감될까? 아렌트의 설명을 들으면 아이히만은 살인을 저지르지 않았을 뿐 아니라 '살인'이라는 생각만 해도 몸서리를 치는 사람이다. 그러나 아이히만이 살인을 저지르지 않았다는 사실이 그의 죄를 조금이라도 경감시켜주는 것은 아니다. 이런 엄청난 범죄는 매우 조직적이어서 직접적인 살해는 종종 피해자 자신, 즉 죽음의 캠프에서 일한 다른 유대인들에 의해 이루어졌다. 예루살렘 법정은 이 범죄에 대해 다음과 같이 말했다.

> 책임의 경중을 따질 때 범죄를 저지른 누군가가 실제 살인을 저지른 사람과 얼마나 가까이 있었는지, 멀리 떨어져 있었는지는 아무 의미가 없다. 반대로 책임의 정도는 일반적으로 치명적인 도구를 손에 쥔 사람들로부터 멀어질수록 커진다.[15]

실제 살인으로부터 멀어질수록 죄가 커진다는 판단이 나온 것은 왜일까? 실제로 인과의 사슬에서 멀리 떨어져 있는 많은 사람들이 범죄로 이어질 결정과 명령을 내렸기 때문이다. 그리고 그들이 그렇게 하지 않았다면 수많은 사람들이 살 수도 있었기 때문이다. 아이히만은 단지 지시에 따라 결정을 내렸을 뿐이라 하더라도 유대인 수백만 명의 이송에 영향을 미쳤고 궁극적으로는 그 수백만 명의 죽음에 영향을 미친 것이다.

아이히만이 심한 압박을 받았거나 결과가 어떨지 충분히 알지 못한 상태에서 행동을 했던 것인가? 법정과 아렌트는 이 질문을 따져보고 나서, 아이히만은 자발적으로 행동했고 그 결과가 어떨지 충분히 안 상태에서 행동했다는 것을 발견한다. 아이히만은 강요받은 것도 아니었고 미친 것도 아니었다. 아이히만은 명령을 받아 한 것이므로 자발적인 행위가 아니라고 주장한 반면, 아렌트는 그가 매 단계마다 기꺼이 자기 역할을 받아들였고, 여러 점에서 달리 행할 수 있었던 사건이었다고 본다. 아이히만은 자발적으로 당에 가입했고, 관료직에 지원했으며, 그의 임무가 강제 이송과 죽음에 연루되기 시작했을 때 사임하거나 이직하지 않았다는 것이다.

아렌트는 이 사건이 그것이 드러낸 모든 광범위한 공포를 살펴보았을 때, 범죄는 범의에 따라 저질러진다는 법적 관념에 도전한다는 점을 지적한다. 아이히만에게도, 이 범죄에 가담한 다른 많은 이들에게도 범죄를 저지르려는 어떤 동기도 없었다. 아이히만은 나치 광신자나 광포한 반유대주의자가 아니었다. 아이히만에게는 유대인 친구도 있었고 그 자신이 시온주의 운동을 찬양하기도 했었다.

아렌트가 설명했듯이, 일반적으로 이 사건에서 죄란 범죄자의 주관적 상태의 문제가 아니다. 오히려 여기서 죄는 범죄자가 행한 것의 객관적 결과다. 아이히만에게 악의가 없었다는 것은 중요하지 않다. 아이히만은 괴물이 아니라 보통의, 평범한 사람이다. 아렌트가 말한 것처럼 이 평범성이 부분적으로 아이히만을 범죄에 가담하게 했다. 아렌트의 설명에 따르면, 주관적으로 아이히만은 결코 자신이 그릇된 어떤 일을 행하고 있다고 생각하지 않았다. 그는 자기 자신에게만 관심이 있었다. 생활비를 벌고 타인과의 관계에서 자신의 지위만을 신경 쓴 것이다. 아이히만의 관심사는 자신의 경력과 가족이었다. 아이히만은 자기의 일을 잘 해내서 그것으로부터 인정받기를 원했다. 특히 자기보다 높은 사회적 지위에 있는 사람들에게 인정받기를 원했다. 아이히만은 자신의 업무 수행이 불러올 최종 결과에 초점을 맞추기보다 상관에게 지시받은 명령을 수행해야 하는 당면한 관료적 업무에 초점을 맞추었다.

아렌트는 「조직화된 죄와 보편적 책임」에서 아이히만 같은 부류의 사람들을 '가정적인 남성family men'이라고 부른다.[16] 가정적인 남성은 기본적으로 사적인 생활에, 그리고 그에게 부양을 의존하고 있는 이들의 신상과 경제적 안정을 보장하는 것에 정향되어 있는 남성이다. 가정적인 남성의 사회에서 그들은 미덕의 전형이다. 가정적인 남성은 자기 경력에 노심초사한다. 야망이 있거나 명성이나 큰 권력을 추구하기 때문이 아니라 가족과 자신을 곤궁에 빠뜨리지 않는 것이 가정적인 남성의 일차적 의무이기 때문이다. 가정적인 남성 유형의 사람들은 자기 일을 성실하게 행하고 그에 대한 보상을 기대하지만 다른 한편으로는 오직 일에 몰두할 뿐 자기 자신에게는 신경을 쓰지 않는다. 가정적인 남성과 그의 가족들, 그리고 친구들은 자기들끼리만 관계를 맺으며 사적인 모임 바깥의 타인에게는 전반적으로 무관심하다. 가정적인 남성은 다른 사람들도 자기와 같을 것이라고 생각한다. 아렌트는 "우리 시대 혼란한 경제적 상황이 주는 압박 아래에서" 가정적인 남성과 가정적인 여성은 안전과 안락한 생활만 보장된다면 거의 어떤 일이라도 할 준비가 되어 있는 사람들이라고 주장한다. 아렌트의 설명에 따르면,

하인리히 히믈러Heinrich Himmler는 특히 이러한 혼란스러운 감정과 안전에의 욕망을 잘 활용했다.

> 가정적인 남성은 자신의 임금과 생명보험, 아내와 아이들의 안전을 위해 자기가 믿어온 신념, 명예, 그리고 인간 존엄성을 희생할 준비가 된 사람이라는 것이 분명해졌다. 경제 불황 이후에 자신이 부담해야 할 분담금이 늘어나고 가족들의 호구지책이 위협받자 가정적인 남성은 말 그대로 무엇이든 할 준비가 되었다. 이를 발견해낼 히믈러의 악마적 비상함만 필요한 시점이었다. 가정적인 남성이 내건 유일한 조건이란 그가 자신의 행위에 대한 책임에서 완전히 면제되어야 한다는 것뿐이었다.[17]

나치 지도자들은 정복 전쟁을 벌였고 대학살을 조직했다. 그들이 그럴 수 있었던 것은 대부분의 독일인들이 다른 사람의 운명이라는 더 광범위한 함의에 무관심한 채 자기 일을 기꺼이 수행했기 때문이다. 지도자들은 극악무도한 목적을 가지고 있었다. 그러나 이들 목표를 실행하기 위해 지도자들이 의지했던 성품 유형은 어떤 특정 국가나 사회에만 있는 것이 아니다. "가정적인 남성으로의 전환, 즉 모든 공적 사안에 관심을 가지는 책임 있는 사회 성원으로부터 오직 자신의 사적인 현존에만 관심을 가지고 시민의 덕에 대해서는 전혀 알지 못하는 '부르주아'로의 전환은 현대에 들어 나타난 세계적 현상이다."[18] 이런 현상이 21세기까지 이어졌다는 이야기를 여기서 길게 논할 필요는 없을 것이다.

아이히만이 스스로 잘못된 일을 저지르지 않았다고 생각하는 것은 부분적으로는 그 주변 누구도 아이히만의 행위와 행위의 목적을 비판하지 않았기 때문이다. 아이히만을 둘러싼 다른 보통의 가정적인 남성 모두가 유대인을 추방하고 죽이는 것을 받아들일 만한 일로 여기고, 일상적인 생활의 일부인 것처럼 행동했다. 아이히만과 가정적인 남성들은 거대한 자기기만을 통해 주어진 상황을 정상적인 것으로 생각할 수 있었다. 일부는 그러한 행위가 그들 자신에게 의미하는 바를 모호하게 하는 완곡어법에 의해 가능한 일이었다. 아렌트의 설명에 따르자면, 아이히만을 망가뜨린 주된 특징은 그가 잔인무도하고 악의적이고 이기적이라거나 멍청한 데 있는 것이 아니라 생각이 없다는 데 있었다. 아이히만은 자기 행위와 그 행위의 결과가 갖는 의미에 관해 생각하는 데 실패했다. 희생자 입장에서 관료적 체계가 무엇을 의미하는지 이해하는 데 실패했고, 더 넓은 맥락에서 자기가 발을 담근 사회적·정치적 체계의 의미를 성찰하는 데도 실패했다.

아이히만은 대학살 범죄에 유죄다. 대학살을 저지른 조직에 직접적으로 참여했고 그처럼 잔인한 체계에서 자기 일을 수행하는 데 가치를 두었으며, 무엇보다 그렇게 행동하지 않을 수 있었는데도 그렇게 행동했기 때문이다. 아이히만은 달리 행동할 수도 있었다. 비록 극소수이기는 하지만 다르게 행동한 사람들도 분명 있었던 것이다. 그렇다면 당시 모든 게 정상인 것처럼 행동한 수많은 평범한 독일인들(혹은 루마니아나 다른 곳의 사람들)의 경우는 어떻게 바라보아야 하는가?

2. 죄는 없지만 책임을 져야 하는 자들

아렌트는 아이히만과 그의 행위에 초점을 맞추고 있기 때문에 '독일인의 죄'와 관련해서는 거의 말하고 있지 않다. '독일인의 죄'는 제2차 세계대전 이후 아렌트와 야스퍼스가 논쟁을 벌인 문제이기도 하고 1960년대 초반에 아렌트가 책을 쓸 당시 인지하고 있었듯 젊은 독일인들이 제기하고 있던 문제기도 했다. 나는 대학살을 자행하지는 않았지만 그럼에도 책임을 져야 하는 사람들을 생각하면서 이야기의 한 측면을 채우고자 한다. 단, 앞서 인용한 논문들에서 죄와 정치적 책임 사이에 아렌트가 그었던 간단한 구분에 의거해 설명할 것이다.

독일 젊은이들 가운데 나치 범죄에 가담한 적이 없음에도 죄의식을 느낀다고 말하는 사람들이 있었다. 아렌트는 이들에게 영감을 받아 『예루살렘의 아이히만』에서 집단적 죄라는 관념을 제시한다. 독일 젊은이 가운데 많은 이들은 당시 너무 어렸거나 태어나지조차 않아 나치 범죄에는 어떤 기여도 할 수 없었다. 여기에서 다시 아렌트는 "모두가 유죄인 곳에서는 누구도 유죄가 아니다"라는 말을 한다. 그러면서 이 젊은이들이 더 어렵고 위험한 정치적 작업에 몰두하기보다 '값싼 감상주의'에 빠져 있다고 말한다. 그들 가운데서 당시 그들의 위치로나 행위로나 범죄를 저지른 이들, 정말 죄가 있는 많은 이들이 계속 살아간다. 그중 어떤 이들은 자기 이웃을 넘겼고, 어떤 이들은 범죄에 가담한 공직에서 일했고, 또 어떤 이들은 독가스 제조 공장에서 근무했다. "최소한 전쟁 기간 동안에는 범죄적인 조치와 거래에 가담하지 않은 조직이나 공공 기관이 독일에 단 하나도 존재하지 않았다."[19] 유대인 학살을 비롯한 나치 범죄는 사회 전체에 동원을 요구했다. 그렇다고 범죄적인 거래에 가담했던 기관에서 일했거나 다른 식으로 연결되었던 모든 이들에게 죄를 물어야 한다는 뜻은 아니다. 어떤 사람들은 제외될 수 있을지도 모른다. 강요당했을 수도 있고, 정상을 참작할 만큼 무지했을 수도 있고, 살인 기구와 아주 간접적으로만 연관되어 있는 기관에서 일했을 수도 있기 때문이다. 그러나 이 거대한 집단적 행동에 대해 수많은 사람들에게 개별적으로 죄를 물을 수 있다는 것은 사실이다.

다른 한편으로 아렌트의 생각을 받아들여 죄와 책임을 구분하자면, 독일 사회에서 살인 기구와 직접적으로 인과적인 관계를 맺지 않은 사람들은 유죄가 아니다. 그러나 그들에게는 정치적인 면에서 책임을 물을 수 있는 것처럼 보인다. 「집단적 책임」에서 아렌트는 이 책임은 정치 공동체의 성원이라는 사실에서 도출된다고 말한다. 즉 범죄에 전혀 일익을 담당하지 않은 사람들조차 단지 독일인이라는 이유만으로 독일의 이름으로 행해진 범죄에 책임을 져야 한다는 말이다. 앞서 말했듯이, 나는 아렌트의 개념이 설득력이 떨어진다고 생각한다. 독일인들이 정치적 책임을 피할 수 없다고 말한 뜻에는 동의한다. 그러나 그 책임은 단순한 성원권보다는 더 구체적이고 적극적인 어떤 것으로부터 도출된다. 『예루살렘의 아이히만』에서 펼쳐지는 아렌트의 이야기 가운데 이 대안적인 해석을 지지해주는 부분이 있다.

죄라는 개념의 논리를 살펴보자. "모두가 유죄인 곳에서는 누구도 유죄가 아니다"라는 주장을 뒤집으면, 어떤 이가 유죄라면 그를 무죄인 다른 사람들과 구분할 필요가 있다는 뜻이 된다. 비록 그들이 같은 사회의 일원이고, 유죄인 자들의 행위에 대해 알고 있었지만 그 행위를 저지하지 않았다 하더라도, 그들을 고소하거나 재판에 회부하거나 형을 내리는 것은 정당하지 않다. 죄짓는 행위를 한 독일 사람들 가운데 많은 이들이 고소를 피해갔지만 죄를 짓지 않은 사람은 더 많다. 그러나 아렌트는 죄를 짓지 않은 사람들에게도 어떤 의미에서는 책임이 있다고 생각한 듯하다. 아렌트는 이것을 정치적 책임이라고 부른다.

이 경우 정치적 책임은 무엇을 의미하는가? 죄를 짓지 않은 사람들도 범죄를 가능하게 한 사회 체계 안에 살면서 적어도 그 체계의 작동을 위해 수동적으로 지원해왔다. 이 경우 그들의 수동성은 정치적 진공 상태를 낳는다. 즉 대다수 사람들의 태도와 행동이 너무 개인화되어 사건을 전환시킬 집단행동에 가담하는 것은 고사하고, 사건에 대해 자신의 판단을 가지고 타자 앞에 등장할 수 있는 조직화된 공적 공간이 거의 존재하지 않게 된 것이다.

아렌트는 나치 점령 기간 동안, 특히 전쟁이 벌어지는 동안 압도적인 다수의 독일 사람들이 히틀러를 신봉했다는 점을 지적한다.[20] 독일 사람들은 모두 함께 대중적인 자기기만에 빠졌고, 대중의 자기기만적 지지가 일종의 생존을 위한 도덕적 요청이 되었다. 아렌트는 허위가 독일인의 민족적 특성 가운데 하나가 되었다고도 말한다. 사람들은 그들이 실제 전쟁 상태에 있는 것이 아니라고 스스로에게 되뇌었고 전쟁 중이라는 것을 인정하더라도 독일은 침략국이 아니라고 믿었다. 또 거의 대부분이 한 나라로서 독일과 한 민족으로서 독일인이 생존을 위협당할 처지에 있으며 따라서 국가의 존속에 필요하다면 어떤 행동도 정당화된다고 믿었다. 당국은 국민에게 그들의 행위가 죄악이라는 것을 숨기고 '자비로운 죽음'이라는 식으로 살인에 또 다른 도덕적 의미를 부여했다. 국민 대부분은 당국이 퍼뜨린 이러한 자기기만의 언어를 받아들였다. 히틀러가 권력을 쥐고 나서 사람들은 정치적 참여의 장이 폐쇄되는 것을 소리 없이 지켜보아야 했고 별다른 이유나 재판 없이 구금되었다. 그들은 유대인이나 다른 사람들이 차별당하고 구타당하는 모습을 지켜보았고 그들의 집이 파괴되고 재산이 몰수되는 것도 보았다. 많은 이들의 동의하에 벌어진 일이었다. 마침내 독일 국민은 자기 이웃이 사라졌다는 사실을 알게 되었고 많은 사람들이 강제수용소와 관련된 소문을 들었다. 그러나 사람들은 그 사실을 모른 척 하기로 했다. 그중 많은 이들이 외국 유대인과 독일 유대인 사이에, 또는 엘리트에다 교육받은 유대인과 노동자 계급 유대인 사이에는 도덕적 차이가 있다는 관념을 지지했다. 그러나 대체로 전쟁이나 국가의 조치나 이웃에게 일어났을지도 모를 일 같은 것들에 관해 생각하지 않으려고 했다. 아이히만처럼 다른 많은 독일 국민도 가족과 자기 일에 집중하면서 자신의 행위가 살인 기구와는 직접 연관되지 않았다는 사실에 안도했을 것이다.

지금까지의 서술은 내 방식대로 아렌트를 해석한 것이다. 아렌트는 정치적 책임의 의미를 너무 열어두었다. 국가의 단순 성원권이라는 관념은 너무 정태적이다. 한 사회의 일원이라는 것은 통상적으로 한 개인이 믿는 것과 아는 것에 따라, 그리고 그가 그 사회의 제도들이나 동료 성원들과 어떻게 관계하는지에 따라 역동적인 함의를 갖는다. 전반적으로 독일 국민은 아이히만처럼 그런 제도들의 작동이나 공직자들의 행위, 정부 기관이 취한 제도나 조치에 관해 아무 생각이 없었고, 그들이 다른 이들에게 어떤 해악을 미치는지에 대해서도 무관심했다. 독일 국민은 성찰적이고 비판적 경향이 있는 소수의 동료 성원들을 고립시키고 무력화시키면서, 모든 대중적인 조직이나 비판적 책임의 공간을 말살시켰다.

아렌트 자신의 평가에서조차 정치적 책임이 동일 민족 국가의 성원권과 일치하는 것은 아니었다. 이는 아렌트가 직접 설명한 바다. 아렌트는 어떻게 독일 밖 국가들이 독일의 행위와 연관되었는지, 그리고 어떻게 독일인 이외의 사람들이 유대인 강제 이송에 관여했는지에 상당한 관심을 기울였다. 그들 가운데 일부는 대다수 독일 사람들과 한 묶음으로 묶을 수 있다. 즉 그들은 나치가 벌인 범죄에 기여하지는 않았지만 어떤 저항도 하지 않았고 자신들을 둘러싼 상황을 정상적인 것으로, 받아들일 만한 일로 여겼다. 명목상 시민일 뿐인 유대인의 국적조차 취소할 것을 요구하는 독일의 편지를 받고도 많은 정부들이 항의하지 않은 것은 그런 수동적 무관심의 한 예일 것이다. 프랑스의 비시 정부는 프랑스 국적이 아닌 유대인을 프랑스 밖으로 추방하려는 독일의 기획을 도왔고, 많은 프랑스 시민들이 이런 사태를 보고도 모른 체했을 것이다.

이 모두가 정치적 책임을 다하지 않은 경우다. 우리는 그저 자기 집 안에서만 사는 것이 아니다. 우리가 거주하는 곳은 역사적 단계 위에 있다. 따라서 종종 우리의 이름으로, 우리의 수동적이거나 적극적인 지지를 받으며 사회 제도들이 행한 일이나 사건들과 어쩔 수 없이 관계를 맺는다. 정치적 책임은 이들 제도를 지켜보고 제도의 효과가 해롭게 나타나지는 않는지 감시할 것을 요구한다. 또한 그런 관찰과 감시가 일어날 수 있고 시민들이 고통을 줄이려는 가운데 서로를 지지하고 공개적으로 발언할 수 있는 공적 공간들을 유지하는 것도 정치적 책임 가운데 하나다. 범죄에 가담하지 않았기 때문에 비난은 받지 않더라도 위와 같은 요구를 실행하는 데 실패했다면 우리는 책임을 다하지 못한 것이다. 아렌트는 이러한 종류의 정치적 책임을 다한 사람들의 예를 든 적이 있다. 네 번째 범주에 관한 설명에서는 그 예의 일부를 소개할 것인데 그 전에 먼저 범죄적 사건과 맺는 또 다른 관계를 검토하려고 한다.

3. 행위를 통해 죄를 피하거나 해악을 막으려 시도했던 자들

이 세 번째 범주에 속하는 사람들은 비난받을 일을 하지 않았을 뿐 아니라 도덕적 견지에서 칭찬받을 만한 행위를 했다. 다수는 아니지만, 나치 독일 안팎에서 많은 사람들이 그런 행동을 했다. 아렌트가 든 예를 보면, 어떤 장인은 나치당에 가입하느니 차라리 독립적인 생활양식을 포기하겠다며 공장에 들어갔다.[21] 어떤 대학 교수들은 히틀러에게 충성을 맹세하지 않고 자기 지위를 포기했다. 또 다른 사람들은 유대인 지인들을 숨겨주거나 나라를 떠나게 돕는 등 자기가 할 수 있는 일을 했다. 아렌트는 또한 나치 친위대에 징집되었지만 자기들이 소속될 지부의 임무를 충분히 알고 난 뒤 가입서에 서명하기를 거부한

두 청년에 대한 이야기도 들려준다. 여기 소개된 이야기는 아주 일부일 뿐, 어림잡아도 수천 개 이상의 비슷한 이야기가 더 있다. 아렌트는 이런 사람들은 "실질적으로 아무것도 하지 않았다"라고 말한다. 그들은 면죄부를 받는다. 참으로 칭찬받을 만한 사람들이다. 그럼에도 "잘못에 대해 옳은 것이 무엇인지를 말할 능력까지는 발휘하지 않았다. 그들은 결코 '양심의 위기'를 겪지 않았고 (…) 영웅도 성인도 아니었다. 그들은 그저 완전히 침묵했다."[22]

이 마지막 언급은 그들의 행위가 정치적인 것이 아니었다는 뜻이다. 그들의 행동이 공(개)적으로 이루어지지 않았기 때문이다. 나치 범죄에 연루되지 않기 위해 노력했거나 위험에 처한 사람들을 적극적으로 도운 사람들은 많았다. 그러나 그들은 문제를 제기하지 않았고 자기 혼자, 사적으로 그런 일들을 했다. 그들의 행위는 정치적인 것이라기보다는 도덕적인 것이었다.

아렌트는 이탈리아와 이탈리아 점령 구역에 있는 유대인들을 넘기라는 독일의 요구에 이탈리아 정부와 일부 국민이 어떻게 대응했는지를 보여준다.[23] 나는 이 일화를 세 번째 범주의 맥락에서 읽었다. 이탈리아의 사례는 도덕적 거절의 하나로 뒤에 나올 정치적 저항의 사례인 덴마크 이야기와 비교된다. 이탈리아인들은 나치의 계획을 공개적으로 반대하지 않았다. 그들은 나치의 비위를 맞추며 곧 나치의 계획에 따르겠다고 말했다. 그러면서 결국 독일의 요구를 무시하고 관할권 안에 있는 유대인을 이탈리아인이건 외국인이건 보호할 방도를 취했다. 이탈리아인들은 말살 프로그램에 찬성하지 않았고 나치와 한패가 되지도 않았다. 이런 자세는 칭찬할 만하고 면죄부를 줄 만하지만 아렌트적 의미에서 정치적인 것은 아니다. 공개적인 저항의 형태를 취하지 않았기 때문이다.

4. 정치적 책임을 다한 자들

「집단적 책임」에서 아렌트는 정치적 책임은 엄격히 집단적인 것이라고 말한다. 정치적 책임은 집단의 일부이기 때문에 갖게 되는 것이다. 그러나 내가 『예루살렘의 아이히만』을 읽은 바로는 이것은 정치적 책임이 국가에 의해서만 이행된다거나, 개인이 자발적으로 혹은 작은 그룹 안에서는 정치적 책임을 다할 수 없다는 뜻은 아니다. 아렌트적인 의미에서 책임의 이행이 정치적인 것이 되려면 단순히 관료적 기능의 일부로 국가 공무원들의 이해나 바람을 표현하는 것이 아니라 시민들의 능동적인 참여가 있어야 한다. 정치적이 되기 위해서 행동은 반드시 공적으로 일어나야 하고 역사적 사건에 개입하거나 응답하기 위해 집단행동의 가능성을 염두에 두거나 그것을 목표로 해야 한다.

아렌트는 나치 독일에서 정치적 책임을 다한 극소수의 사례를 발견한다. 정부가 저지른 죄악을 파악하고 그것에 반대했던 소수의 사람들은 말할 능력도 잃고 고립되어 있었다. 아주 가까운 지인들끼리는 저녁 식사 자리나 교회에서 반대 의사를 밝혔을지도 모르지만 "아무런 반란의 계획이나 의도"[24]도 갖고 있지 않았다. 히틀러에 대항해 음모를 꾸민 사람들 가운데 일부는 진행 중이던 정책에 반감을 가져서가 아니라 나치의 패배와 그에 따른 수치가 두려웠기 때문에 저항한 것이었다. 아렌트의 친구이자 스승이었던 칼 야스퍼스 같은 소수의 지성인들이 나치를 공개적으로 반대하기도 했다. 그러나 이런 반대는 타인에게 정치적 행동을 촉구하려 한 것이 아니었고 그런 효과를 거두지도 못했다.

내가 이해한 바로는 아렌트도 『예루살렘의 아이히만』에서 정치적 책임을 다하지 않았다는 이유로 독일 사람들이나 양심적인 소수의 사람들을 비난하는 것은 적절하지 않다고 생각했다. 전쟁을 시작할 무렵 나치당은 자기들이 주관하지 않는 공개 연설을 억제했고 노동조합 같은 조직체를 와해시켰다. 공적인 집단행동을 일으킬 수 있다는 이유에서였다. 이처럼 당시 독일에는 나치의 정책이나 나치가 저지른 일들에 반대하는 사람들이 자기들의 의사를 공공연히 밝히거나 조직적으로 반대하려는 시도가 무모하다고 생각할 만한 이유들이 분명 있었다. 그렇지만 아렌트의 다른 글들에서 알 수 있듯이, 아렌트는 현존하는 사회 환경이 결코 사건을 결정하지 않는다고 생각했다. 그리고 정치적 행동, 특히 실제적인 효과를 발휘하는 정치적 행동이란 사람들이 그러려니 하는 식으로 수용하게 되는 현행 궤도에서 벗어나는 것이라고 생각했다.[25]

아렌트는 정치적 책임을 다하고자 했던 사례를 딱 한 가지 제시한다. 뮌헨에 살던 두 학생, 숄스Scholls 남매는 히틀러를 대학살자로 묘사한 소책자를 대중에게 뿌렸다.[26] 나치 친위대에서 일하기를 거부하거나 유대인을 숨겨주는 것과 같은 칭찬할 만한 도덕적 행위와는 달리, 이것은 두 가지 이유 때문에 정치적인 행위다. 즉, 공개적으로 일어났고, 히틀러에 대한 공(개)적인 반대에 동참하도록 사람들을 선동하는 것이 목표였기 때문이다. 아렌트도 이를 '무모한' 행동으로 분류한다. 아렌트는 숄스 남매에게 무슨 일이 일어났는지에 대해서는 말해주지 않는다. 아마도 그들은 감옥에 갔거나 더 지독한 일을 당했을 것이다. 그리고 그들의 행위는 반대 운동을 촉발하지도 못했다.

아렌트가 말하는 효과적인 정치적 행위 가운데 대표적인 사례는 독일 밖 덴마크에서 일어난 이야기다. 아렌트는 집단적인 정치적 행위의 전형적인 예를 들 때면 덴마크 이야기를 꺼낸다. "비폭력 행위에 내재한 엄청난 잠재력에 대해 배우기를 원하는 모든 학생들에게 정치과학의 필독서로 이 이야기[덴마크 이야기]를 권한다. 그리고 현격하게 우월한 폭력적 수단을 가진 상대방에게 저항하기를 원하는 사람들에게도 추천한다."[27] 국왕부터 시작해 덴마크 관료들은 독일의 유대인 추방 정책에 공개적으로 반대 의사를 밝혔다. 스웨덴 정부가 독일 군대가 자국을 통과하는 것을 허락하지 않았을 때 덴마크 부두 노동자들은 파업을 했고 독일 배의 입항을 거부했다. 정부 관료들, 경찰들, 어부들, 그리고 평범한 덴마크 시민들까지, 수많은 사람들이 매우 치밀하게 조직되어 성공적인 기획에 협조했다. 나라 안의 거의 모든 유대인들을 그들의 국적이나 시민권에 상관없이 밤중에 부두로 데려가 배를 태워 스웨덴으로 조용하고 안전하게 수송을 한 것이다. 나치 정책에 대한 공개적인 반대와 조직적인 저항에 직면하자, 덴마크에 머물러 있던 독일 공무원들은 덴마크의 조치를 막기 위해 이의를 제기하던 태도를 바꾸었다.

아렌트는 독일의 강제 이송과 살인 정책에 대해서도 공개적인 반대를 표했던 다른 사례들을 발견한다. 프랑스 비시 정부는 피난민뿐 아니라 프랑스 국민도 예정된 목표물이라는 것을 파악하고 나서는 협조를 거부했다. 네덜란드에서는 유대인 교수가 해고당하자 학생들이 수업을 거부하고 나섰고 강제수용소로 첫 번째 유대인 이송이 이루어지자 이에 대한 대응으로 파업이 연이어 일어났다. 불가리아에서는 의회가 강제수용소에 반대하는 입장을 밝혔고 국민들은 소피아 거리로 나와 유대인 수송을 막으려고 했다.[28]

덴마크에서 일어난 일처럼 이러한 저항의 사례들은 수많은 사람들이 가담해 협력할 때 더 효과적일 수 있다는 교훈을 준다. "확실한 저항 앞에서는 아무리 나치라도 '강경' 정책을 유지할 인력도 의지력도 가지고 있지 못하다는 것이 드러났다."[29]

앞서 인용한 두 논문에 비추어 『예루살렘의 아이히만』을 독해하는 작업은 이렇게 끝난다. 나는 아렌트가 언급만 하고 완전히 이론화하지는 않았던, 죄와 책임, 특히 죄와 정치적 책임 사이의 구분을 분석하고자 했다. 요약하자면, 죄는 범죄나 잘못을 저지른 자, 혹은 행위를 통해 범죄나 잘못에 직접적으로 기여한 자에게 귀속되어야 한다. 책임은 있지만 죄는 없다는 것은 범죄나 잘못을 저지르도록 정부나 제도, 관행을 능동적·수동적으로 지원한 경우에 해당한다. 죄와 책임의 구분은 정도의 문제가 아니라 종류의 문제다. 죄에는 정도가 있을 수 있다. 예컨대 죄가 없는 사람들을 감금할 캠프 건설을 계획한 사람이 (캠프에서) 간수들을 감독했던 사람보다 국제법상으로 범죄의 죄과가 더 중하다고 말할 수 있다. 그러나 둘 다 유죄이다. 아렌트가 말했듯이, 책임은 그릇된 일을 하지 않았지만 그럼에도 불구하고 그와 연결된 사람들에게도 지워진다. 이런 의미에서 나도 관타나모나 그와 유사한 법의 영역 밖의 억류 시설에서 일어난 일에 대해 정치적 책임이 있다.

아렌트의 논의에서 정치적 책임은 죄와 똑같이 과거 지향적인 개념인 것 같다. 아렌트는 주요 사례로 나치 대학살을 들었는데, 그 사건은 과거에 일어났다. 우리는 이 사건에 누가 책임을 져야 하는지를 되돌아보며 알고 싶어 한다. 즉 누가 유죄인지, 그리고 수동적 지지를 보내고 공적인 비판의 장을 폐쇄함으로써 자기들의 힘을 범죄자들의 행위에 양도하는 죄를 범한 사람이 누구인지 알고자 한다.

이처럼 아렌트는 『예루살렘의 아이히만』에서 과거의 사건들을 이야기하고 있지만 그 가운데서도 나는 정치적 책임 관념 안에서 본질적으로 미래 지향적인 개념을 발견한다. 이런 식의 정치적 책임은 도덕적 행위자의 의미를 의식하고 있는 사회 구성원들에게 부과된다. 여기서 도덕적 행위자란 타인의 운명에 무관심하지 않은 사람이며 국가나 다른 조직화된 기구가 종종 일부 사람들에게 가할 수 있는 위해에 무관심하지 않은 사람이다. 우리는 현대 사회에서 이러한 책임 대부분을 피할 수 없다. 이런 기구들을 운용하는 데 참여하거나 이로부터 통상 이득을 보고 있기 때문이다. 현재 진행 중인 사건들과 관련해서도, 그리고 그 사건들이 미래에 미칠 파장과 관련해서도 책임은 늘 바로 지금 우리에게 있다. 우리는 그런 정치적 책임을 갖는 조건 속에 살며 그로부터 정치적 책임을 다해야 한다는 명령이 나온다. 우리가 속한 제도가 부정의나 범죄를 저지르는 것을 보거나 혹은 그런 범죄가 저질러지고 있다고 믿는다면, 우리는 다른 이들을 동원해 그 제도에 반대해야 하고 반대 의사를 드러내야 할 정치적 책임을 지닌다. 그리고 제도를 변화시켜 더 나은 결말을 끌어낼 수 있도록 함께 행동해야 할 정치적 책임을 지닌다. 이런 뜻에서 정치적 책임은 미래 지향적이다. 그리고 이는 기본적으로 책임을 진다는 것이 정치적이라는 뜻을 함축한다.

이런 식으로 책임을 떠안는 것이 현실적으로 가능하지 않은 상황이 분명 있을 수 있다. 1941년 나치 독일이 아마 틀림없이 그런 상황이었을 것이다. 잘못이 일어나는 대부분의 사회적 상황에서 대다수 사람들은 자신이 할 수 있는 것은 아무것도 없다고 말할 만한 이유들이 있다. 고립되어 있는 개인이 기관, 영향력 있는 관료, 또는 국가 간의 상호작용을 바꾸기 위해 할 수 있는 것이라고는 아무것도 없다. 그러나 정치적 책임은 혼자서 무언가를 하는 것이 아니라 타인에게 집단행동을 함께할 것을 권하는 것이다. 이런 일은 비교적 드물게 일어나지만 일단 일어나기만 하면 집단행동에 참여한 사람들은 자기들이 가지고 있던 변혁의 힘에 종종 크게 놀라곤 한다.

나는 이 글을 시작할 때 도덕적 행위자라면 구조적인 사회 부정의와 관련해 우리의 책임을 어떻게 생각해야 하는지 물었다. 구조적 부정의의 예를 들자면, 주택 정책이 미비해 수많은 사람들을 누추한 쉼터에 몰아넣거나 노숙자로 모는 상황을 그려볼 수 있을 것이다. 구조적 부정의는 체계적으로 행해진 대학살만큼 끔찍한 것은 아니다. 그보다는

'일상적인' 부정의라고 할 수 있다. 이러한 구조적 부정의는 날마다 경험하는 부정의이며 종종 다른 범죄 행위의 배경이 되기 때문에 도덕적·정치적 행위자인 우리에게 매우 중요하다. 아렌트의 텍스트에서 해석하고 발전시킨 정치적 책임이라는 관념은 특히 구조적 부정의와의 관계 속에서 책임을 설명하는 데 유용하다.

4장

사회적 연결 모델

우리는 이제 이 책에서 제기해온 질문, 즉 개인과 집단 모두를 포함하는 행위자들이 구조적 부정의와 관련해 그들의 책임을 어떻게 생각해야 하는가와 관련된 질문에 답할 차례가 되었다. 이 질문은 일정 부분 혼란과 딜레마를 안고 있다. 한편으로는 내가 주장한 대로, 부정의가 존재한다는 바로 그 판단이 일종의 책임을 수반한다. 어떤 상황이 부정의하다고 판단을 내린다는 것은 그러한 부정의가 최소한 부분적으로 인간적인 데 원인이 있다고 이해했다는 뜻이며, 그 원인을 교정하기 위해 뭔가가 시행되어야 한다는 뜻이다. 다른 한편으로 구조적 부정의의 경우 비난의 대상이 되는 사람이 명확하지 않고 따라서 어떤 행위자에게 교정의 책임이 있는지 명백하지 않다.

2장에서 자세히 설명한 대로, 구조적 부정의는 제도적 규율을 지키며 도덕적으로 수용할 만한 관행에 따라 행위하는 수천 명, 수백만 명의 사람들에 의해 생산·재생산된다. 일례로 대다수 사람들이 거주할 만한 적절하고 알맞은 가격대의 주택이 부족한 것은 대부분의 주택 시장에서 흔하게 나타나는 일반적인 현상이다. 주택 시장의 역동성은 여러 요인들 가운데 투자 인센티브, 개발업자들의 상상력, 전문 지식, 재정 능력, 주택에 대한 문화적 선호, 지역 개발 정책 등에 영향을 받는다. 일부 사람들은 이 구조적 과정에서 종종 불법적이거나 부도덕한 행위를 저지른다. 어떤 이들은 흑인, 또는 이슬람교도들에게 주택 임대를 거부한다. 또 어떤 이들은 용도 변경을 승인받기 위해 시 관료들에게 뇌물을 주기도 한다. 그런 불법적이거나 부도덕한 행위들이 확실히 구조적 결과에 영향을 미치기는 하지만 그렇다고 불법적이거나 부도덕한 행위에 관여하는 사람들만 부정의를 저지르는 것은 아니다. 그 밖에도 부정의에 관여하는 사람들은 너무나 많다.

법과 일상적인 도덕 생활에 책임을 부여하려면 먼저 '누가 그것을 했는가'를 밝혀야 한다. 누군가가 해악을 야기한 책임이 있다면 우리는 그에게 당신이 그와 같은 상황을 야기했다고 말할 수 있어야 한다. 인과적인 책임은 죄가 있거나 비난받을 만한 행위자를 찾는 것으로 충분치 않지만 일반적으로는 필요한 일이다. 이 일반화에는 중요한 예외가 있다. 어떤 사람의 행동이 행위자에게 명령을 내리거나 그 행위를 가능하게 해서 유대인 강제 호송 열차를 조직한 아이히만처럼 행위자로 하여금 피해나 비난을 직접 유발하게 만들었다고 생각해보자. 그렇다면 이들은 직접 해를 끼친 행위자보다 더 비난받을 만한 사람일 수 있다. 이와 같은 예외는 다음과 같은 법칙을 증명할 뿐이다. 도덕적·법적 책임의 표준적인 틀 안에서는 한 사람의 행동을 우리가 책임을 부과하고자 하는 해악에 선형적으로 연결시킬 필요가 있다는 것이다.

그러나 구조적 부정의는 선형적인 연결로 추적할 수 없다. 구조적 과정에 기여한 사람들을 확인하는 것은 어렵지 않지만 전체적으로 특정 개인이나 기업과 같은 특정한 집단적 행위자의 행동이 어떻게 다른 특정 개인들에게 직접적으로 손해를 끼치는지 확인하는 것은 불가능하다. 예를 들어, 주택 소비자가 잔디가 깔린 크고 넓은 앞마당을 원해서 개발업자들이 이 요구를 수용했다고 하자. 그럴 경우 해당 지역 주택 가격이 상승하는 것은 거의 틀림없는 일이다. 그렇다고 해서 넓은 잔디가 있는 분양지에 투자를 하는 사람이나 그런 주택을 구매하는 사람이 임금의 40퍼센트 정도를 임차료로 지불해야 하는 저소득층의 주택 임차를 어렵게 만든다고 말하는 것은 정확하지 않다. 그 밖에도 제도적 관행이나 정책 등 저소득층이 고통을 겪는 부정의에 한몫을 하는 다른 조치들이 있기 때문이다. 특정한 사람들의 특정한 행위는 다른 사람들이 겪는 부정의에 직접적으로 영향을 미치지 않는다. 그보다는 일부 사람들에게 더 많은 특권적인 기회를 주는 행동으로 구조적인 제약을 생산함으로써 오히려 간접적이고 집단적으로, 그리고 누적적으로 부정의에 기여한다.

그럼에도 일부 사람들이 구조적 부정의에 책임을 진다고 말하고 싶다면, 기존 개념과 다른 책임 개념이 필요하다. 새로운 책임 개념은 개인적인 행위와 해악 사이의 독특한 관계에 주목한다. 나는 이 장에서 그런 대안적 책임 개념을 제안할 것이다. 그리고 그것을 '책임에 관한 사회적 연결 모델'이라고 부르겠다. 책임에 관한 사회적 연결 모델은 자신의 행위를 통해 일부 불공평한 결과를 가져온 구조적 과정에 영향을 미친 모든 사람들이 부정의에 책임이 있다는 뜻이다. 사회적 연결 모델은 무엇보다도 죄나 잘못의 원인을 찾기 위해 과거를 회고하기보다는 앞을 내다본다. 구조적 부정의에 책임을 진다는 것은 책임을 공유하는 다른 사람들과 함께 행위 결과를 보다 정의롭게 만드는 방향으로 구조적 과정을 변형시킬 의무를 갖는다는 뜻이다.

나는 책임에 관한 사회적 연결 모델을 법적·도덕적 담론에 일반적으로 적용되는 법적 책임 모델 개념과 대조해가며 살펴볼 것이다. 어떤 사람들은 구조적 부정의에 대한 책임을 이론화하는 최고의 전략은 법적 책임 모델을 적용하고 확대하는 것이라고 하지만 나는 법적 책임 모델의 접근법에 문제가 있다고 생각한다. 구조적 부정의와 관련된 책임은 죄나 비난, 과실, 의무로 변종될 수 있는 책임과는 다른, 좀 더 특별한 종류의 책임이다. 여기에는 그럴 만한 합당한 실천적·이론적 이유가 있다.

법적 책임의 가치와 한계

해악을 유발한 과실이나 죄를 법적으로 추론하는 것은 책임을 부여하는 가장 일반적인 형태다. 책임을 이런 식으로 사고할 경우, 우리는 책임 소재를 파악하려는 상황과 인과적으로 연결된 것으로 보이는 행동을 한 특정 행위자에게 책임을 부여한다. 이 행위자는 때로 기업 같은 집단적인 법인체일 수 있다. 그렇더라도 법인체는 단일한 행위자로 책임을 부여받는다.[1] 책임을 물어야 하는 상황과 인과적으로 연결된 행위는 자발적으로 일어난 것이며 해당 상황에 대한 적절한 지식을 가지고 수행된 것이어야 한다. 만약 책임 소재가 있는 것으로 보이는 용의자의 행위가 자발적이지 않거나 무지의 소치임을 증명할 수 있다면,

보통 그들의 책임은 면제되거나 감면된다. 그것을 증명할 수 없다면 행위자들은 해로운 결과를 유발했다는 비난을 면치 못한다. 나는 이런 일반적인 책임의 개념화를 법적 책임 모델이라고 일컫는다.

윤리학자들 사이에서도, 일상적인 언어에서도, 도덕적 책임을 말할 때 대부분 법적 책임 모델을 가정한다. 사람들은 종종 상황에 대한 도덕적 책임과 법적인 의미에서의 민형사상 책임을 구분하지만 책임에 관한 양자의 개념은 형태상으로 유사하다. 어떤 행위자에게 책임이 있다고 말하는 것은 어떤 행위나 행위의 결과가 비난을 받을 만하다는 뜻이다. 행위자가 도덕적으로 책임을 지는 조건은 법적으로 책임을 지는 조건과 유사하다. 우리는 행위자들의 행위가 실제로 해악을 야기했는지, 행위자들이 자발적으로, 결과에 대한 충분한 지식을 가지고 행위했는지를 입증할 수 있어야 한다.

형사법이나 불법행위법에서는 때로 이런 이해와는 다른 방식으로 해악에 책임을 질 행위자를 가려낸다. 또 법적 책임을 추론하지 않고 도덕적 책임을 부여하는 경우가 있는데, 이는 다음과 같은 방식으로 기존의 법적 책임 개념에서 벗어나 있다. 법에는 태만죄라는 것이 있다. 이 개념은 때로 행위자의 도덕성을 탓한다. 행위자는 어떤 행동을 해서가 아니라 행동을 하지 않았기 때문에 해악에 책임을 져야 한다. 비난받을 만하다고 적절하게 판단할 수 있는 비활동의 범위를 한정하기 위해 태만죄가 등장한 것이다. 태만으로 인한 행동 실패는 특정한 사람이 특정한 방식으로 행동해야 한다는 타당한 기대가 있음을 보여준다. 그러한 기대는 그 사람이 맡고 있는 역할에서 나온다. 예를 들어, 부모가 아이를 잘 돌보지 못해 태만죄를 저지를 수 있듯이 경비원도 강도가 침입한 상황에서 깜박 잠이 들어 태만죄를 저지를 수 있다.

해악에 법적 책임이 있는 행위자는 그 해악과 인과적으로 연결되어 있어야 한다는 생각에서 벗어나 있는 불법행위법은 엄격한 법적 책임 개념에서 나왔다. 엄격한 법적 책임하에서는 해당 행위자가 해악을 야기하지 않았고 해로운 결과를 의도하지도, 그러한 결과를 통제할 능력도 없었다 할지라도 행위자에게 법적 책임을 묻는다. 누군가의 재산 소유가 다른 사람의 재산에 피해를 입히는 경우를 예로 들 수 있다.[2]

내가 말한 법적 책임 모델은 불법행위법에 따라 책임을 부여하고 제재, 처벌, 보상 강요, 배상 등의 목적으로 책임 당사자를 확인하고 도덕적 판단을 내리는 그런 모든 실천들을 포함한다. 법적 책임 모델 안에서도 책임의 내용은 다양하지만 이러한 실천들은 특정 행위자를 법적인 책임 소지자로 규정한다는 점에서 동일한 관심을 가진다. 그리고 일반적으로 이러한 책임 개념은 목적상 과거 지향적인 개념이다.

죄, 비난, 또는 법적 책임과 같은 책임 개념은 법체계에 없어서는 안 되는 개념이며 도덕적 권리감을 위한 것이기도 하다. 도덕적 권리감이란 행위자를 개인으로 존중하며 그들이 행위할 때 다른 사람을 존중하기를 기대하는 데서 나온다. 이러한 책임 모델을 적용하기 위해서는 행위자가 피해를 발생시켰다는 분명한 인과적 연결이 있어야 할 뿐만 아니라 의도와 동기, 행위의 결과를 평가하는 분명한 논증 규칙이 있어야 한다. 그러나 구조적 부정의와 관련된 책임을 부여하기에 법적 책임 모델은 부적절하다. 2장에서 나온 샌디의 이야기로 되돌아가 보자.

노숙 직전의 상황에 몰리기까지 샌디에게는 책임이 없지만 샌디는 부정의로 고통받고 있다. 그렇다면 샌디가 아닌 다른 누군가가 샌디의 상황에 책임이 있는 것이다. 우리는 비난할 누군가를 찾거나 최소한 문제를 해결할 누군가를 찾고 싶어 한다. 실제 주택 산업 시장에서는 개인과 기관이 저지른 잘못을 찾을 수 있고, 또는 그들에게 법적 책임을 부여할 수도 있다. 집주인들은 너무 자주 제멋대로 아이 딸린 여성 한부모에게 아파트 임대를 거부한다. 자기 건물에서 살지 않는 소유주들은 관리인들이 건물을 잘 유지하고 있는지 제대로 감독하지 못한다. 여러 대도시 지역에서 개발업자들과 정부 관료들의 관계는 뇌주기와 부당 이득으로 엮여 있다.[3]

나는 이와 같은 흔한 잘못에는 괄호를 치고 대신에 샌디의 불행한 환경은 개인이나 기업, 정부 행위자들이 특정 행동이나 정책을 취해 그것들이 복잡하게 얽혀 발생한 것임을 강조하기 위해서 의도적으로 샌디의 이야기를 구성해보았다. 샌디를 불행으로 몰아간 그러한 행동과 정책은 대부분의 사람에게는 일반적이고 수용할 만하며, 심지어 필요하고 선하다고 생각되는 것들이다.

대단히 많은 행위자들이 이 결과를 만들어내는 과정에 기여한다. 그들 중 다수는 자신들의 행위가 어떻게 영향을 미치는지 거의 자각하지 못한다. 집주인들은 관리하기 힘든 건물을 팔라는 유리한 제안을 반긴다. 시 당국은 매력적인 사업 투자지로 비추어지기를 원하고 많은 투자를 끌어들여 도시의 이미지를 높이고 싶어 하기 때문에 도시 재개발을 권하는 개발업자들과 손을 잡는다. 젊고 부유한 전문직 종사자들은 직장과 유흥 시설이 가까이 있는 도심으로 돌아오는 한편, 저소득 세입자들은 좋은 집을 저렴하게 구하기 위해 경쟁함으로써 임대료 상승으로 이어지는 주택 수요 양상에 한몫을 담당한다. 이처럼 각 행위자는 기존의 법적·사회적 규범 안에서 이익을 찾아 움직인다. 그들 각자의 행위가 결합한 결과 일부 사람들은 살던 곳에서 밀려나 적당한 집을 구하기 어렵게 된다. 아무도 그 결과에 대해 비난받을 수 없다. 각 행위자의 구체적 행위는 특수한 결과로 이어지는 구조적 과정으로부터 인과적으로 분리될 수 없기 때문이다. 더욱이 아무도 그런 결과를 의도하지 않았을 것이고, 많은 이들이 그 결과를 유감스러워할 것이다. 그렇다고 의도하지 않은 결과를 낳은 행위자들에게 책임을 물을 수 없다는 말은 아니다. 그들에게 다른 의미의 책임을 물어야 한다는 말이다.

부정의한 구조는 일반적으로 수용되는 규제와 관행에 따라 행위하는 수많은 사람들에 의해 생산·재생산된다. 법적 책임 모델이 구조적 부정의의 문제에 적합하지 않은 주요한 이유가 여기에 있다. 잠재적으로 해로울 수 있는 효과들을 그 과정에 기여한 어느 특정 행위자의 탓으로 돌릴 수 없다는 것이 바로 구조적 과정의 본질이다. 또한 구조적 부정의에 대한 책임을 개념화할 때 법적 책임 모델을 적용하는 것은 정치적 논의에 실질적으로 부적합한 면도 있다. 법적 책임 모델은 사람들을 방어적으로 만들고 '비난을 전가'하게 만들기 때문이다. 이와 관련된 내용은 나중에 좀 더 논의하도록 하겠다. 3장에서 나는 아렌트의 개념에 영감을 받아 죄와 분리된 정치적 책임에 대해 이야기했다.

이 장에서는 특별히 구조적 부정의와 관련된 책임을 고려하기 위해 책임에 관한 사회적 연결 모델을 제안하려고 한다. 사회적 연결 모델을 제안한다고 해서 법적 책임 모델을 거부하거나 그 모델을 대체하려는 것은 아니다. 단지 법적 책임 모델이 어떤 맥락에서는 적합할 수 있지만 모든 맥락에 적합한 것은 아니라고 주장하려는 것이다.

누군가는 구조적 부정의의 문제를 다루기 위해 법적 책임 모델을 확대하거나 재규정하면 되지 않느냐고 물을 수도 있다. 법적 책임 모델하에서 집단적 책임 이론이 잘 발전되어온 것이 사실이다. 게다가 법 이론과 실천은 공모, 방조, 선동에 관한 정교한 이론을 개발했다. 법은 비난받을 만한 일을 행한 사람들을 돕거나 지지하거나, 그러한 일을 가능케 한 사람들에게 책임을 묻는다. 과실을 저지른 타인을 지원했거나 다른 방식으로 공모했다고 판단된 사람들은 직접적인 가해자나 죄가 있는 당사자만큼은 아니더라도 그 과실에 공동 책임이 있다고 여겨진다. 공모 이론이 어떻게 구조적 부정의의 문제로 확대될 수 있을지 살펴보는 것, 그것이 법적 책임 모델에 익숙한 우리에게 다른 책임 개념을 소개하는 것보다 책임에 대해 훨씬 더 간단하고 설득력 있는 설명을 제시하는 길일 수도 있다.

이 같은 반론을 예상하며, 크리스토퍼 쿠츠Christopher Kutz의 공모 이론을 잠깐 살펴보겠다.[4] 특히 공모 이론을 '구조적 부정의'라고 밝힌 문제들로 확대하려는 쿠츠의 노력에 주목해보려 한다. 나에게는 쿠츠의 노력이 만족스럽지 않지만 왜 그런지 살펴보는 것은 유익한 일이 될 것이다. 내가 아는 한 쿠츠는 법적 책임 모델을 구조적 부정의의 문제로 확대하기 위해 최선의 노력을 다했다. 그러한 최선의 노력이 불만족스럽다면 우리에게는 다른 모델이 필요하다.

쿠츠는 많은 이들이 가담한 조직적인 집단 행위의 맥락에서 공모란 무엇이고 어떤 근거에서 사람들이 공모를 했다고 생각하는지를 이론화하려고 했다. 쿠츠는 공모 이론을 확대하면서 한 가지 사례로 제2차 세계대전 당시 연합군의 드레스덴 폭격을 예로 든다. 드레스덴 폭격에는 수천 명의 사람들이 가담했고 저마다 서로 다른 역할을 맡았다. 어떤 사람들은 다른 사람들보다 더 중요한 역할을 하기도 했고 각각 다양한 행동을 수행했다. 많은 이들이 임무를 완수하기 위해 폭격기를 몰고 건물과 목표물에 폭탄을 성공적으로 투하해야 했지만 그 집단 행위에 한몫을 한 사람들 가운데 일부는 드레스덴 폭격과 인과적으로 관련이 없을 수 있다는 것도 사실이다. 예를 들면, 폭탄이 터지지 않았거나 상대적으로 피해가 없는 곳에 떨어뜨렸을 수도 있다. 게다가 드레스덴 폭격은 과잉 공격이었다. 결국 필요보다 더 많은 폭격으로 도시의 많은 부분이 폐허가 되었다. 따라서 일부 사람들의 행위는 잘못에 대해 책임을 묻는 근거인 '……가 아니라면'의 조건을 충족시키지 못한다. 즉 내가 어떤 행위를 하지 않았다면 해악이 발생하지 않았을 것이라거나 똑같은 정도로는 발생하지 않았을 것이라고 말할 수 있는 사례가 아닌 것이다.

쿠츠는 드레스덴 폭격에 참여한 모든 사람들이 공모자라는 우리의 직관을 확신한다. 쿠츠의 이론에 따르자면, 사람들이 집단적 행위의 공모자가 되는 것은 그들 각각이 집단적 행위의 목표를 자기 행위의 목적으로 삼고 의도했다는 사실에서 나온다. 각각은 공동의 임무 달성에 '참여할 의도'를 가졌다. 이 이론에 따르면 드레스덴에 도착하기 전에 엔진 고장으로 낙하산을 타고 땅에 떨어진 조종사도 그 목표를 성취한 사람과 마찬가지로 공범이 된다. 드레스덴 시 파괴를 목적으로 참여한 사람들은 그 목표를 자신의 목표로 삼았기 때문이다.

나는 여러 사람들이 주어진 결과를 도출하기 위해 참여하고 자기들의 행위를 조율하는 곳에서라면 쿠츠의 이론으로도 공모를 훌륭하게 설명할 수 있다고 생각한다. 쿠츠는 한 발짝 더 나아가 참여자들이 그들의 행동을 조율하지도 않았고, 결과를 의도하지도 않은 피해가 집단적으로 유발된 사례로까지 자기 이론을 확대한다. 쿠츠는 이런 사례들을 '비구조화된 집단적 피해'라고 부른다. 내 논의의 맥락에서 이 용어는 혼란을 낳을 수 있다. 내가 '구조적 부정의'라고 말한 사례들이 바로 쿠츠가 '비구조화된 집단적 피해'라고 부른 사례들과 일치하기 때문이다. 쿠츠는 단일한 목적을 향해 조율된 기획의 결과가 아니라는 점에서 이 피해를 '비구조화'되었다고 판단한다.

쿠츠는 화석연료 배출로 야기된 전 지구적 기후 변화를 '비구조화된' 집단적 피해의 주요 사례로 꼽는다. 기후 변화는 차를 몰거나 화력발전소에서 생산한 전기를 사용하는 등 많은 사람들의 행위가 축적되어 발생한 피해다. 사람들은 공동으로 이러한 집단 행위에 가담했지만 그 누구도 기후 변화를 야기하려는 의지를 가지고 참여하지는 않았다. 이는 내가 말한 구조적 부정의와도 유사하다. 많은 사람들이 부정의를 만드는 구조적 과정에 참여하고 종종 일종의 공동 행위에도 가담하지만 그들 대부분은 일부 사람들을 착취나 지배에 취약하게 만드는 집단적 기획에 의도적으로 참여하지 않았다. 쿠츠의 공모 이론의 관점에서 볼 때 지구온난화를 발생시키거나 임대 주택 부족 사태를 야기하는 사회 과정에는 사람들이 갖는 '참여 의지'에 대한 언급이 결여되어 있다. 이 '참여 의지'야말로 사람들이 집단적 행위의 결과에 책임을 져야 하는 주된 이유다.

그럼에도 쿠츠는 자신의 공모 이론을 변용해 위와 같은 집단적으로 야기된 해악에까지 적용할 수 있다고 생각한다. 쿠츠의 주장에 따르면, 집단적 기획을 공유하지 않더라도 그들의 행위로 피해를 일으킨 사람들은 결과에 대해 준참여적quasi-participatory 관계를 갖는다. 준참여적이라고 하는 이유는 사람들이 목표로 삼고 자기 행동을 조율할 집단적 기획이 없기 때문이다.

> (대신에 온실가스 공해에 기여하거나 거주하기 좋은 저렴한 주택 구입을 어렵게 만드는 과정에 참여한 사람들은) 객관적으로 명확하고 매우 상호 의존적인 삶의 방식을 공유한다. 피해자들이 주목한 사회경제적 구조들은 자기 발생적이지도 않고 자립적이지도 않다. 사회경제적 구조들은 오히려 습관이나 관습, 사적인 교류라는 가치에 대한 암묵적 합의들에 별 뜻 없이 합류하면서 발생한다. 이러한 구조는 수많은 선택된 공공 정책과 사적인 행동에서 자기 자신을 드러낸다. 문제가 되는 사회경제적 구조가 사회적인 것인 한, 사실상 [비구조화된 집단적 피해는] 개별 행위자의 동기에서 발생한다. 모든 사회적 행위는 개인적 행위이기 때문이다.[5]

나는 공해가 유발되는 구조적 과정에 대한 쿠츠의 설명에 동의한다. 또 구조적 과정이 개인의 행위에서 발생한다는 주장에도 동의한다. 이는 분명 개인의 책임을 구조적 해악에 연결시키는 토대로 작동할 수 있다. 그러나 이런 식으로 책임을 귀속시키는 것을 집단적 기획의 공모 이론으로까지 확대하는 것은 쿠츠의 그릇된 판단이라고 생각한다. 쿠츠의 공모 이론은 법적 책임 모델에서 나왔다. 죄를 공모한 사람들, 즉 공모자들은 비록 정도는 다를지라도 범죄를 기획하고 지시한 사람들과 같은 지점에서 비난받는다. 사람들을 비난하려면 그들의 행위가 피해를 야기하는 데 기여했다는 사실을 확인해야 하지만 나는 그것이 누군가를 비난하기에 충분한 조건은 아니라고 생각한다. 사람들에게 공모죄를 적용하려면 그들이 집단적 기획을 이해하고, 행위를 통해 그 기획에 기여했으며, 집단적 목표를 개인 행위의 목표로 내면화했어야 한다. 쿠츠의 설명에서 직접적으로 조율된 행위 없이 사회경제적 구조로 인해 야기된 집단적 피해의 경우는 이러한 조건들을 결여하고 있다. 특정 결과를 생산하겠다는 의도도 없이 참여한 사람들에게 전쟁범죄에 가담한 사람들과 같은 방식으로 죄를 물어서는 안 될 것이다.

공모 이론에 반론을 제기하며 얻은 교훈은, 구조적 부정의와 관련된 책임을 말할 때 공모의 경우에서처럼 약화된 책임을 전제해서는 안 된다는 것이다. 공모는 그 자체가 개별적인 범죄나 불법 행위에 대한 법적 책임이 약화된 형태다. 반면 구조적 부정의와 관련된 책임의 문제를 생각할 때는 양적인 차이가 질적인 차이가 된다. 우리는 약한 형태의 책임처럼 책임의 변종을 찾으려는 것이 아니라 책임에 관한 '다른'

개념을 제시하는 것이 목적이다.

아렌트는 정치적 책임에서 죄를 구분하면서 정도의 차이가 아닌 종류의 차이를 말했다. 우리는 부정의가 발생하는 사회의 지속적인 작동에 참여하는 만큼 책임을 져야 한다. 그렇다고 해서 우리에게 죄가 있는 것도 아니고 비난을 받거나 피해자들에게 보상해야 할 직접적인 책임이 있는 것도 아니다. 법적 책임의 측면에서 책임은 자신이 무슨 행동을 하는지 알면서 피해를 유발한 사람들에게 부과되어야 한다. 아렌트는 사람들에게 죄를 묻거나 과실이 있다고 말할 수 있는 조건을 모호하게 만드는 것은 옳지 못하다고 생각했고, 아렌트의 생각은 옳았다. 특정 행위를 한 사람에게 잘못을 묻거나 그 행위를 막을 수 있는 특수한 위치에 있는 사람에게 잘못을 묻는 것은 중요하다. 구조적 부정의에 대한 책임을 부과하려면 책임을 다르게 개념화해야 한다는 뜻이다.

사회적 연결 모델

우리는 여러 면에서 '책임'이라는 말을 일상적으로 사용한다. 나는 그중 한 가지 책임을 법적 책임 모델의 전형적인 사례로 설명했다. 법적 책임 모델에서 책임이란 변명의 여지없이, 피해를 일으킨 죄가 있거나 잘못을 저질렀다는 뜻이다. 그러나 교사로서 특정한 책임을 갖고 있다거나 시민으로서 책임에 호소할 때처럼 사회적 역할이나 지위가 부과하는 책임은 잘못을 캐낸다거나 과거의 잘못에 대해 책임을 묻는 일과는 다르다. 오히려 이때의 책임은 행위자가 도덕적으로 적절한 방식으로 행위하고 획득해야 할 특정한 결과를 추구하는 것이라고 할 수 있다.[6] 나는 후자의 용례로부터 책임에 관한 사회적 연결 모델을 제안한다. 이는 법적 책임과 '책임'이라는 용어를 공유하지만 법적 책임과 달리 부정의를 생산하는 구조적 과정에서 잘못의 원인을 찾는다.

책임에 관한 사회적 연결 모델의 핵심 주장은 이렇다. 개인은 행위를 통해 부정의한 결과를 만들어내는 과정에 기여하기 때문에 사회 부정의에 책임이 있다. 이때 우리의 책임은 어떠한 기획을 실현하기 위해 이익을 추구하고 목표를 달성하는 과정에서 상호 의존적인 협력과 경쟁 체계 안에 타인과 함께 속하게 된다는 사실에서 나온다. 이러한 과정에서 각자는 스스로에게 정의를 기대하고, 다른 이들은 우리에게 정당하게 정의를 요구할 수 있다. 이 구조 속에 사는 모든 사람들은 비록 법적인 면에서 특별하게 해를 끼친 책임이 없다 하더라도, 자신들이 일으킨 부정의를 해결할 책임을 진다. 부정의와 관련된 책임은 공동의 헌법 아래 생활한다는 사실에서가 아니라 구조적 부정의를 생산하는 다양한 제도적 과정에 참여한다는 사실에서 나온다. 5장에서 논의하겠지만, 오늘날 많은 구조적 과정들은 민족 국가의 경계를 넘어 전 지구에 확산되어 있는 사람들까지 포함한다.

책임에 관한 사회적 연결 모델을 법적 책임 모델과 비교해가며 그 특징을 자세히 설명해보겠다. 먼저 사회적 연결 모델은 가해자를 격리하지 않는다. 또한 배경 조건도 평가 대상이 된다. 책임 부여의 주된 목적은 미래 지향적이며 책임은 본질적으로 공유된다. 따라서 책임은 집단행동을 통해서만 면제될 수 있다.

1. 격리하지 않기

아렌트가 죄와 책임을 구분하며 강조했듯이, 죄를 묻는 목적은 특정 행위자가 자신의 특이성으로 무엇을 했는지에 중점을 둔다. 이와 유사하게, 불법행위법의 목적은 격리할 수 있고 확인할 수 있는 특정 행위자에게 법적 책임을 부여하는 것이다. 일반적으로 법적 책임 모델은 책임이 있는 사람들을 낙인찍어 격리함으로써 책임이 없는 다른 사람들과 암묵적으로 분리시킨다. 형법 및 불법행위법에서 법적 책임을 구성할 때 책임이 없는 사람들로부터 책임이 있는 사람들을 격리하는 것은 중요하다. 죄인을 찾고, 비난하고, 잘못을 추궁하고, 엄격하게 책임을 묻는 사회적 실천은 보상을 요구하거나 제재를 가할 특정 행위자에게 초점을 맞추는 것이 목적이다. 모든 행위자는 개별 행위자로 고발당할 수 있고 법원의 소환 명령을 받을 수 있다. 이 사실을 행위자 스스로가 깨닫는 것은 도덕 규칙과 법적 책임을 규정하는 제도에 매우 중요하다. 개인과 마찬가지로 조직이나 집단도 그들이 야기한 해악으로 인해 비난받을 수 있다고 주장하기 때문에, 집단적 책임에 대한 설명 대부분이 이러한 방식으로 가해자를 격리하는 것을 목적으로 한다.

그러나 부정의를 생산하는 제도와 실천에 수천 명, 또는 수백만 명이 참여할 경우, 그리고 그로 인해 피해가 발생했을 경우, 책임에 격리 개념을 적용하는 것은 부적절하다. 구조적 부정의가 발생한 상황에서 일부 사람들이 잘못된 행동을 저질러 그에 대한 죄를 추궁당한다고 해서 결과에 기여한 다른 사람들이 책임에서 면제되는 것은 아니다. 그들은 다른 방식으로 책임을 져야 한다. 샌디의 사례를 다시 생각해보자. 집주인이 샌디가 집에 남자를 들이거나 집세를 제때 내지 못할까 봐 아파트 임대를 거절했다면 그런 차별은 법에 저촉되는 것이므로 처벌받아야 한다. 그러한 편견은 특히 여성 한부모들이 살 만한 집을 빌리는 것을 어렵게 하는 사회 과정에 기여한다. 그러나 노숙자가 될 위험에 처하게 만든 구조적 부정의를 차별하는 사람 개인의 탓으로 돌릴 수 없다. 또 다른 행위자들에 의해 일어난 수많은 행위들이 구조적 부정의를 생산하는 데 일조한다.

구조적 부정의가 발생한 곳에서는 잘못된 행위를 저지른 사람을 찾았다고 해서 책임을 져야 할 결과에 기여한 다른 사람들이 책임에서 면제되는 것은 아니다. 더 나아가 원칙적으로 행위자로 참여한 일부 사람들이 범죄적·법적·도덕적 비난이나 잘못을 찾는 기존의 관행들이 그릇되었다고 규정할 만한 일들 가운데 어떤 것도 하지 않았다 할지라도 구조적 부정의는 계속될 것이다. 행위를 통해 구조적 부정의의 생산과 재생산에 참여하는 사람들은 보통 자기 일에만 신경을 쓰고 수용된 규범과 규칙 안에서 행동한다. 특별하게 잘못을 저지르지 않았더라도 그들은 부정의한 결과에 대해 책임을 진다. 그리고 그 결과에 유감을 표한다. 따라서 소송을 제기할 만한 피해를 입혔든, 수용된 제도적 규칙에 따라 행위함으로써 부당한 결과를 낳는 일에 기여했든, 책임을 져야 할 제삼자를 찾았다고 해서 우리가 책임에서 면제되는 것은 아니다.

2. 배경 조건 판단하기

법적 책임 모델에서는 보상을 요구하기 위해 가해자가 저지른 잘못이나 법적 책임을 부과해야 할 해악을 규명하는데, 이때 잘못이나 해악은 일반적으로 수용 가능한 기준에서 명확하게 일탈한 경우다. 우리는 이상적이지는 않더라도 도덕적으로 수용할 만하다고 생각하는 일반적인 배경 조건을 가정한다. 범죄나 기소 가능한 피해는 이 배경 조건으로부터 벗어나 도덕적·법적으로 수용할 수 없는 일탈이 일어났을 때 발생한다.[7] 대개 피해가 유발되는 과정은 진행 중인 일반적인 흐름을 깨뜨리고 나타난 불연속적이고 제한된 사건으로 여겨진다. 처벌이나 교정, 보상의 목적은 일상성을 회복하거나 기준이 되는 환경을 '원상태로 복구하는 것'이다.

반면 행위자가 구조적 부정의에 간접적으로 연결되어 있을 수 있다는 이해로부터 나온 책임에 관한 사회적 연결 모델은, 해악을 일반적이고 수용 가능한 것으로부터의 일탈이라고만 해석하는 견해를 넘어선다. 이 책임 모델은 우리가 비난을 하거나 잘못을 물을 때 정상이라고 가정하는 배경 조건에 구체적으로 의문을 제기한다. 구조적 부정의가 존재한다고 판단한다는 것은 최소한 일반적이고 수용 가능한 행위의 배경 조건 가운데 일부를 도덕적으로 받아들일 수 없다고 말하는 것이다. 우리 대부분은 제도와 공동체가 수용하고 기대하는 규제와 관습에 따라 행위하기 때문에 크건 작건 어느 정도 구조적 부정의의 생산과 재생산에 일조한다. 보통 우리는 우리 행위가 품은 함의를 명확하게 성찰하거나 숙고하지 않고 이러한 관습과 실천을 그저 습관적으로 실행한다. 우리의 의식과 의도 맨 앞쪽에는 우리가 즉각 성취하기를 원하는 목표와 그러한 목표를 달성하기 위해 접촉해야 할 특정한 사람들이 있다.

만약 구조적 부정의를 생산하는 과정에 그런 식으로 참여했다면 그 부정의에 대해 책임이 있다. 그러나 그 부정의에 대해 도덕적·법적인 비난을 하거나 잘못을 물어서는 안 되는 이유가 있다. 우리는 보통 우리 행위의 목표로 그와 같은 부정의한 결과를 상정하지 않는다. 그 결과가 집단적인 결과일 때도 마찬가지다. 더 나아가 우리에게는 수용할 만한 규칙과 관례에 따라 행위하는 것이 좀 더 바람직하고 유용하다고 생각할 만한 이유도 있다. 규칙과 관례에 따라 행위하는 많은 사람들이 어떤 복잡한 방식으로 부정의한 결과를 생산하는 상호 작용에 일조하는지 이해하려면 더 광범위하고 장기적이며 성찰적인 관점이 필요하다. 마지막으로, 다르게 행동하겠다는 선택마저도 우리가 기여하는 바로 그 똑같은 구조에 의해 억압당한다는 것을 믿을 만한 충분한 이유도 있다.

주택의 경우를 다시 생각해보자. 취학 연령의 자녀를 둔 미국 부모들은 주택을 선택할 때 종종 그 지역과 마을의 공립 학교 평판에 영향을 받는다. 부모들은 과밀 학급이거나 학교 시설이 부실하거나 학교 표준검사 성적이 낮거나, 여러 가지 다른 면에서 평판이 안 좋은 학교가 있는 지역에 집을 선택하는 것이 아이들 입장에서 부당하고 불합리한 판단이라고 생각한다. 사람들은 학군이 좋은 지역에 집을 사려는 것이 그 지역 집값 상승에 일조한다는 사실을 잘 알고 있다. 하지만 사람들은 자기에게 다른 선택지가 없다고 말한다. 이로 인해 지역과 이웃 간 교육 불평등이 발생한다. 그 결과 어떤 아이들은 부적절한 공교육을 받고 다른 아이들은 양질의 공교육을 받는다. 이는 부당한 일이다. 주택 소비자들은 다른 사람들도 자기와 같은 선택을 내릴 것이라고 생각하며 자기 자녀들에게 최상의 것을 주려고 한다. 그로써 부정의에 한몫을 하는 것이다. 이들 가운데 일부는 그러한 과정이 주거와 교육 면에서 부정의를 생산하는 데 일조한다는 사실을 알고 있다. 하지만 그 과정을 바꾸기에는 자기 자신이 너무 무능력해 어쩔 수 없이 따라가는 것이라고 생각한다.

3. 과거를 돌아보기보다 미래를 바라보기

책임의 속성은 어떤 것이든 복수의 시간성을 지닌다. 따라서 법적 책임 모델과 사회적 연결 모델은 과거와 미래 모두를 언급한다. 그러나 그 둘이 강조하는 시간과 우선순위는 다르다. 예를 들어 판사, 입법자, 법 이론가들이 불법 행위로 인한 피해를 파악할 때 그들은 향후 벌어질 소송에 대비해 잘못을 규정할 규칙을 세우려고 한다. 일부 형사 처벌과 민법상 규제는 제재하려는 행위를 막으려는 의도가 있다는 점에서 미래 지향적이다. 그러나 비난을 하거나 죄나 잘못을 묻는 행위의 주요 목적은 과거를 돌아보는 것이다. 우리가 행위자에게 책임을 물으려는 해악이나 환경은 [이미] 종료된 단독 행위나 사건이다. 그것은 강도 사건일 수도 있고 유조선에서 해변으로 기름이 유출되는 사건일 수도 있다. 앞에서 언급했듯이, 법적 책임 모델하에서 책임을 부과하는 주요한 목적은 피해를 보상해야 할 구체적인 범인 또는 유책 책임자를 확인하는 것이다.

반면 사회적 연결 모델은 미래 지향적인 데 방점이 있다. 우리는 계속되고 있는 구조적 사회 부정의에 대한 책임을 부과하려고 한다. 그러한 부정의는 사회 과정이 바뀌지 않는 한 계속될 것이다. 구체적인 개인이나 집단의 행위가 구조적 결과를 낳았다는 식으로 특별한 인과관계를 추적하는 것은 어렵다. 그렇기 때문에 그 결과에 기여한 모든 이들에게, 그들이 기여한 몫만큼의 보상을 요구하는 것은 의미가 없다. 구조를 통해 생산된 부정의는 끝나지 않고 오히려 계속된다. 따라서 핵심은 과거에 대한 보상이 아니라 부정의한 결과의 생산 과정에 일조한 모든 이들이 부정의의 생산 과정을 바꾸는 데 힘을 합하는 것이다.[8]

한 가지 측면에서 과거를 돌아보는 것도 필요하다. 구조적 과정이 부정의를 어떻게 생산·재생산하는지 알려면 그 부정의가 과거에 어떻게 발생해 현재에 이르렀는지 알 필요가 있다. 그렇게 과거를 돌아봄으로써 부정의의 생산·재생산 과정에 참여한 사람들은 자신들이 그 과정에서 어떤 역할을 했는지 이해하게 된다. 그러나 여기서 과거를 돌아보는 것은 칭찬이나 비난을 받기 위해서가 아니라 특정한 행동, 관행, 정책이 구조적 결과와 어떻게 관계를 맺는지 이해하기 위해서다.

4. 공유된 책임

사회적 연결 모델은 다른 이들을 암묵적으로 책임에서 면제시켜줌으로써 책임이 있는 사람들을 격리하지 않는다는 점에서 법적 책임 모델과는 다르다. 이 점에서 사회적 연결 모델은 행위를 통해 부정의를 생산하는 구조적 과정에 기여한 모든 이들이 그 피해에 대한 책임을 나누어서 져야 한다고 본다. 공유된 책임은 내가 개인적으로 지는 책임이지만 나 혼자서만 지는 것은 아니다. 다른 사람도 나와 함께 그 책임을 진다는 것을 자각하고서 지는 책임이다. 내 책임을 인정하는 것은 또 내가 부정의를 생산한 집단의 일원임을 인정하는 것이기도 하다. 내 책임의 토대는 부정의한 결과를 낳는 구조적 과정에 참여했다는 사실에 있다. 부정의를 생산하는 과정들은 계속되고 있다. 구조적 과정이 바뀌어야 부정의도 덜 생산된다. 따라서 나는 구조적 과정을 통해 발생하는 부정의를 줄이거나 제거하고, 다른 이들과 함께 구조적 과정을 바꿔야 한다는 책임을 공유한다. 결정적으로 나는 다른 이들과 책임을 나누어서 진다. 구조적 부정의는 우리가 수용된 제도와 관행에 따라 행위한 결과 발생한 피해이기 때문이다. 또 어느 누구도 특정 개인에게 고통을 유발한 부정의를 낳은 것이 누구의 어떤 행동인지 확인할 수 없기 때문이다.

나는 공유된 책임에 대해 생각하면서 래리 메이Larry May의 이론을 적용해보았다.[9] 메이에 따르면, 공유된 책임 개념은 집단적 책임 개념과 구분된다. 전자는 분배된 책임인 반면 후자는 그렇지 않다. 기업처럼 사람들로 구성된 집단은 어떤 특정 구성원을 지칭하지 않아도 어떤 일에 대해 책임이 있다고 말할 수 있다. 한편 공유된 책임은 집단이 생산한 유해한 결과나 그 결과의 위험에 대해 개인이 부담해야 할 책임이다. 각자는 결과에 대해 개인적으로 일정 부분 책임이 있다. 한 사람이 단독으로 그 결과를 생산한 것이 아니기 때문이다. 그렇다고 결과를 낳는 과정에서 각자의 행위가 기여한 만큼 특정한 부분을 따로 떼어내 확인할 수 없으므로 본질적으로 책임을 공유하는 것이다.

메이는 공유된 책임에 대한 일반적 관념을 개념화했다. 몇 가지 특수한 형태들이 공유된 책임 개념 아래에 놓일 것이다. 내가 여기서 서술한 구조적 부정의와 관련된 공유된 책임도 그런 형태의 하나다. 그러나 관심을 갖는 시늉은 했지만 구조적 부정의는 메이의 이론에서 핵심이 아니다. 메이는 사회 집단에 속한 것으로 확인이 가능한 사람들이 특정한 시기에 저지른 특정한 잘못을 최우선 사례로 삼았다. 메이의 이론은 어떤 집단의 사람이 혐오 범죄와 같은 잘못을 저질렀을 때 그 집단 구성원들은 범죄자와 같은 종류의 혐오를 품었거나, 그것을 용납했거나, 명시적으로 그것에 대해 반대하지 않았으므로 범죄 발생에 기여한 태도를 공유했다는 데 초점을 맞춘다. 메이는 범죄자만 피해에 대한 책임을 지는 것이 아니라 범죄자 주변의 집단 구성원들도 다른 측면에서 책임이 있다고 말했다는 점에서 혁신적이었다. 그들은 범죄자와 함께 태도와 성향을 공유했기 때문이다.

구조적 부정의와 관련된 공유된 책임은 몇 가지 중요한 점에서 메이의 개념과 다르다. 첫째, 메이가 책임을 부과하려고 한 잘못은 전반적으로 법적 책임 모델에 더 잘 맞는다. 메이는 잘못이란 기준선에서 일탈했으며 제한된 시간 안에 벌어지는 것이라고 생각했다. 따라서 메이가 공유된 책임 개념을 적용하는 방식은 미래 지향적이라기보다는 과거 지향적이다.

둘째, 3장에서 분석한 아렌트의 설명에 따르자면 메이는 주로 범죄자를 규명할 수 있는 잘못에 관심을 기울였다. 여기서 공유된 책임이란 잘못을 저지르지는 않았지만 가해자와 비슷한 태도를 가지고 해악을 발생시키거나 장려하는 환경을 만드는 데 일조한 사람들에게 적용된다. 반면 내가 지적한 바와 같이, 구조적 부정의와 관련된 공유된 책임은 태도보다는 행동을 통해 만들어낸 일반적이고 지속적인 과정에 책임을 지는 것이다.

5. 집단행동을 통해서만 면제

미래 지향적 책임은 다른 이들과 함께 집단행동에 나설 때에만 면제될 수 있다. 이것이 사회적 연결 모델을 법적 책임 모델과 구분 짓는 마지막 특징이다. 그리고 이는 본질적으로 공유된 책임이라는 특성에서 나온다. 수천 명, 수만 명의 행위자들이 특정한 제도적 맥락에서 행동을 통해 부정의한 결과를 낳는 과정에 기여한다. 미래 지향적 책임은 이러한 제도와 과정을 바꾸는 것이다. 그래야 그 결과가 덜 부정의해질 것이다. 누구도 이것을 단독으로 할 수 없다. 내가 샌디가 사는 대도시 지역의 주택 보유자라고 해서 개발업자들에게 콘도미니엄으로 전환하기에 아주 매력적으로 비추어지는 인센티브 구조를 바꾸거나 부동산 가치를 바꿀 수는 없다. 우리 대부분은 혼자 행동하려고 할 때 법규, 규범, 그리고 구조적 과정이라는 물적 효과에 의해 객관적인 제약을 받는다. 이런 과정들은 사회 구조 속에서 다양한 위치에 있는 많은 행위자들이 다른 결과를 낳기 위해 그 구조에 개입하고자 협력할 때에만 바뀔 수 있다.

따라서 우리는 사적이고 도덕적인 책임이나 사법적 책임과 구분하려는 의도에서 구체적으로 **정치적** 책임을 명시한 아렌트의 생각으로 돌아오게 된다. 사회적 연결 모델하에서 구조적 부정의에 책임을 진다는 것은 그 구조를 바꾸는 집단행동을 조직하기 위해 다른 이들과 협력한다는 것이다. 가장 근본적으로, 여기서 '정치적'이라는 말은 관계를 조직하고 행동을 더 정당하게 조율하기 위해 다른 이들과 공적인 소통에 참여하는 것을 뜻한다. 노숙자들이 부딪힌 구조적 부정의와 관련해 내 책임을 면하는 방법은 노숙자의 안녕을 위협하는 것이 불운이 아니라 부정의라는 것을 알리고 그 부정의를 유발하는 과정에 우리가 함께 참여하고 있다는 것을 다른 사람들에게 설득시키는 것이다. 그렇게 설득한 뒤에야 집단적으로 관계를 맺고 서로 협조해 필요한 관행을 바꾸는 데 협력할 수 있다.

바로 이러한 의미에서 정치는 정부의 행동을 포함하지만 단순히 그것만으로 축소될 수는 없다. 현대 정의 이론은 다른 대중적인 주장들과 마찬가지로 부정의를 시정할 책임이 특정한 행위자나 국가에 있다고 가정한다. 그리고 시민의 책임은 정부에 정의를 요구하는 것이라고 가정한다. 사회적 행위자들이 부정의를 시정하기 위해 집단행동을 조직하는 최선이자 유일한 방법은 국가 제도를 통하는 것이라는 주장은 종종 사실이다.[10] 그러나 강제적이고 관료적인 정부 제도를 우리와 별개인 행위자로 보아서는 안 된다. 오히려 구조에 대해 책임을 공유하는 사람들이 조율된 행동을 할 수 있는 간접적 도구로 정부 제도를 보아야 한다. 일반적으로 사회 정의를 촉진하려는 정부 정책이 효과를 보려면 공동체의 적극적인 지지가 있어야 한다.

구조적 부정의에 대한 책임을 공유한 사람들은 정부 정책이나 프로그램을 보완하거나 또는 그것들과 별개로 시민 사회의 집단행동을 통해 사회 변화를 일으키는 방법을 찾을 수 있을 것이다. 예를 들어, 도심 토지 신탁 운동은 민간 부문에서 비정부 기구가 수십 년 동안 이끌며 발전시켜온 운동으로, 한창 주택 시장이 달아올랐을 때에도 자산 조정을 제한해 일부 괜찮은 주택을 지키는 데 성공했다.[11]

구조적 부정의와 관련된 책임은 부정의를 생산하는 과정에 기여한 모든 이들이 공유해야 한다. 그렇다면 필연적으로 부정의의 희생자라고 여겨지는 사람들도 부정의에 대한 책임을 공유한다는 말이 된다. 법적 책임 모델에서는 부정의의 희생자라고 주장하는 사람들을 비난함으로써 그들의 곤경을 야기한 사람들이 책임을 면제받기도 했다. 그러나 사회적 연결 모델에서는 구조적 부정의의 희생자라고 주장하는 사람들에게도 그 구조를 바꾸기 위한 행동에 다른 사람들과 함께 참여할 책임이 있다. 사실 어떤 면에서는 구조 안에서 불리한 위치에 있다고 주장하는 사람들이 부정의에 대한 해법을 제안하고 조직하는 데 앞장서야 한다. 그 구조 안에서는 그들의 이해가 가장 위태롭기 때문이다. 더욱이 그들의 사회적 지위는 부정의의 희생자들에게 문제의 본질을 독특하게 이해할 수 있는 토대를 제공하고 더 강력하고 특권적인 지위에 있는 사람들이 제안하는 정책과 행동에도 영향을 미칠 수 있다. 이 점에 관해서는 다음 장에서 더 자세히 설명할 것이다.

정치적 분노와 방어

지금까지 이 장에서는 구조적 부정의와 관련된 책임을 부과하는 데 법적 책임 모델을 적용하는 것이 개념적으로 적절하지 못하다고 주장하면서 미래 지향적이고 공유될 수 있는 다른 책임 개념을 제안했다. 사회적 연결에 기반을 둔 책임은 궁극적으로 정치적 책임이다. 현재의 구조를 보다 정의로운 구조로 바꿀 수 있는 집단행동의 형태를 모색하기 위해 다른 사람들과 함께할 때라야 비로소 그 책임에서 벗어날 수 있기 때문이다.

바로 이 점에서 책임이 정치적이라고 말하는 것은 문제를 마무리 짓는 것이 아니라 또 다른 논쟁의 가능성을 열어놓는다. 부정의를 종식시키겠다는 공유된 책임을 원동력으로 하는 정치는 대안적인 행위로 어떤 것들이 있는지, 그러한 대안은 어떻게 실행될 수 있을 것인지, 그리고 그러한 대안의 결과는 어떠할 것인지에 관한 토론과 논쟁을 포함한다. 대부분의 정치적 논쟁에서처럼 이 논쟁에서도 갈등과 불일치를 예상할 수 있다. 여기서는 정치적 담론에서 비난이나 잘못을 바탕으로 하는 언어는 개념적·규범적 한계를 갖는다는 주장을 보충하면서 이 장을 끝내려고 한다. 이러한 한계는 철학적이라기보다는 수사학적이고 실용적인 성격을 띤다. 정치적 논쟁에서 비난의 언어를 사용할 경우 논의를 지연시켜 집단행동만으로 끝날 수 있다. 비난의 언어는 분노의 감정을 표출하고 사람들을 방어적으로 만든다. 그리고 사람들은 그들이 변화시켜야 할 사회관계가 아니라 그들 자신에게 더 집중하게 된다.

윌리엄 코놀리William Connolly, 웬디 브라운Wendy Brown, 보니 호니그Bonnie Honig 같은 정치 이론가들은 사회 문제와 정치적 사건에 대한 대중의 반응이 종종 분노로 표출되는 것을 본다.[12] 계획이 좌절되었거나 고통받는 사람들은 자신들의 불행을 밖으로 표출하고 그에 대한 보상으로 대신 고통받아야 할 사람을 찾아 비난을 퍼붓는다. 한편 스스로 운이 좋다고 생각하는 사람들도 다른 이들이 견뎌야 하는 나쁜 상황에 연민을 가지고 분노한다. 그들도 역시 비난의 표적이 될 행위자를 찾아 그 행위자를 처벌함으로써 최소한 자신의 분노에 카타르시스를 부여한다.

이 저자들은 각각 서구 도덕성의 변증법을 다루며 분노를 분석한 프리드리히 니체Friedrich Nietzsche의 텍스트를 정치적 비평으로 활용한다. 분노의 감정은 니체가 말한 '노예의 도덕성slave morality'에 생기를 불어넣는다. 노예의 도덕성은 상처받고 고통당하는 내면의 복잡성이 그 피해에 반응하는 방식으로 밖으로 표출되는 도덕성이다. 노예의 도덕성을 품고 있는 사람들은 죄나 처벌, 양심 같은 규율을 통해 그릇된 행위를 한 자들에게 맞설 수 있는 권력을 행사하려고 한다.

모든 고통당하는 자는 본능적으로 고통의 원인을 찾는다. 더 구체적으로

(…) 고통에 민감한 죄 있는 행위자를 찾는다. 간단히 말하자면 어떤 구실을 대서라도 그의 정동affects을 실질적으로든 상징적으로든 배출할 수 있는 살아 있는 것을 찾는다. 자신의 정동을 배출하는 것은 고통당하는 와중에 안식, 즉 무감각의 상태에 도달하려는 가장 위대한 시도다. 어떤 종류의 고통도 사라지기를 바랄 수밖에 없는 그런 마취 상태 말이다.[13]

니체는 비난을 퍼붓고, 죄명을 붙이고, 상대방을 처벌해서 잘못된 행동에 대한 빚을 받아내려는 근대의 도덕적 충동을 단순히 비판하거나 거부하지 않는다. 오히려 니체는 이러한 도덕성이 인간의 내면을 만들었다고 말한다. 시간이 흘러도 기억 속에 사건을 붙잡아두는 능력이나 책임감을 가진 독립적인 행위자의 힘이 바로 이 내면에서 나온다. 그러나 원한에 사로잡혀 있으면 허무주의의 늪에 빠지게 된다. 결국 누군가의 심장 옆에 있는 살점에서 나왔을 모든 해악을 교정하려는 시도는 비현실적일 뿐만 아니라 비열한 일이다.

교환, 계약, 유죄, 권리, 의무, 합의 등에 관해 싹트는 감각은 개인적인 법적 권리의 가장 기본적인 형태로부터 나온다. 첫 번째로 권력과 권력을 비교하고 측정하고 계산하는 관행과 더불어 그 자체를 (다른 비슷한 복합체와의 관계 속에서) 가장 거칠고 기본적인 사회적 복합체로 이전한다.[14]

책임 있는 자아는 깊이, 감성, 좋은 기억력을 갖추어야 한다. 하지만 분노는 비난에 처한 사람들을 과거에 빠져 있게 한다. "그들은 아주 오래된 상처를 찢어발기고, 오래전에 치유된 상처에서 피를 흘린다."[15] 좀 더 확장된 정신은 모든 피해가 등가성을 띤다고 생각하지 않는다. 그러한 정신은 과거의 관계를 되새기는 것보다는 변화된 미래로 나아가는 것이 더 큰 권력을 유지하는 길이라고 주장한다.

코놀리는 세속화와 세계화가 근대 정치에 어떻게 분노의 경향을 불어넣었는지 설명하고 있지만 그의 광범위한 주장을 여기에서 수용할 필요는 없다. 브라운은 분노가 정치에서 종종 문제적이라는 것을 특별히 다루고 있지만 그 문제의식에 동의하기 위해 브라운의 정체성의 정치에 초점을 맞출 필요도 없다. 여기서 내 주장을 일반화하고 싶지는 않다. 나는 앞서 말한 것처럼 여러 법적·사회적 상황에서는 비난을 하거나 잘못을 묻는 관행이 적절할 수 있다는 사실을 부정하지는 않는다. 때로는 특수한 정치적 맥락에서도 그런 관행은 적절할 수 있다. 정부 관료가 적실한 정보나 충분한 심사숙고 없이 재난을 불러올 만한 결정을 내리는 경우나 관료적 명령 체계가 범죄를 유발하는 경우를 예로 들 수 있다. 나는 단지 비난을 하거나 잘못을 묻는 관행이 종종 그 관행에 생기를 불어넣는 분노의 감정과 더불어 구조적인 사회 과정의 결과로 계속해서 해악을 생산하는 정치에서는 비생산적이라는 말을 하고 싶은 것이다.

비난의 언어는 구조적 부정의의 문제라는 맥락에서 부적절하고 비생산적일 수 있다. 사람들을 잘못한 자와 무고한 자, 또는 희생자와 방관자로 분열시킬 수 있기 때문이다. 이는 부정의의 원인을 과도하게 단순화시키고, 대부분의 사람을 수동적으로 만들거나 상대적으로 문제에 대한 해법을 찾을 수 없게 만든다. 정치에서 비난의 수사학은 한 명이나 소수의 힘 있는 행위자를 찾아 그들이 문제를 일으켰다고 말한다. 이 경우 비난의 대상은 종종 정부 관료가 된다.

때로는 비난의 수사학이 적절할 때가 있다. 일례로 오늘날 미국인 수천 명이 노숙자이거나 노숙자가 될 상황에 내몰린 이유는 주택·도시개발청의 잘못된 결정 때문이었다. 주택·도시개발청은 1990년대 중반 '희망 VI'이라는 프로그램을 통해 미국 내 여러 공공 주택 단지를 철거하기로 결정했다. 정부는 이 프로그램으로 집을 잃은 사람들에게 주택을 구입할 경우 정부 보조금을 지급해 새 보금자리를 꾸리게 해주겠다고 약속했다. 일부 사람들은 실제로 그렇게 했다. 새집에 입주하지 못한 사람들이 얼마나 되는지 전문가들조차도 합의를 보지 못했지만 많은 사람들이 정부 보조금으로 주택을 얻지 못했다는 것은 분명한 사실이다. 정부 보조를 받을 수 있는 자격을 갖추는 것이 어려웠고 당초 약속했던 것보다 정부 보조 주택 수도 줄었기 때문이다.[16] 이전에 공공 주택에 살았던 사람들은 자기가 살 집을 스스로 찾아야 하는 상황에 처하게 되었다. 따라서 '희망 VI' 정책 결정자들뿐만 아니라 신규 건물에 재정 지원을 하지 않기로 결정한 정부 당국자들, 철거민들을 위한 저렴한 주택에 보조금을 삭감한 관료들을 비난하는 것은 타당할 것이다.

그러나 이러한 행위와 그 결과도 구조적 과정 안에 들어오면 특정한 개인이 처한 상황에 대해 비난받을 만한 일을 전혀 하지 않은 다른 많은 행위자들까지 불러들인다. 공공 주택 프로젝트의 예산이 삭감되는 와중에 많은 공무원과 민간 기업 노동자들은 저렴한 주택 단지가 줄어드는 데 기여했고 주택의 시장 가격에도 영향을 미쳤다. 이처럼 광범위하고 복잡한 체계에서 사람들이 경제적으로 감당할 수 있는 수준의 괜찮은 주택을 제공하는 데 실패한 주택 개발과 마케팅 과정을 비판하는 것은 적절하다. 그러나 우리가 만약 소수의 힘 있는 행위자만을 찾아 비난을 한다면 구조적 부정의에 일조한 다른 평범한 행위자들은 곤경을 면하게 된다. 그렇게 되면 비난에 관한 공공 담론은 과도하게 단순화되고 부정의한 결과를 만들어내는 행위나 관행에 대한 대중의 이해를 발전시키는 데 실패하게 된다. 일부 행위자의 권력은 부적절하게 부풀려지고, 다른 이들의 권력은 부적절하게 무시되는 결과를 낳는 것이다.

사회 문제를 공적으로 토론할 때 비난의 수사학은 보통 수세적인 방어와 비생산적인 비난만 생산한다. 일반적으로 자신이 다른 사람에게 저지른 잘못 때문에 비난을 받고 있다고 생각하는 사람들은 방어적으로 대응한다. 법적 책임 모델에서는 비난에 대해 방어적 자세를 취하는 것을 자연스럽고 적절한 반응이라고 본다. 비난의 논리는 비난이나 책임을 부과할 수 있는 특정한 개인이나 집단에게 어떤 사건이나 상황을 만든 단일한 책임이 있다고 말한다. 여기서 책임은 비난받을 만한 결과를 낳은 특정 행동과 행위, 혹은 무행위가 결과와 맺는 독특한 관계에서 발생한다. 비난과 잘못을 추궁하는 법적·도덕적 견해에 따르면 피고인은 그 추궁에 답하고 증거를 제출해야 한다. 만약 그의 행동이 피해를 유발하지 않았다면, 자신이 비난받지 않아도 되는 증거와 이유를 명백하게 설명하고 스스로를 변호해야 하는 것이다.

그러나 정치적 맥락에서는 문제로 제기되는 해악이나 잘못이 광범위하고 장기적인 사회 구조적 과정을 포함하는 경우가 대부분이며, 이 경우 비난에 대해 방어적 자세를 취하는 것은 몇 가지 이유에서 비생산적이다. 첫째, 방어는 현재 무엇을 바꿀 수 있을지에 초점을 맞추기보다 과거의 논쟁에 집중한다. 둘째, 사람들을 과도하게 분열시키고 협력의 동기가 필요한 곳에 불신을 심는다. 어떤 사건이나 환경에서 누군가가 비난받을 때 비난에 대한 가장 흔한 대응은 다른 사람에게 비난을 전가하는 것이다. 폭탄 돌리기식 '비난 게임'은 비난을 다른 사람에게 전가하면서 스스로를 방어한다. 특히 구조적 부정의의 맥락에서는 이처럼 비난을 주고받는 일이 더 쉽다. 여러 사람들이 행동을 통해 부당한 결과를 낳는 과정에 실제로 참여하기 때문이다. 반면 거의 모든 이들이 그 과정에 참여하기 때문에 비난을 '전가'할 특정인을 찾는 일이 어렵기도 하다. 이처럼 비난을 돌고 돌게 만드는 담론은 개선에 나서야 할 당사자들을 분리시키기 때문에, 미래 지향적인 방식으로 문제에 대처하려는 노력을 무력화시킨다. 5장에서는 서로 책임을 공유하고 있다는 것을 인정하고 전환의 임무를 수행하기 위해 그 책임을 적절하게 분배하는 접근이 더 생산적이라고 제안할 것이다.

이제 부정의에 관한 정치적 논쟁 가운데 비난의 수사학이 가진 마지막 문제에 관심을 가져보자. 비난을 받은 모든 사람들이 방어적으로 반응하거나 다른 사람에게 비난을 전가하려고 하지는 않는다. 어떤 경우 사람들은 자신들이 비난받을 만하다거나 죄, 또는 과실이 있다고 인정한다. 그러나 이럴 때조차 부정의를 시정하기 위해 행동에 나선 사람들에게 비난은 비생산적일 수 있다. 사람들이 그들 자신에게 좀 더 집중하게 되기 때문이다. 변화가 필요한 구조보다 자신의 과거 행동, 자기 영혼의 상태와 성격에 더 집중해버리는 것이다. 부정의를 막는 데 실패했거나 부정의를 생산하는 데 기여했다고 시인한 뒤, 우리는 자기 고백을 하고 스스로에게 악의나 무관심의 징후가 있었는지 성찰한다. 이와 같은 자기 탐닉은 우리의 사회 구조가 어떻게 작동하고 우리 행위가 거기에 어떻게 영향을 미치는지, 그리고 그런 구조를 바꾸기 위해 무엇을 해야 할지 등에 관한 객관적인 토론을 할 수 없게 만든다.

위에서 설명한 책임에 관한 사회적 연결 개념은 우리 자신과 다른 사람들이 비난이나 죄, 과실에 호소하지 않고 정치에 책임감을 가질 수 있는 수단을 제공한다. 귀만 열어둔다면 우리는 바로 지금이라도 정치적 맥락에서 이와 같은 책임 개념에 호소하는 목소리를 들을 수 있다. 5장에서는 노동착취공장 근절 운동을 사례로 들어 이와 관련된 논의에 초점을 맞춰볼 것이다. 만약 우리가 좀 더 정치적이면서 도덕적인 언어나 법적인 언어를 덜 사용하는 책임의 수사학을 발전시킬 수 있다면, 사회적·경제적 문제와 그러한 문제에 대처하려는 정책에 대해 공적인 자리에서 의견을 교환하려는 노력은 더 큰 성공을 거둘 수 있을 것이다. 자크 데리다Jacques Derrida는 그러한 정치적 책임의 언어에 대해 언급한 적이 있다. 여기서는 데리다의 논의를 짧게 인용하며 이 장을 마무리하려고 한다. 특히 데리다의 『우정의 정치*Politics of*

Friendship』를 많이 참고했다.

데리다는 분노의 정신에 대한 비판을 넘어 현재와 미래를 위해 다른 사람들과 역사를 지향하라는 니체의 권고를 받아들였다. 데리다의 논의에서 이 지향은 '아마도perhaps'라는 말로 표현되며, 데리다는 이를 명사와 부사로 파고들어 간다.

> 대가 없는 우정에서는 다른 사람을 애도하는 방법을 아는 것만으로는 충분하지 않다. 사람은 미래를 사랑해야 한다. 그리고 '아마도'라는 말보다 미래를 더 정당하게 범주화하는 것은 없다. 이와 같은 사고는 우정, 미래, 그리고 앞으로 도래할 것을 위해 문을 열어두는 '아마도'를 결합한다. 가능한(불가능하지 않은) 가능에 대해 말하자면, 미리 접근할 수 있을 만큼 확실하고 분명하게 가능한 가능은 빈약한 가능이고 미래가 없는 가능이며, 이미 한쪽으로 치워둔, 말하자면 평생 보장된 가능이다.[17]

데리다는 니체를 "선과 악을 넘어선" 책임 개념의 창시자로 이해한다. 여기서 책임 개념은 데리다가 서구 전통의 유산이라고 말하는 앙갚음이나 빚 청산을 넘어선 의미를 갖는다. 이것은 미래를 향한 책임 개념이며 모든 이들이 홀로, 또는 다른 이들과 함께 갖는 책임이다. "나는 우리에게 우리 앞에서 대답함으로써 나 스스로에게 내 앞에서 대답해야 한다. 나/우리는 우리가 직면한 현재와 미래에 대답하는 동시에 지금 너에게 나 스스로 말해야 하고 우리가 이미 함께했지만 아직 구성원은 아닌 '우리'에 참여하자고 너를 초대한다."[18]

책임에 관한 데리다의 논의는 에마뉘엘 레비나스Emmanuel Levinas의 논의를 많이 담고 있다. 다른 사람에게 말하는 것은 내가 그에게 책임이 있다는 것을 드러내는 것이다.[19] 비록 많은 철학자들에게는 자유로운 행위자가 책임의 근원이지만, 레비나스주의자/데리다주의자 개념에서 책임은 자유에 앞선 것이며 자유의 토대다. "자유를 떼어내지 않은 채 그대로 우리에게 자유를 부과한 이 책임. 우리는 그것이 다른 사람에게서 온 것임을 알고 있다."[20]

나는 데리다의 텍스트를 철저하게 독해하려는 것도, 그의 주장이 '사실'인지 아닌지를 확인하려는 것도 아니다. 단지 '아마도'라는 생각이 이 장에서 나의 주장과 관련이 있고, '아마도'가 다른 종류의 우정에 대한 정치적 호소라고 이해하고 있음을 말하고 싶을 뿐이다.

다른 텍스트에서처럼[21] 『우정의 정치』에서도 데리다는 서구 전통의 여러 철학자들이 따랐던 정치 공동체에 대한 이해에 비판적으로 반응한다. 서구 전통은 정치 공동체의 구성원들이 서로에게 가져야 하는 감정과 의무의 유대를 표현하기 위해 '형제애'라는 개념을 만들었다. 형제애에 대한 호소에서 야기된 정치적 우정은 동질성을 강조하고 차이, 특히 성적인 차이를 거부한다. 그것이 함의하는 것은 정치적 동료애를 추구하는 사람들 간에 서로 다른 비대칭적 경험을 생산하는 모든 개인적·사회적 차이에 대한 거부/부인을 암시하는 것이다. 데리다의 기획 가운데 하나는 정치적 우정의 또 다른 의미를 찾는 것이었다.

나는 그러한 대안적 의미를 '연대solidarity'라고 말하고 싶다. 하나의 용어와 개념으로서 연대는 관계 속에 있는 사람들 간의 동질성이나 대칭성을 함축할 필요가 없다. 어떤 사람들은 서로의 동질성이나 집단성을 확인하기 위해 그 용어를 사용하지만 그런 식의 사용은 도전받을 수 있고 도전받아야 한다. 내가 이해하는 한 연대는 입장을 함께하기로 한, 개별적이고 비슷하지 않은 행위자들 사이의 관계다. 더욱이 침묵하는 어머니라는 자연적 기원에 호소하는 형제애와 달리, 연대는 늘 구축과 재구축 과정에 있다. 연대는 굳건하지만 깨지기 쉽다. 연대는 항상 새로워야 하기 때문에 미래를 바라본다.

따라서 연대로 이해되는 정치적 우정은 '아마도'의 개념을 갖는다. 스스로 가깝고 먼 사람들과 연대를 맺고 있다고 생각하는 사람들은 그들 자신과 타인의 안녕을 증진하기 위해 협력한다. 그들은 역사에 적극적으로 접근하는데, 이는 과거가 현재와 미래를 결정하는 요인이라고 생각하지 않는다는 뜻이다. 그들에게 사회 구조와 관계는 주어진 것이 아니라 '아마도' 향상될 수 있는 '가능성'이다. 이러한 적극적인 입장은 위험하고 불확실하기는 하지만 변화 가능성이 풍부한 미래의 문을 열어젖힌다. 부정의를 야기하는 사회 과정을 변화시키는 데 힘을 합한다면 우리는 아마도 어느 정도 성공을 거둘 수 있을 것이다. 정의를 위해 연대한 사람들은 사회관계를 향상시키기로 마음먹은 사람들이지만 머뭇거릴 수도 있고 변변치 않을 수도 있다. '아마도'에 의해 격려받고 촉발된 연대는 따라서 책임을 필요로 한다.

그러나 만약 현재 친구가 없다면, 이후에는 '자주적인 주인 우정sovereign master friendship'의 친구가 나타나도록 행동해보자. 이것이 내가 당신에게 바라는 것이고 내 요청에 대한 대답이며 이것이 우리의 책임이다. 우정은 결코 그냥 주어지는 선물이 아니다. 우정은 기대와 약속, 참여를 경험하며 싹튼다. 시작 단계에서 우정의 담론은 기도의 담론이지만 아무것도 보고하지 않는다. 그것은 현재에 만족하지 않고 책임이 미래의 문을 열어준 이 장소로 이동한다.[22]

내가 여기서 말하는 연대는 사회 제도나 관행과 관련해서 공유된 책임을 인정하고 그 책임을 짊어지려는 사람들 사이의 관계다. 이 사람들은 제도나 관행을 정의롭게 하기 위해 특정 제도나 관행을 만들거나 지지한다. 이런 연대는 이상이고 언약이며 약속이다.

데리다는 책임의 근원적 의미를 탐색했다. 이는 해악의 고립된 원인과 상당히 다르고, 앙갚음이나 부채 청산이라는 은유와도 거리가 멀다. 책임지고, 응답하고, 대답하는 것이야말로 응답의 핵심을 구성하는 의미들이다.

책임은 각자가 각자에게 대답해야 한다는 점에서 언제나 개인적이다. 그러나 스스로에게 대답해야 한다는 명령은 이 자아self에 중간 구조가 있다고 간주한다. 즉 나는 이미 나 자신을 나에게서 응답을 얻기를 바라는 타인과의 관계 속에서 인식하고 있기 때문에 나 자신을 설명한다는 것이다. 따라서 타인에 대한 반응으로서의 대답은 나 자신에게 대답하는 것보다 훨씬 더 근원적이다. 타인과의 관계는 나 자신에 우선한다. "사람은 타인에게 먼저 반응한다. 질문, 요구, 기도, 호명, 요청, 인사 또는 신호, 타인에게 보내는 작별의 말 등만 보아도 그렇다."[23]

나 자신에게 대답하는 것으로 타인에게 응답한 뒤에는 더 일반화된 대답의 양상이 우리를 기다린다. 데리다는 이를 제도로의 이동이라고 부른다. "사람은 법, 법정, 판사, 그리고 도덕적·법적·정치적 공동체의 제도적 형태로 적법하게 다른 사람을 대변하도록 위임받은 기관 앞에서 대답한다."[24] 이런 사법-정치적 이미지는 확실히 질문에 답하는 사례 가운데 하나다. 그러나 앞에서 설명했듯이, 정의를 위한 책임의 사회적 연결 모델하에서 사람들을 스스로에게 답하도록 만들기 위해 공식적인 청문회나 법정에 세워서는 안 된다. 그렇다고 우리의 행위와 무행위에 대해 정치적 구성체 앞에서 대답해야 하는 관행이 사라져야 한다는 말은 아니다. 부정의나 정의와 관련해 자신들이 책임을 공유한다고 생각하는 사람들은 대중에게 답하기 위해 서로를 필요로 한다. 정치적 과정은 구성원들이 문제나 의제를 제기하고 그러한 문제를 파악하기 위해 서로에게 행동을 요구하는 공적인 구조로 이루어진다.

5장

국경을 가로지르는 책임

4장에서 나는 과실, 비난, 또는 개인의 법적 책임과 구분해 정치적 책임 모델을 전개했다. 그리고 이 대안적 책임 개념의 실질적인 근거는 단순히 집단, 혹은 국가의 구성원 자격에서 나오는 것이 아니라 행위를 함으로써 부정의를 양산하는 제도의 작동에 참여한다는 사실에서 나온다고 주장했다.

어떤 이는 이러한 책임에 관한 사회적 연결 모델이 도덕적 성찰에 도움이 되지 않는다고 생각할지도 모른다. 사회적 연결 모델은 책임을 느껴야만 하는 상황의 범위를 제한하기보다 확장하기 때문이다. 내 행위의 영향을 받는 구조적 과정이 야기한 모든 사회 부정의에 대해 다른 사람들과 책임을 공유한다면, 내 책임감은 훨씬 더 커질 것이다. 그 결과 무기력해지고 낙담할 수 있다. 그렇게 거대하고 다양한 문제들 앞에서 어떻게 책임 있는 행동에 나설 수 있을까? 게다가 만약 책임의 범위가 지역이나 국가의 제한을 받지 않는다면, 그 책임은 훨씬 더 압도적으로 다가올 것이다. 오늘날 전 세계에서 벌어지고 있는 수많은 부정의는 잠재적으로 지구적인 범위에서 일어나는 구조적 사회 과정에서 비롯되기 때문이다.

우리는 일단 책임에 관한 사회적 연결 모델이 너무나 엄청난 책임을 내포하고 있다는 주장을 살펴볼 필요가 있다. 중대하고 복합적인 구조적 부정의로 가득 찬 세계에서 그러한 부정의와 관련된 책임은 너무 거대해서 다룰 수 없고 다루어서도 안 되는 것처럼 보인다. 그렇지만 사회적 연결 이론에 반대하려는 의도로 책임의 범위 문제를 제기하는 것이라면 이는 사람들의 오해다. 일반인에게 이성적으로 기대할 수 있는 행동과 비용이 어디까지겠냐고 도덕 철학자들에게 묻는다면 그들 대부분은 직관에 호소할 것이다. 이러한 직관은 보통 개인에게 그들의 도덕적 습관과 관행을 바꿀 것을 요구해서는 안 된다고, 합리적인 사람의 정상적인 이기심을 더 정의로운 어떤 것을 위해 희생시키라고 요구해서는 안 된다고 말한다. 부정의가 만연해 있는 세상에서 이는 상당히 보수적인 태도고 '우리는 우리가 할 수 있는 일을 하고 있으며 개선을 위해 우리에게 기대될 수 있는 모든 일을 하고 있다'는 자기만족에 빠지게 한다.[1] 만약 철학자들이 책임에 관한 사회적 연결 이론을 부정의에 대해 더 많은 책임을 요구한다는 이유를 근거로 반대한다면 이는 그저 현 상태에 만족하겠다는 뜻이다.

좀 더 객관적인 시각, 그러니까 세상에는 수많은 부정의가 있고 우리는 그러한 부정의가 발생하는 데 한몫을 하고 있다는 입장에서 시작해보자. 그리고 그 부정의는 우리 중 어느 누구도, 다른 이와 함께할 때조차도 바로잡을 수 없는 것처럼 보인다. 그런 책임 앞에서 우리는 잠시 멈칫할지 모른다. 그러나 확신컨대 그와 같은 위압의 그늘 아래 너무 오래 있다 보면 무력해지기 십상이다. 그러니 우리는 행동을 고려하는 쪽으로 움직여야 하고 그다음에는 행동을 기대하기에 가능하면서도 합당한 방법은 무엇인지 질문을 던져야 한다.

이 장에서는 구조적인 사회 연결에 기반을 둔 정치적 책임이 어떤 어려움을 수반하는지에 대해 말하려고 한다. 우선 그러한 책임은 때로 전 지구적인 함의를 지닌다는 것을 논증할 것이다. 그러고 나서 책임에 관한 사회적 연결 모델을 실질적으로 작동시킬 수 있는 이론적인 단계를 밟을 것이다. 4장에서 나는 구조적 부정의에 기여하는 사람들에게 서로 다른 종류의 책임이 서로 다른 정도로 부과된다는 의견에 반대한 바 있다. 책임을 공유한다는 것은 책임을 나누고 측정하지 않으면서 모두가 개인적으로 책임을 진다는 뜻이다.

그러나 이러한 방식으로 책임을 공유한다고 해서 그 책임을 수행하기 위해 앞으로 취할 조치를 추론하는 데 있어 책임의 종류와 정도를 구분해서는 안 된다는 것은 아니다. 어떤 철학자도 책임을 다하기 위해 무엇을 해야 할지 말해줄 수 없으며, 그와 관련된 어떤 공식도 제시해줄 수 없다. 그러나 무수히 많은 문제가 있고 그것을 바로잡기 위한 에너지와 자원이 한정되어 있는 상황에서, 철학자는 개인과 집단이 부정의를 해결하기 위한 노력의 일환으로 무엇이 최선인지를 결정하는 데 참고할 수 있는, 소위 **추론의 매개변수**parameters of reasoning를 제안할 수는 있다.

이 장에서는 또 다른 과제로 국경을 가로지르는 사회적 연결 모델을 다룰 것이다. 정의를 수호해야 할 의무의 범위를 동일한 국가 구성원에게 제한해야 한다는 주장은 여전히 널리 수용되고 있다. 그러나 나는 이 입장에 반대하는 이론가들과 의견을 같이한다. 다양한 국가 관할권 안에서 살아가는 다수 사람들의 삶의 조건과 규모만 보아도 일부 구조적 사회 과정이 전 지구적 범위에서 일어나고 있다는 것을 알 수 있다. 나는 세계를 가로지르는 관계를 포함하는 구조적 부정의의 확장된 사례를 전 지구적 의류 산업에서 찾았다. 전 지구적 의류 산업은 초국적인 부정의에 책임을 진다는 것이 무엇을 뜻하는지에 대해서 생각해볼 수 있는 유용한 예다. 최근 초국적인 노동착취공장 근절 운동anti-sweatshop movement에 수많은 사람들이 참여해 노동 조건상의 부정의에 대한 공적 담론을 일구는 데 부분적인 성공을 거두었으며, 제도와 실행에서 몇 가지 변화를 이끌어냈기 때문이다.

전 지구적 부정의의 예: 노동착취공장

노동착취공장 근절 운동은 최근 몇십 년간 목소리를 높이며 사람들이 전 세계 곳곳에서 바지, 드레스, 셔츠, 신발 등의 의류가 생산되는 상황에 관심을 갖게 했다. 전단지를 나누어주고 시위를 하면서, 활동가들은 노동자와 멀리 떨어져 있는 많은 사람에게도 노동자의 노동 조건에 책임질 것을 촉구해왔다. 상식 밖의 주장처럼 들릴 수도 있는 이러한 노력이 많은 사람에게 반향을 일으켰으며, 노동착취공장 근절 운동도 상대적으로 짧은 기간 안에 어느 정도 성공을 거두었다.

노동착취공장 근절 운동 활동가들은 시 정부처럼[2] 대량으로 옷을 구매하거나 대학처럼[3] 이름 또는 로고를 새긴 의류를 구입하는 기관이 지구 반대편 공장에서 이런 옷을 만드는 노동자의 노동 조건은 늘 형펀없다는 사실에 책임을 져야 한다고 말한다. 갭이나 나이키, 디즈니 같은 유명 의류 기업 말고도 타깃이나 월마트 같은 일반 의류 소매상에서 소비자가 구매하는 의류 대부분은 노동착취공장에서 생산된 것이다. 활동가들은 이 사실을 설명하는 전단지를 돌린다. 보통 그러한 상품에 대해 불매 운동을 벌이자고 소비자를 설득하지는 않지만, 소비자가 유명 소매상을 압박해 하청업체 노동자의 노동 조건을 개선하는 데 도움이 되기를 바란다.

대부분의 단체나 개인은 멀리 떨어진 공장의, 그것도 다른 나라의 노동 조건에까지 소비자와 소매상이 책임을 져야 한다는 생각이 불합리하다고 여긴다. 의류 생산 노동자가 비인간적인 노동 조건에서 일한다 해도, 이는 우리와 상관없는 일이라는 것이다. 오히려 비난받아야 할 사람은 공장의 소유주와 관리인이다. 이런 명백한 책임 구분이 꽤 타당한 것처럼 보임에도, 노동착취공장 근절 운동은 수많은 개인과 단체의 마음을 움직여왔다. 공장 소유주와 경영자가 노동 착취 현실에 일부 직접적인 책임이 있다는 것을 부인할 사람은 없다. 그들 대부분은 범죄나 불법 행위를 단죄하는 법적 책임 모델에 따라 책임을 져야 한다. 그럼에도 많은 사람이 국경을 넘어서까지 노동 조건을 향상시킬 책임을 져야 한다는 주장에는 몇 가지 충분한 이유가 있다. 보편화된 관행, 구조적 경제 과정과 구조적 사회 과정, 그리고 의류 산업의 특성이 널리 확산되고 있기 때문이다. 여기에서는 법적 책임을 따진다는 점에서 비난을 가하는 것이 적절할 수도 있고, 동시에 다수가 정치적 책임을 질 수도 있다.

그렇다면 '노동착취공장'이란 과연 무엇인가? 노동 집약적인 생산물인 의류, 신발, 작은 소비재는 저개발 국가에 있는, 상대적으로 작은 제조업체에서 생산된다. 이러한 작은 제조업체는 공정이나 유통, 마케팅의 사슬 밑바닥에서 운영되며 이 과정에 보통 수백 개의 회사가 관련된다. 전 지구적 의류 산업을 연구한 자료에 따르면, 노동착취공장은 북아메리카와 유럽에도 많이 있으며 이 공장들은 종종 불법·합법 이주 노동자를 고용하고 있는 것으로 드러났다.[4] 그러나 대다수 노동착취공장은 저개발 국가에서 운영된다. 2000년 미국에서 판매된 상품 가운데 신발 85퍼센트와 의류 50퍼센트가 수입된 것이다.[5]

물론 생산 공장의 상황은 다양하지만 전형적인 특징이 몇 가지 있다. 노동자 대다수는 여성이며 때로는 열세 살에서 열네 살 정도로 어리다. 그들의 상사는 대다수 어린 여성 노동자를 위압적이고 폭력적인 방식으로 다루며, 성희롱은 비일비재하게 발생한다. 노동자는 성수기에 보통 하루 10시간에서 16시간까지 일한다. 주문이 밀려 있을 경우에는 밤샘 노동을 강요당하는 경우도 있다. 또한 긴 노동 시간 동안 화장실에 갈 만한 여유도 없고, 휴식 시간도 거의 갖지 못한다. 일반적으로 휴가는 없다. 그래서 몸이 아파 일할 수 없는 노동자는 해고당하는 일도 종종 있다. 가장 기본적인 건강과 안전 기준조차 제대로 지켜지지 않는다. 공장은 너무 덥고, 환기구가 없으며, 조명은 부실하고, 소음이 심하고, 소방 기구도 없고, 비상구는 막혀 있다. 위생도 열악해 구내식당과 화장실은 불결하기 그지없고 식수도 제대로 갖추고 있지 않다. 일반적으로 이러한 공장에서 일하는 노동자는 고용주와 집단적으로 협상할 수 있는 노조 결성의 자유도 가지고 있지 않다. 노동 조건에 불만을 제기하거나 노동자 모임을 조직하려는 노동자는 위협을 받거나 해고당하고 블랙리스트에 오른다. 심지어 두들겨 맞거나 살해당하는 사례도 있다. 지역 정부는 적극적, 혹은 수동적으로 그와 같은 노조 탄압 활동을 지원한다.[6]

이러한 노동 조건은 분명 기본적인 인권을 위협한다. 많은 국제 협약과 조약이 일터에서의 폭력과 협박을 금지하고 노동자가 기본적인 건강과 신체적인 안전을 위협받는 상태에서 일해서는 안 된다고 규정한다. 이러한 권리는 취지상 현지 문화나 산업 발달 정도에 관계없이 일관되게 적용되어야 한다. 어느 문화에 속한 사람이든 탈진과 화장실에 가고 싶은 욕구는 동일하게 경험한다. 집회권과 단결권은 어디에서든 인정되어야 하며, 이러한 권리를 행사하고자 하는 사람을 위협하고 폭행하는 것은 어디에서든 잘못된 것이다. 집회권과 단결권을 권리라고 하는 것은, 노동자에게 더 많은 임금을 주겠다며 이 권리를 양도해 달라고 하거나 이윤과 경제 성장 촉진 정책의 대가로 이러한 권리를 포기하게 하는 등의 시도에는 어떠한 도덕적 근거도 없다는 뜻이다. 노동자가 돈벌이가 절실하게 필요해 불평 없이 불법적인 노동 조건을 참아내는 것이라면, 이는 노동자가 동의한 것이 아니라 강압적인 환경의 압력을 받은 것이다.

그렇다면 노동자들의 소득은 어떨까? 경제학자들은 동일한 노동을 하더라도 현지의 생활비와 노동 시장의 조건에 따라 임금 수준은 천차만별일 수 있다고 말한다. 물론 그들의 말은 옳다. 그리고 노동착취공장 노동자들의 생활 수준은 그들이 떠나온 시골 마을 사람들의 생활 수준보다는 높다고 할 수도 있다. 그럼에도 의류 산업에 종사하는 노동자의 임금 수준은 법정 최저 임금보다 훨씬 낮은 경향이 있다.[7] 게다가 고용주는 얼마 안 되는 임금조차 제대로 지급하지 않는다.[8] 노동자가 고용주에게 임금 상환을 요청할 수도 없다. 공식적인 고용 계약서를 가지고 있지 않고, 고용주는 직원이 일한 시간을 제대로 기록하지 않거나 아예 기록조차 하지 않기 때문이다. 정상적인 시장 조건에서라면 일부 노동자를 위한 임금 인상은 다른 노동자에게는 일자리를 잃는 것을 뜻할 수 있다. 하지만 수많은 노동자가 최저 생계비조차 벌지 못하는 곳에서, 일자리가 줄어드니 임금 인상을 할 수 없다고 말하는 것은 최저 임금을 지불하지 않겠다는 말이라기보다는 정상적인 시장 조건을 받아들이지 않겠다는 말이라고 보아야 한다.

지금까지는 의류 공장 노동자가 처한 전형적인 노동 조건에 대해 언급했다. 그러나 사실 옷을 만드는 사람들 상당수는 집에서 일한다. 고용주는 집에서 일하는 사람에게 하청 주는 것을 더 선호한다. 그럴 경우 시설과 간접 비용에 투자하지 않아도 되고 법적으로 노동 조건에 책임을 지지 않아도 되기 때문이다. 노동자, 특히 여성 노동자는 임금을 적게 받더라도 공장보다는 집에서 일하는 것을 더 선호한다. 일터까지 장시간 왔다 갔다 하는 귀찮은 일을 피할 수 있고, 아이들과 같이 있을 수 있으며, 일한다는 사실을 숨겨 남편의 체면도 살릴 수 있기 때문이다.[9] 그러나 집에서 일하는 노동자는 매우 형편없는 임금을 받으며, 스스로에게 장시간 노동을 부과한다. 게다가 여성 노동자가 집에서 일하

기를 원하는 이유이기도 한 아이나 노인까지 공장 일을 돕게 된다.[10]

전 지구적 의류 산업의 구조는 노동착취공장에 대해 져야 할 책임을 분산시킨다. 북아메리카와 유럽의 유명 소매상은 의류 생산 공장을 소유하거나 운영하지 않는다. 대신 다양한 장소에서 만들어진 옷을 소비자의 구매가 이루어지는 상점으로 가져온다. 이를 위해 수십 개 혹은 수천 개의 하청업체가 연관된 생산과 유통의 복잡한 사슬이 만들어진다. 이러한 체계에서 사슬 안에 있는 각각의 하청업체는 고도로 경쟁적인 환경에서 이윤을 거의 남기지 않는 방식으로 공장을 운영할 수밖에 없다는 것을 깨닫는다. 사슬의 상층부에 있는 회사는 하청업체에 적은 비용으로 주문량을 맞추라는 엄청난 압력을 행사하지만 하청업체의 정책과 조업에 법적 책임을 지지는 않는다.

의류와 기타 다른 소비재 제조 공장 시설은 일반적으로 소규모다. 따라서 그들의 활동을 규제하거나 감독하기가 어렵다. 규모가 작다 보니 한 공장을 폐쇄하더라도 같은 공장이 곧 다른 장소에서 문을 열기 때문이다. 개발도상국의 수출 가공 지구 정책은 그런 회사에 대한 투자를 장려하고 현지 노동법을 따르는 범위 안에서 일반적으로 위법 행위를 눈감아준다.

킴벌리 엘리엇Kimberly Elliot과 리처드 프리먼Richard Freeman은 미국 소매업체인 제이시페니J. C. Penney와, 제이시페니와 하도급 관계에 있는 개발도상국 필리핀의 사업 구조를 다음과 같이 설명한다. 제이시페니는 완제품을 미국 수입업체인 렌조Renzo를 통해 구입한다. 렌조는 제이시페니가 제시한 사양을 필리핀 수출업체인 로빌라드 리소시스

Robillard Resources에 전달하는데, 이 업체는 수많은 하청 공장을 거느리고 있는 생산 체인의 관리자인 필리핀 의류 도급업자와 계약을 체결하고 있다. 이러한 하청업체들은 다시 의류 부문의 공장 생산을 구성하고 감독할 뿐만 아니라 현지 노동자에게 도급을 주는 시스템을 체계화한다.[11] 엘리엇과 프리먼에 따르면, 제이시페니 단독으로 계약을 맺은 공급업체만 80개국 넘는 곳에 2천 개 이상이 있다. 노드스트롬Nordstrom은 5만 개 이상의 도급업체와 하도급업체가 있으며, 디즈니는 전 세계 3만 개 이상의 공장에 상품 생산을 허가하고 있다.

책임을 부과하는 문제와 관련해 이러한 산업 구조의 또 다른 측면을 살펴보자. 이 체계 안에서는 고용인과 피고용인의 지위가 종종 불분명해진다. 일부 공장에서 생산 라인 대표자는 집에서 일하는 노동자에게 하도급 대리인처럼 행동한다. 그는 어느 정도 권한을 가지고 경영을 보조한다. 생산 라인 노동자나 재택 노동자나 문서화된 계약서를 작성하는 일이 드물며 스스로를 '자영업자'로 받아들이라는 말을 듣는다.[12]

이와 같은 생산과 유통의 복잡한 체계 안에서, 의류 생산 노동자는 사슬의 맨 밑바닥에 놓여 있다. 그들의 임금은 보통 상품 소매 가격의 6퍼센트 아래로, 상품 소매 가격의 극히 일부를 차지한다.[13] 소비자가 완제품을 구매하는 상점과 제조업자 사이에 있는 각각의 하청업체가 나머지 비용을 추가한다. 유명한 브랜드 소매업자는 하도급 체계에서 상당한 이윤을 얻는다. 생산과 유통의 사슬 아래로 갈수록 회사를 둘러싼 환경은 경쟁이 더욱 치열해진다. 개발도상국의 중소 하청업체는 종종 독립적인 지불 능력이 거의 없는 상태로 운영된다.

노동착취공장 근절 운동에 참여한 활동가들은 이 시스템의 맨 밑바닥에 있는 노동자가 거대한 불평등이라는 전 지구적 체제 안에서 지배, 강제, 그리고 필요의 박탈이라는 부정의로 고통받고 있다고 주장한다. 이러한 부정의의 일부는 법적 책임 모델에 따라 특정 범죄자가 짊어져야 할 책임이다. 예를 들면, 공장 소유주와 경영자가 현지 노동법을 위반했다면 처벌받아야 마땅하다.[14] 그러한 공장이 운영되고 있는 국가가 법을 어긴 범죄자를 찾지 못하고 처벌하지 못한다면, 그에 대해 도덕적으로 비난받아야만 하며, 국제 사회가 그들을 처벌할 수 있는 방법을 찾아야 한다. 노동자를 괴롭히고 협박하는 상사나 노동자의 건강을 위협하면서 생산성 향상을 요구하는 경영자는 노동자가 겪는 부당한 폐해에 법적 책임을 분명히 져야 한다.

공장 소유주나 경영자의 결정과 행동은 노동 조건의 직접적이고 반복적인 원인이 되기 때문에 그들은 노동 조건에 대해 법적 책임을 져야 한다. 만약 이들 기업인이 낳은 폐해를 알면서도 직접적으로 거래하는 현지 기업이 있다면, 그들 또한 책임을 져야 한다. 그러나 공장 소유주와 경영자에게 노동자를 착취하고 억압한다는 혐의를 씌우면 그들 가운데 일부는 자기에게 외부 요인을 통제할 능력이 없기 때문에 벌어진 일이라며 책임에서 벗어나려고 할 것이다. 임금을 더 많이 주고 싶어도 그럴 여유가 없고, 시설과 설비에 좀 더 투자를 하고 노동자에게 휴식 시간을 주고 싶어도 경제적인 여력이 되지 않는다고 주장할지 모른다. 또한 그들은 다른 기업이 호시탐탐 자신들을 넘어뜨리려 하는 치열하게 경쟁적인 환경에서 공장을 운영하고 있다고 말할지도 모른다. 따라서 오직 경쟁자가 제시하는 것과 같은 가격으로, 혹은 그보다 낮은 가격으로 상품을 판매해야만 사업이 살아남을 수 있고, 그렇게 살아남기 위해서는 노동과 생산 비용을 최저로 유지할 수밖에 없다고 항변할 수 있다. 미국 도매업자에게 상품을 판매하는 의류 중개인은 최적의 거래를 원하며, 만약 공장 고용주가 가격을 인상한다면 더 낮은 가격을 제시하는 다른 거래처를 선택할 것이다. 고용주는 노동자에게도 아예 일자리가 없는 것보다 적은 임금이라도 받는 것이 낫다고 말할 것이다. 더군다나 노동착취공장을 운영하는 동기 구조는 강력해, 한 공장이 문을 닫으면 두 개 이상의 공장이 그 자리를 대신한다.[15]

물론 책임에서 벗어나고자 상황을 완화시켜 설명하려는 노력에는 한계가 있다. 어떤 고용주도 노동자를 16시간 동안 일하게 하거나 화장실도 가지 못할 정도로 일을 시키는 것에 대해 합법적으로 변명할 수 없다. 그럼에도 심각한 구조적 제약 아래 공장을 운영하고 있다는 고용주들의 주장에는 일리가 있다.

국가가 주도해 노동 기준을 마련해야 한다는 주장은 일반적으로 경쟁자 사이에 공정한 경쟁의 장이 마련되어야 한다는 이유로 정당화된다. 만약 임금과 노동 조건이 일정 수준 아래로 떨어져서는 안 된다는 인권의 기준선이 존재한다면, 규제를 통해 그 기준선을 보장할 만한 적합한 대리인은 국가일 것이다. 이렇게 국가가 나서서 규제를 한다면 노동자를 제대로 대우해주려는 고용주는 비양심적인 고용주가 물건을 싸게 팔까 봐 두려워하지 않아도 될 것이다.

노동착취공장이 운영되고 있는 국가는 그러한 공장을 허용했다는 이유만으로 충분히 비난받을 만하다. 많은 국가 기관은 무능력하고 부패했다. 국가 공무원 가운데 일부가 자기 나라의 가난한 동포를 착취하는 체계로부터 직접적인 이득을 얻고 있어도 아무런 조치를 취하지 않는다. 소위 높은 수준의 근로기준법과 법 집행 과정을 갖춘 미국과 같은 나라에서 노동착취공장이 발견된다면 이 공장들을 제대로 규제하고 감시하지 못한 국가 기관은 분명히 비난받아야 한다.

그러나 일부 국가는 노동 조건을 개선하고 싶어도 그럴 수 없는 심각한 제약 아래 놓여 있다고 말한다. 많은 저개발 국가의 정부는 세금과 규제에서 자유로운 특수 수출 가공 지역을 조성함으로써 이러한 관행을 간접적으로 조장해왔다. 저개발 국가는 투자와 일자리가 절실하게 필요하다고 말한다. 투자와 일자리를 얻기 위해서 낮은 세금과 최소한의 규제를 갖춘 '우호적인' 투자 분위기를 만들어 다른 가난한 국가와 경쟁해야만 한다는 것이다. 무역 적자를 피하거나 무역 수지 적자를 줄이기 위해서, 저개발 국가는 수출 상품을 생산하는 기업이 필요하다. 이들 국가는 규제에 순응하도록 기업에 강요하거나 기업을 감시할 정도로 충분히 강력한 공공 부문을 갖추고 있지 못하며, 세율이 낮아 그러한 공공 영역을 형성하는 것도 쉽지 않다. 저개발 국가의 정부 관료와 감독관은 과중한 업무에 시달리고 보수도 제대로 받지 못하며, 따라서 뇌물에 쉽게 굴복한다. 국제통화기금IMF과 같은 국제 금융 기관으로부터 공공 지출을 축소하라는 압력은 공공 부문의 역량을 더욱 약화시켜왔다.

이들 행위자가 자신들은 통제할 수 없는 제약 아래에서 공장을 운영하고 있으며 더 강력한 제도의 압력에 저항할 수 없기 때문에 다른 방식으로 공장을 운영할 수 있는 선택지가 거의 없다고 주장할 때, 그러한 변명에는 몇 가지 근거가 있다. 노동착취공장의 조건은 구조적 부정의의 사례다. 착취적인 노동 조건은 유사한 양상을 띠고 상대적으로 흔하게 나타나며, 의류 산업에 서로 다르게 연관된 수많은 다양한 행위자의 이해를 추구하고, 자기 이익에 따라 행동하는 많은 개인과 조직에 의해 그러한 착취적 조건이 생산되고 있기 때문이다. 이러한 구조적인 경제적·정치적 과정은 공장이 위치해 있는 국가 안팎의 행위자와 제도를 포함한다. 그러면서 특정한 행동을 가능하게 하거나 동기를 부여하고 동시에 다른 대안을 막거나 제약한다.

노동착취공장이 전 세계에서 인권을 침해하는 노동 조건을 가진 유일한 공장은 아니다. 또한 다양한 나라에서 거대한 초국적 기업과 작은 공장이 서로 복잡하고 다층적으로 연관되어 있는 산업에 의류 산업만 있는 것도 아니다. 다른 많은 산업도 비슷한 방식으로 구성되며, 그러한 양상을 띤 산업은 빠르게 확산되고 있다. 그러나 책임과 구조적 부정의의 문제에 대해 생각해볼 때, 행위자를 그들의 행동에 비추어 판단하고 어떻게 그들을 변화시킬 수 있는지 알아보기 위해서는 일반적인 전 지구적 자본주의보다는 하나의 체계에 초점을 맞출 필요가 있을 것 같다. 따라서 여기서 나는 의류 산업에 초점을 맞추고자 한다. 의류 산업이 현재 어떤 상태에 있는지 공론화하고 변화를 모색하고자 한 운동이 지속적으로 있었기 때문이다. 그리고 그 운동은 일부 성공을 거두었다. 국경을 가로지르는 책임 이론으로 넘어가기 전에 몇 가지 성공 사례를 소개하고자 한다.

북아메리카와 유럽에서 일어난 노동착취공장 근절 운동은 우리가 구매하는 많은 옷이 어떤 상황에서 생산되는지에 관한 소비자 인식을 상당히 개선했다. 그 결과 그 전까지는 아무런 생각도 없던 일부 사람들이 옷을 생산하는 노동자와 소비자인 자신이 서로 연결되어 있다는 의식을 갖게 되었다. 결과적으로 좀 더 많은 소비자가 '공정 무역'이라는 소비 형태에 관심을 갖게 되었다. 공정한 조건으로 노동자와 직접 거래하는 회사를 통해 물건을 구매하게 된 것이다. 안타깝게도 커피와 같은 일부 상품과 달리 의류 부문에서는 공정 무역 제품을 찾아보기 힘들다. 몇몇 감시 단체와 관찰 집단이 설립되어 전 세계 다양한 지역의 의류 산업 현황을 추적하고, 경우에 따라서는 노동 조건을 개선하도록 현지 제조업체와 대형 다국적 업체에 구체적인 압력을 행사하고 있다. 이들 감시 단체와 관찰 집단은 노동자에게 온정주의적으로 접근하고 소매상이나 제조업자가 하는 이야기를 너무 쉽게 믿는다고 비판받기도 한다. 노동 조건을 개선하기 위해 노력하는 비영리 기구는 이러한 비판에 직면해 노동자 협회나 지역 노조에게서 연대를 이끌어내기도 한다. 노동자 협회와 지역 노조는 감시 단체나 관찰 집단이 고용주의 보복으로부터 관련 노동자를 보호해야 할 때 외부에서 접촉하는 대상이다.[16] 일부 미국 노동조합은 초국적인 연대 쪽으로 방향을 조금씩 틀고 있다. 단순히 미국 내 노동 조건에 초점을 맞추고 소매업자에게 미국에서 생산된 상품을 다루라고 요구하며 소비자에게는 '국산 제품 구매 운동'을 벌이기보다는, 자국 노동자의 이익이 해외 노동자의 노동 조건 향상에 달려 있다는 것을 인식하고 더 많은 연대에 관심을 갖게 된 것이다. 때로는 노동착취공장 근절 운동 때문에 노동자가 해고되고 공장이 폐쇄되었다는 비판도 듣는다. 그래서 운동 단체는 경과를 차분히 지켜보다가 노동 조건을 향상시키면서도 공장 폐쇄나 해고 같은 결과가 나오지 않도록 고용주와 성공적인 협상을 이끌어내기도 한다.

아마도 공적·법적 인식 면에서 노동착취공장 근절 운동이 거둔 가장 큰 성공은 나이키, 리복, 베네통, 갭, 월마트 등과 같은 세계적인 기업의 활동을 이끌고 이미지를 변화시킨 일일 것이다. 운동 초기에 이들 기업 대부분은 하청 공장의 노동 조건은 자기들 책임이 아니라고 했다. 그러나 노동착취공장 근절 운동은 법적 책임이 아니라면 도덕적 책임이라도 져야 한다고 압력을 넣었고 기업의 공적 이미지가 이러한 압력에 영향을 받기 시작했다. 일부 소매상은 계약 지침에 노동 착취 근절과 관련된 행동 강령을 추가했다. 행동 강령 가운데는 감시 활동과 연관된 조항도 있는데 활동가들은 그 정도 감시로는 충분하지 않으며 눈속임일 뿐이라고 비판하기도 했다. 대규모 소매상은 의류 공장 노동자의 이익을 개선하는 일에는 신경 쓰지 않는다. 따라서 노동착취공장 근절 운동은 대규모 소매상에 기업 활동 정보를 공개할 것을 지속적으로 요구하고 그 정보를 사람들에게 알려야 한다. 소비자가 노동착취공장의 노동 조건에 관심을 갖느냐 갖지 않느냐에 따라 기업 이미지가 달라지며, 대기업의 영업은 이 기업 이미지에 큰 영향을 받기 때문이다.

지구적 구조

정의의 의무 범위가 정치 공동체 구성원에게 한정된다는 관점은 철학자 사이에서뿐만 아니라 일상적인 정치적 논의에서도 광범위하게 수용되고 있다. 이 관점에 의하면 사람들은 같은 헌법 아래 살고 있는 사람이나 같은 국가에 속해 있는 사람에게만 정의의 의무를 갖는다. 예를 들면, 존 롤스는 정의에 관한 그의 모든 저서에서 정의의 의무 범위는 단 하나의 헌법으로 통치되는, 상대적으로 폐쇄된 단일한 사회라고 가정한다.[17] 그 사회에서 구성원들은 외부인에게는 갖지 않는 정의의 의무를 통해 상호 구속된다. 롤스는 『만민법*The Law of Peoples*』에서도 공정fairness으로서의 정의의 원칙은 주어진 사회 구성원들 사이에 상호 의무를 갖게 하는 것이지 다른 사회에 속하는 사람들 사이의 도덕적인 관계에는 적용되지 않는다고 반복한다. 만민법은 공정으로서의 정의보다 폭은 넓고 깊이는 얕다.[18]

데이비드 밀러David Miller 또한 동일한 국가 내에 함께 거주하는 사람 사이에서만 적용되는 정의의 원칙을 논한다. 필요나 공과에 따라 분배를 공정하게 하고 동등하게 존중받기 위해서는 강제적인 제도가 필요한데, 동일한 국가에 속하고 단일한 정치적 헌법 아래 살아가는 사람만이 이러한 제도를 조직할 의무를 갖는다는 것이다.[19] 밀러는 지구화된 세계로 인해 국가 통치권에 구멍이 뚫리고 국가 경계 밖의 사람과 환경에 법적 책임을 질 만한 영향을 너무 쉽게 주고받는다고 우려하지만 정의의 원칙이 초국가적으로 적용된다는 것을 부인할 수 없는 사실로 결론 내리지 않는다. 대신 사회 정의 그 자체는 역사적으로 특수한 개념이며 과거로부터 내려온 관행이라고 생각한다.[20]

정의의 의무 범위를 동일한 국가 구성원으로 제한하는 철학자라도 국경을 넘어 확장되는 도덕적 의무가 있다는 것을 부정하지는 않는다. 대부분은 단지 인간이라는 이유만으로 타인에게 어느 정도 도덕적 의무를 갖는다는 것에 동의한다. 타인에게 갖는 도덕적 의무 가운데 기본적인 인권을 보완하고 향상시킬 의무는 가장 중요한 의무이지만 위와 같은 설명에서 정의의 의무만큼 강력하고 깊이가 있지는 않다. 내가 이해한 대로 이들 입장의 논리를 따라가자면 정의의 의무는 공유된 정치 제도의 존재를 가정한다. 이와 같은 관점에서는 만약 사람들 사이의 관계를 규제하거나 그 관계에서 나오는 주장을 조정할 만한 제도가 부재한 상황이라면 어떤 관계가 정의롭다거나 정의롭지 않다고 말하는 것은 타당하지 않을 것이다.

3장에서 정치적 책임의 근원에 대한 한나 아렌트의 설명이 모호하다고 지적한 바 있다. 「집단적 책임」에서 아렌트는 정치적 책임은 정치 공동체의 구성원이라는 사실에서 나온다고 주장했다. 반면 나는 『예루살렘의 아이히만』에 나오는 내용이 더 정확하다고 주장했다. 『예루살렘의 아이히만』에서 아렌트가 나치 범죄와 관련된 책임을 공유하는 행위자로 지목한 사람 가운데 일부는 독일 밖에 있었다. 그리고 독일인에게 책임이 있는 이유를 분석하면서 그들이 책임을 갖는 것은 단순히 독일 국적을 지녔기 때문이 아니라 그들이 한 일과 하지 않은 일 때문이라고 했다.

이에 대해 다시 간단하게 살펴보자. 현대 철학자들은 단순히 동일 국가의 구성원이라는 사실 때문에 특별한 책임이 개인에게 양도되었다고 주장한다. 어떤 사람은 공동체로서의 국가가 개인과 집단이 입은 피해에 책임을 질 수 있다고, 그 국가 구성원이거나 국가 안에서 함께 사는 사람이 개인과 집단이 입는 피해에 책임을 진다고 말한다. 그와 같은 책임이 발생하는 이유는 사람들이 특정한 행동을 해서도, 그들이 나태해서도, 또는 어떤 태도를 취해서도 아니고 단지 같은 국가에 속하기 때문이다. 예를 들면, 마거릿 길버트Margaret Gilbert는 국가 구성원은 국가의 공동 책무에 연관되어 있다고 주장한다. 길버트의 설명에 따르면, 국가가 어떤 잘못을 했을 때 그 국가 구성원은 얼마만큼 국가의 행위에 저항했는가와 관계없이, 국가의 잘못된 행위에 동일한 방식으로 모두 책임을 공유한다.[21]

이런 식으로 집단적 책임을 설명하는 것은 혼란만 낳는다. 그리고 우리가 다른 집단적 현상에 부여하려는 것보다 훨씬 더 많은 힘을 국가에 부여하는 결과만 낳는다. 국가 혹은 민족 국가 사회는 자신을 그 구성원이라 생각하는 사람들이 있기에, 그리고 타인에 의해 구성원으로 인정받는 사람들이 있기에 존재하는 것이다. 그들은 서로를 호명하고 확인하기 위해 특수한 방식으로 행동하고, 국가의 상징을 인지하며, 그 상징과 관련된 특수한 의식을 실행하고, 상호 간에 정치적·사회적 관계를 생산·재생산한다. 개별 행위자는 이러한 국가 구성원과 관련된 활동에 어느 정도 관여할 수 있고, 어떤 이는 그러한 행위에 저항하거나, 또는 전혀 개입하지 않을 수도 있다. 만약 국가나 정치 공동체 구성원이 국가가 저지른 행위에 대해 책임을 공유한다면, 그것은 구성원과 국가, 또는 국가 행위 사이에 적극적인 관계가 있기 때문이지 결코 단순히 동일한 국가 구성원이기 때문은 아니다.

어떤 철학자는 정의의 의무 범위가 단지 동일한 정치 공동체 구성원에게만 한정된다는 주장을 거부한다. 범세계적 공리주의cosmopolitan-utilitarian 관점에서, 특정 국가의 구성원이라는 사실이나 사람들이 맺는 다른 어떤 특수한 관계도, 그들이 서로 부담해야 하는 의무의 본성이나 깊이, 범위를 평가하는 기준이 될 수 없다. 도덕적 행위자는 인간 이외의 존재에 대해서뿐만 아니라, 모든 인간에 대해서 동일한 의무를 가지고 있다. 고통이 어디서 발생하든지 간에 그것을 최소화하라는 도덕적 의무가 존재한다. 모든 행위자는 그들이 고통을 받지 않는 선에서 어디서든 고통을 줄이기 위해 할 수 있는 일을 해야 할 의무가 있다. 행위자 쪽이든 혹은 고통을 겪는 쪽이든, 공통의 정치 공동체에 속한 구성원이라는 사실은 단지 도구적 의미만을 띨 뿐이다. 가끔 의무를 면제해주는 효과적인 수단이 되어주고 특정한 업무를 분배하는 등의 역할만 하는 것이다. 그러나 전 지구적 관계에서는 많은 것들이 이와 같은 도구적인 편의성을 무력화시킬 수 있다. 피터 싱어Peter Singer와 피터 운더Peter Under는 이러한 관점을 가진 뛰어난 이론가다.[22]

나는 동일한 정치 공동체를 전제하는 입장이나 범세계적 공리주의를 주장하는 입장 모두 완벽하지 않다고 본다. 범세계적 공리주의 입장을 비판하는 이는 그것이 엄청나게 실천하기 힘든 것이라고 주장한다. 특별한 특정 관계들에서 도출되는 의무들을 세분화하고 좀 더 일반적인 세계주의적 의무보다 이런 의무들에 우선권을 부여하는 데에는 몇 가지 이유가 있다.[23] 그러나 도덕적 행위자에게 그들이 하려고 마음먹은 것보다 더 많은 것을 요구한다는 이유로 그러한 일반적인 세계주의적 의무에 반대한다는 것은 충분한 논증이 되지 못한다. 의무에 관한 우리의 직관과 성향은 자기 편의주의적이며 요구가 많지 않은 경향이 있다.

나는 범세계적 공리주의 입장에 반대하기 위해서는 몇 가지 다른 식의 이의 제기가 이루어져야 한다고 생각한다. 첫째, 범세계적 공리주의는 정치적 관할 구역이 다르더라도 사람들이 서로에 대해 가지는 의무에는 차이가 없으며 따라서 특정 장소의 특정 행위자는 또 다른 관할 구역 안에 있는 사람과의 관계에서도 합법적인 권리를 행사할 수 있다고 말한다. 그러나 이러한 입장은 자기 결정권이라는 집단적 권리에 크게 도전한다. 물론 지역 정치나 국가 경계가 절대적인 도덕적 힘을 소유해서는 안 된다. 예를 들면, 정치 공동체 구성원이 정치 체제가 너무 부도덕하거나 너무 약해서 그들의 삶을 보호해줄 수 없기 때문에 심각한 억압이나 박탈을 겪고 있다면, 그때는 외부인이 개입할 의무를 가질 수 있다. 앞으로 논의하겠지만, 직접적인 개입 말고도 외부인은 국경을 초월해 정의를 향상시킬 의무를 갖는다. 그러나 정치 공동체를 단순히 의무를 면하기 위한 도구로 생각해서는 안 된다. 대부분의 사람은 지역 구성원이라는 의식을 가치 있게 여기며 이 구성원 의식을 공유하는 사람은 그들 사이에 형성되는 관계의 조건을 정할 권리를 갖는다.[24]

게다가 싱어와 운더 같은 이들이 설명했듯이, 범세계적 공리주의 입장은 과도하게 개인주의적이며 행동의 우선순위를 정하기 위한 지침을 거의 제공하지 않는다. 예를 들면, 범세계적 책임을 이행하려면 사적으로 소유한 재산까지 기부해야 한다는 인상을 받는다. 제도와 집단 행동의 역할을 설명하기에 이 입장은 너무 빈약하다.

그러나 정의의 의무 범위를 동일한 정치 공동체 구성원에게 한정시키는 관점은 비판의 여지가 더 많다. 이 관점을 비판하는 이들은 국가 구성원이라는 것이 도덕적 관점에서 보았을 때 다소 임의적이라고 주장하는데, 이는 올바른 지적이다. 정치 공동체는 도덕적 권리에서 진화한 것이 아니라 권력 투쟁에서부터 임의의 방식으로 진화해왔다는 것이다. 사람들은 종종 정치 공동체에 우선하거나, 정치 공동체와 상관없거나, 혹은 정치 공동체 밖에서 만난 타인과 밀접한 관계를 맺는다. 이러한 관계에서 사람들은 서로에게 영향을 미치는 행동을 하며, 이 행동은 때로 갈등을 일으킬 수도 있다. 또는 국가 관할 구역을 초월한 지속성 있는 관습과 제도를 통해서 수많은 이와 협력할 수도 있다. 이러한 관계에서 우리는 갈등을 해결하거나 서로 협력할 수 있는 공정한 조건이 마련되기를 기대한다. 범세계적 공리주의 입장과 반대로 일부 설명은 사람들이 서로에 대해 정의의 의무를 가진다는 주장을 뒷받침해줄 수 있는 사회관계의 본질을 필요로 한다. "다른 사람들도 인간이니까" 하고 말하는 것만으로는 충분하지 않다.

그러나 민족 국가의 관점은 도덕적 관점 뒤에 있는 것을 앞으로 끄집어낸다. 2장에서 논의했듯이 존재론적으로, 그리고 도덕적으로, 그러나 꼭 일시적이지는 않게 사회적 연결은 정치 제도에 우선한다. 이것은 사회계약 이론이 보여준 위대한 통찰이다. 시민 사회의 사회적 연결은 그들을 통치할 정치 제도 없이도 존재할 수 있다. 사회는 사람들이 계획을 수립하고, 행복을 추구하며, 그렇게 함으로써 다른 사람이 행동하는 조건에 종종 깊이 영향을 미치는 과정을 통해 연결되거나 상호 영향을 미치는 제도와 관습으로 구성되어 있다. 존 로크John Locke의 사회계약 이론에 따르면, 정치 제도에 대한 필요와 갈망은 다층적이고 때로는 갈등을 유발하는 제도적 약속으로 맺어진, 사회적으로 연결된 사람들이 그들의 관계가 갈등을 일으키기 쉽고 권력 불평등이 불신이나 폭력, 착취, 지배로 이어질 수 있다는 것을 깨달았기 때문에 발생했다.[25] 정의의 의무는 바로 이러한 구조적 관계와 구조적 취약성 때문에 발생한다. 구조적 관계와 구조적 취약성 때문에 사람들은 다른 사람과 함께 행동할 수 있는 능력을 최대화하고 폭력적인 갈등을 최소화하기 위해 공적 규제와 그 규제를 이행할 강력한 기관을 필요로 하게 된 것이다.

찰스 베이츠Charles Baitz는 자신의 대표적 저서인 『정치 이론과 국제 관계*Political Theory and International Relations*』에서 정의의 의무 범위가 단일한 정치 공동체 구성원에게만 적용된다는 롤스의 가정에 도전하면서 국제 사회를 통제할 정치적 헌법은 부재하지만 그럼에도 국제 사회가 존재한다고 주장한다. 생산, 투자, 무역이라는 지속적인 경제 과정이 전 세계 다양한 지역의 사람들을 연결시키고, 이 관계에서 때로는 권력과 물질적 자원의 불평등이 나타난다. 사람들은 국경을 가로질러 이동하고, 표현과 의사소통 기구는 그 범위가 점차 세계화되어가고 있다. 많은 종교적·예술적·과학적·법적 조직과 연결망은 각종 서비스를 제공하는 조직 및 연결망과 함께 민족 국가 성원권이나 경계에 상관없이 활동하고 있으며, 이러한 활동은 세계 여러 곳으로 확장되고 있다. 베이츠는 전 지구적 사회 및 경제 관계가 매우 조밀하게 이루어져 있기 때문에 롤스가 주장한 것과 같은 정의의 원칙을 전 지구적으로 적용할 수 있다고 결론 내린다.[26] 이러한 관계에 공정성을 보장하기 위해서는 그 관계를 규제할 수 있을 만큼 충분히 강력하고 충분히 광범위한 정치 제도가 필요해진다. 이는 전 지구적 범위에서 요구되는 정의의 의무를 좌초시키는 근거라기보다는 오히려 그 필요성을 주장하는 근거라고 할 수 있다.

토머스 포기Tomas Pogge는 초국적으로 작동하는 거대 정부 권력, 국제적인 기업과 금융 기관, 그리고 다른 강력한 군사적·경제적·사회적 기관으로 구성된 전 지구적 제도 질서가 존재한다고 말한다. 상대적으로 부유한 국가는 이 질서를 가난한 국가에 부과한다. 포기는 이 지구적 질서가 남반구에 사는 수많은 사람이 겪는 심각한 빈곤의 유일한 원인은 아닐지라도 중대한 원인이며, 또한 전 세계적으로 생활 수준의 거대한 불평등을 야기하는 요인이라고 말한다. 상대적으로 부유한 국가에 사는 대다수 사람은 이와 같은 지구적 질서에서 이익을 얻는다. 지구적 질서는 전 세계 사람들 사이에 정의의 문제를 제기한다. 특히 부유한 국가의 부유한 사람은 세계적인 빈곤과 불평등을 야기하고 그것을 영속화하는 국제적 제도 질서에서 이익을 취한다. 현존하는 질서를 옹호하는 한, 그들은 부정의의 해악[27]을 발생시키는 데 참여하는 셈이다.

앨런 뷰캐넌Allen Buchanan은 지구적 정의의 의무는 자연적 의무로부터 나온다고 주장하면서도 지구적 기본 구조라는 것이 존재한다는 주장을 설득력 있게 요약하며 지지한다. 뷰캐넌의 설명에 따르면, 지구적 기본 구조는 "전 세계 사람과 개인에게 부담과 혜택을 분배하는 과정에 지대하고 지속적인 영향을 미치는 일련의 경제적이고 정치적인 제도들"이다.[28]

> 지구적 기본 구조는 다음과 같은 것으로 구성된다. 지역적이고 국제적인 경제 협약들(WTO, NAFTA, 그리고 다양한 유럽연합 조약들), 국제 금융 체제(국제통화기금, 세계은행, 그리고 환율 메커니즘을 통제하는 다양한 조약들), 기술이 국가 경계를 초월해 퍼져나감에 따라 점차 중요해지는 지적 재산권을 포함해 증가 추세인 사유권과 관련된 지구적 체제, 앞서 이야기한 모든 지구적 기본 구조를 구성하는 요소들이 전개되어갈 때 그 특성을 결정하는 데 중요한 역할을 하는 국제적이고 지역적인 법적 제도와 기관들(지구적 기본 구조의 메타 구조), 그리고 (…) 규범적인 기준을 상실한 국가와 정부에 대한 승인의 관행들.[29]

뷰캐넌은 이와 같은 지구적 기본 구조의 존재는 정의의 원칙이 그 구조에 적용되어야 한다는 뜻을 함축한다고 말한다. 전 지구적인 도덕적 의무는 개인이든, 국가든, 혹은 다른 집단이든 간에 개별 행위자가 재량을 발휘해 적용하는 단순한 원조의 원칙을 넘어선다.

나는 2장에서 사회의 기본 구조에 관한 롤스의 이론을 설명하면서 사회 활동에 지침이 되는 틀을 제공해주는 제도의 목록이 상대적으로 짧다는 점을 지적했다. 이러한 짧은 목록으로는 사회 부정의가 어떻게 발생하며 개별 행위자가 그들 자신을 이러한 부정의와 관련해 어떻게 생각해야 하는지를 고민할 때 그 고민을 호도할 우려가 있다. 포기와 뷰캐넌은 기본 구조라는 롤스의 개념을 지구적 수준으로 확장하고자 한다. 그들은 지구적 부정의를 어떤 사람은 불공평하게 불이익을 받고 어떤 사람은 불공평하게 이득을 취하는 몇몇 지배적인 지구적 제도가 작동한 결과 발생하는 것이라 여긴다. 개인이든 단체든, 행위자가 이러한 지구적 기본 구조에 무관심하거나 그것을 지지하는 한, 그들은 부정의를 지속시키는 데 참여하고 있는 것이다. 세계는 더욱 공정한 기본 구조로 재편성되어야 한다. 뷰캐넌은 사회적·경제적 권리를 지지하는 데 특히 초점을 맞추면서 그러한 재편성이 국제법 개혁을 통해 이루어져야 한다고 제안한다.

나 역시 지구적 수준에서의 사회 정의의 문제는 세계 여러 지역에 흩어져 살아가는 사람들에게 영향을 미치고, 또 그들을 연결하는 구조적 과정에 관한 것이라는 주장에 동의한다. 그러나 이러한 구조적 문제를 마치 국민 사회 수준의 문제인 것처럼 논의하는 것도 실수이지만 그것을 지구적 수준의 사회를 구성하는 일부 제도의 집합이라는 측면에서 생각하는 것도 큰 실수라고 본다. 이러한 방식으로 문제를 바라보기 때문에 지구적 헌법이라는 이미지가 나오게 된다. 세계를 가로지르는 주요한 사회적·경제적 과정을 결정하는 규칙이 있고, 그 규칙을 만들어내는 지구적 헌법이 있다는 식으로 말이다. 포기와 뷰캐넌은 이러한 지배적인 제도가 사적 자본의 이익을 상당히 광범위하게 규제한다고 믿은 반면에, 지구적 부정의를 생산하는 비정부적인 집단적 행위자들의 권력에 대해서는 충분히 강조하지 않는다. 게다가 다른 사적 행위자들은 이 지구적 질서의 수동적인 지지자이면서 수혜자인 것처럼 보인다.

롤스와 뷰캐넌은 구조를 사회의 일부인 것처럼 여긴다. 그러나 나는 2장에서 주장했듯이 구조적인 사회 과정은 특수한 관점에서 바라본 사회 전체와 관련된 문제라고 생각한다. 법적·규제적 제도는 분명 부정의를 생산하거나 부정의를 막는 구조적 사회 과정의 요소다. 합법적이고 규제적인 제도는 부분적으로 수많은 행위자의 활동을 용이하게 조정하기 위해 존재하므로 다른 제도보다 두드러진 역할을 한다. 그러나 부정의가 어떻게 만들어지고 재생산되는지를 이해하기 위해서는 사업의 규칙과 관행, 통신 매체, 그리고 평범한 사람들의 여가 및 소비 취향을 살펴보아야 한다.

책임에 관한 추론의 매개변수

나는 부정의를 양산하는 구조적 과정에 참여한 모든 행위자에게는 부정의를 바로잡을 책임이 있다고 주장해왔다. 그리고 이번 장에서는 좀 더 나아가 이러한 구조적 과정이 여러 민족 국가의 관할 지역을 가로질러 작동한다고 주장하고 있다. 누군가가 관할 지역 밖이나 멀리 떨어진 곳에서 서로를 연결해주는 사회적인 구조적 과정에 참여하고 있다면, 그 행위자의 정의에 대한 책임은 가까운 곳에 살고 있는 사람이나 같은 민족 국가 안에 살고 있는 사람에게만 국한되지 않는다. 예를 들면, 현재의 지구화된 경제 체제 아래에서는 한 국가에서만 소비되는 상품을 사고파는 소매업자나 소비자도 그 물건을 만든 다른 나라 노동자와 연결되어 있다. 이와 같은 연결이 정의의 의무를 발생시킨다.

어떤 사람들은 이러한 결론에 고개를 갸웃거릴 수도 있다. 정의의 의무 범위를 지역을 넘어 지구로까지 확장시켰을 때 그러한 정의에 수반되는 도덕적 책임이 불가능한 요구처럼 보이기 때문이다. 이 세계에는 최소한 일부라도 구조적 과정의 탓으로 돌릴 수 있는 부정의가 무수히 많다. 그리고 많은 행위자가 부정의를 발생시키는 여러 가지 구조적 과정에 참여한다. 그와 관련된 책임은 매우 막대해 보인다.

누군가는 이러한 논의에 귀류법을 적용할 수도 있다. 만약 내가 당신의 책임 이론을 보고 짐작했던 것보다 더 큰 의무가 있다는 것을 알게 되었다면, 당신의 이론은 옳지 못한 것임에 틀림없다. 그러나 앞 장들에서 언급했듯이, 조엘 파인버그Joel Feinberg나 헨리 리처드슨Henry Richardson[30] 같은 이들은 이런 개방성을 함축하는 책임과 의무 사이에는 개념적인 차이가 있다고 말한다. 우리가 의무를 갖는다고 할 때 도덕 규칙은 우리가 하기로 되어 있는 것이 무엇인지를 명시한다. 예를 들면, "당신의 아버지와 어머니를 공경하라"처럼 말이다. 그러나 책임은 의무적인 반면에 그것이 요청하는 행동이 무엇인지에 대해서는 더 개방적이다. 당신은 특수한 목표나 목적을 이루기 위해 어떤 방식으로든 행동할 책임이 있다. 책임을 진다는 것은 의무를 행할 때보다 더 많은 재량권을 갖는 것이다. 도덕적으로 고려해야 할 다른 대상이 있는 상황에서 책임을 면하기 위해 무엇을 해야 할지 결정할 권한은 책임을 가진 행위자에게 있다.

이러한 분석은 구조적 부정의를 바로잡는 것과 관련해 행위자에게 도덕적으로 무엇이 요구되는지에 대한 판단을 보류한다. 책임을 공유하고 있는 우리는 조치를 취해야 하지만, 우리의 역량과 특수한 상황을 고려할 때 무엇이 합리적인지를 결정하는 것은 우리에게 달려 있다. 우리는 우리가 구조적으로 만들어낸 부정의에 대해 비난을 받거나 과실을 지적받아서는 안 되며, 비록 부정의를 바로잡으려고 노력하다가 실패했을 때에도 비난을 받거나 과실을 지적받아서는 안 된다고 앞서 논했다. 그러나 간단하게 짚고 넘어가겠지만 부정의를 바로잡으려는 행동을 하지 않은 것에 대해, 충분한 조치를 취하지 않은 것에 대해, 효과적이지 않은 조치나 역효과를 낳는 행위를 취한 것에 대해 우리는 비판받을 수 있고 비판받아야 한다. 우리는 또한 책임을 공유하고 있는 다른 사람을 비판할 권리와 의무를 가지고 있다.

책임은 의무보다 더 개방적이고 재량적이기에 하나의 이론만으로는 일련의 규칙을 제공할 수도 없고 어떤 행동을 해야 할지 추정할 방법을 제공할 수도 없다. 그럼에도 부정의를 약화시키기 위해 어떤 조치를 취할 것인지 추론할 수 있는 몇 가지 지침을 기대할 수는 있다. 구조적 부정의와 관련해 개인과 집단의 행위에 대한 추론의 매개변수를 규정해 그러한 지침을 얻을 수 있다. 그와 같은 매개변수는 다양한 행위자가 정의에 대한 미래 지향적인 책임을 다양한 종류와 다양한 정도로 가지고 있다는 직관에 호소해야 한다. 책임의 종류와 정도가 다양한 이유는 사람들이 보다 정의롭게 만들기 위해 변화시키려고 노력하는 바로 그 사회 과정 안에서 서로가 차지하고 있는 사회적 지위에 차이가 있기 때문이다. 나는 부정의를 개선하기 위한 집단행동과 관련해 자신의 행동과 다른 사람의 행동을 추론할 때 행위자가 적용할 수 있는 매개변수를 네 가지로 나누어 살펴보려 한다. 그 네 가지 매개변수란 바로 권력, 특권, 이익 그리고 집단 역량이다.

권력

구조적 과정 안에서 행위자의 지위는 보통 결과를 생산하는 과정에 특수한 잠재력이나 실질적인 권력, 또는 영향력을 미친다. 개인이나 집단이 연결되어 있는 모든 구조적 부정의에 대응하기에는 충분한 에너지와 자원을 가지고 있지 못할 때, 그들은 구조적 과정에 더 큰 영향을 미칠 수 있는 역량을 갖춘 곳에 집중해야 한다.

노동착취공장 근절 운동은 캘빈클라인, 나이키, 베네통처럼 의류 산업에서 독보적인 힘을 가지고 있는 거대한 초국적 디자이너와 소매업자에게 많은 관심을 집중시켜왔다. 보통 이러한 기업 행위자는 노동자의 노동 조건에 대한 법적 책임이 있다는 것을 부인한다. 이 노동자들을 고용한 고용주는 법적으로 별개의 계약자이고 다른 많은 중간 계약 기업이나 독립 계약 기업에 의해 다국적 기업으로부터 분리되어 있기 때문이다. 그럼에도 노동착취공장 근절 운동 활동가들은 다국적 기업이 노동 조건을 개선하고, 감시하며, 직접적으로 공장의 혁신을 지원하기 위해 제조업자에게 압력을 가할 수 있는 힘을 지니고 있다고 말한다. 이러한 호소가 공론화된다면 대기업은 그것을 무시하거나 거부하기 어렵다. 노동착취공장 근절 운동의 결과, 최소한 일시적으로라도 일부 회사는 그들이 판매하는 상품이 제조되는 환경에 부분적인 책임을 지게 되었다.

특권

구조적 부정의가 존재하는 곳에서는 부정의 때문에 희생자가 생길 뿐만 아니라 구조와 관련해 상대적인 특권을 누리는 사람도 나타난다. 불공정한 구조에서 권력을 소유한 대부분의 행위자는 이러한 권력에 상응하는 특권도 누리고 있다. 그러나 구조적 부정의가 존재하는 대부분의 상황에서, 최소한 정의의 문제와 관련해 개인으로서, 혹은 제도적 위치로 인해 상대적으로 권력을 거의 갖지 못한 사람이 상대적으로 특권을 누리는 경우가 있다. 예를 들면, 선진국에 사는 중산층 의류 소비자는 세계 의류 산업 구조에서 특권을 누리는 위치에 놓여 있다. 그들은 소매업자가 제공하는 다양한 상품과 적당한 가격 덕분에 혜택을 본다. 특정 개인이나 집단이 구조적 과정에서 상대적 특권을 갖는다면 그들은 부정의를 약화시키기 위해 행동해야 할 책임이 더 크다. 구조적 과정의 수혜자로서 책임을 지는 것이다. 게다가 그들이 특권을 누리는 존재라는 것은 심각한 박탈을 경험하지 않고도 습관을 바꾸거나 여분의 노력을 더 할 수 있다는 뜻이다. 예를 들어, 선진국에 살든 개발도상국에 살든 저소득층 의류 소비자는 여유로운 소비자에 비해 옷을 만드는 노동자가 공정하게 대우받는다는 것을 보장해주는 옷을 사는 데 돈을 더 많이 쓰지 못할 것이다.

이익

가끔 행위자의 이익은 정의에 대한 책임과 일치한다. [즉 정의 향상을 위해 책임을 지는 행위를 함으로써 이익을 얻는 것이다.] 특히 구조적 부정의의 희생자는 부정의가 약화될 경우 특별한 이익을 얻으며, 그렇기 때문에 책임을 져야만 한다. 이 점은 책임에 관한 사회적 연결 모델이 법적 책임 모델과 다른 중요한 점이다. 법적 책임 논리는 가해자가 아닌 사람에게 책임이 없다고 본다. 따라서 법적 책임 모델에서 희생자에게 책임을 묻는 것은 잘못이다. 그러나 사회적 연결 모델에서 부정의의 희생자는 관련된 책임을 공유한다. 보통 부정의의 희생자도 부정의를 초래하는 구조적 과정에 참여한다. 예를 들어, 공장 노동자는 아무리 낮은 임금이라도 수긍하고 상사의 권위에 도전하지 않는다. 이것은 더 적은 돈으로 더 많은 생산량을 얻으려는 고용주의 시도를 강화시킨다. 설사 고용주가 실제 그렇게 하지는 않는다 하더라도 부정의의 희생자는 부정의를 초래하는 구조에 도전하는 일에 일부 책임을 져야 한다. 자신이 겪는 피해는 자기 자신이 가장 잘 안다. 따라서 노동자가 처한 상황을 알리고 그것을 부정의로 명하는 것은 노동자 바로 자신에게 달려 있다. 희생자 본인이 상황을 개선하려는 노력을 하지 않는다면, 외부인은 아무리 좋은 뜻을 지녔다 할지라도 희생자에게 의도하지 않은 피해를 입힐 수 있으며 개혁 과정에서 오히려 역효과만 낳을 수도 있다.

이는 의류 산업의 노동 조건에도 분명히 적용된다. 현재 노동착취공장에서 일하는 노동자나 앞으로 그곳에서 일하게 될 노동자는 부정의의 주요 희생자다. 일부 노동착취공장 근절 운동의 전략 분석가는 노동자를 부정의의 주요 희생자로 보는 전략이 노동자의 관점에서 보았을 때 때때로 비효과적이거나 온정주의적이라고 말한다. 예를 들면, 외부 활동가의 입장에서 볼 때 어떤 상황에서는 악덕 공장을 폐쇄하는 것이 정의를 실현하는 길일 수 있지만 그것은 노동자가 원하는 결과가 아니다. 또 다른 예를 보면, 일부 감시 계획은 공장 사찰 시 노동자와 현장에서 인터뷰를 하는데 분석가들은 그런 인터뷰는 노동 조건에 대해 신뢰할 만한 정보를 제공하지 않는다고 주장한다. 고립된 노동자는 고용주에게 쉽게 위협받기 때문이다. 분석가들은 노동착취공장 근절 활동이 효과적이려면 노동자 스스로가 외부에서 조직적인 지원을 받아야 한다고 주장한다.

주어진 정의의 문제에서, 희생자 말고도 정의를 향상시키는 것이 자기 이익과 일치하는 다른 행위자도 있을 수 있다. 예를 들면, 의류 제조업자나 소매업자는 공정한 조건 아래에서 '질 좋은' 상품을 생산하거나 판매해 부도덕한 기업과의 경쟁에서 이길 수 있을 것이다. 이익과 책임을 일치시키는 것이 문제가 아니다. 정치적 책임을 진다는 것이 어떤 의미인지를 알 수 있는 한 가지 방법은 자기 자신의 이익을 부정의로 고통받는 행위자의 이익에 어떻게 일치시킬 수 있을지, 그 방법을 고민해보는 것이다.

집단 역량

부정의를 약화시키기 위해 공유된 책임은 오직 집단행동을 통해서만 면제될 수 있다. 부정의를 초래하는 과정에 참여하는 행위자는 행위를 조정하거나 다르게 조절하기 위해서 자신의 행위와 관계를 재구성해야 한다. 그러나 개인과 제도를 새로운 방식으로 구성하는 것은 꽤 어렵다. 행위자가 구조적 부정의를 바로잡는 과정에서 무엇을 해야 할지 고민이 된다면 '집단 역량collective ability'이라는 매개변수를 사용할 수 있다. 이때 '집단 역량'이란 다음과 같은 것을 말한다. 어떤 행위자는 변화를 촉진하기 위해 기존 단체의 자원을 끌어올 수 있고 변화를 이루어내기 위해 새로운 방식으로 끌어모은 자원을 사용할 수 있는 지위에 있다. 몇 가지 예를 들면, 노동조합, 교회, 주주 단체 등은 의미 있는 권력을 행사할 수 있다. 자신의 결정을 다른 사람에게 강요할 수 있기 때문이 아니라 함께 행동할 수 있는 구성원이 많기 때문이다.

1990년대 후반과 2000년대 초반, 대학가에서는 노동착취공장 근절운동이 활발하게 일었다. 이들의 활동은 집단 역량이라는 매개변수를 잘 설명해준다. 대학은 대학 스포츠팀의 의류를 대량으로 구매하는 소비자이자 대학 서점에 옷을 공급하는 조달업자기도 하다. 활동가들은 이 점에 착안해 대학을 선전 활동의 목표로 삼았다. 구매와 마케팅에서 대학이 내린 결정이 개별 소비자의 결정보다 더 많은 영향을 미치기 때문이다. 활동가들은 그러한 결정을 정치화하는 캠퍼스 선전 활동을 벌여 그들의 활동을 지지하지 않는 학생과 교직원에게도 지구적 노동 정의에 대한 의식을 일깨워주었다. 활동가들은 조직적 역량을 발휘해 노동착취공장을 허용하는 과정에 개입하기 위해서 대학위원회를 소집했다. 이 선전 활동을 계기로 많은 대학이 공정노동협회Fair Labor Association나 노동자권리협력단Woker Rights Consortium의 감시 활동과 조직 활동에 합류하게 되었다.

지금까지 설명했던 내용을 요약하자면, 개인과 조직은 그들의 권력, 특권, 이익, 집단 역량에 대해 생각해봄으로써 구조적 부정의를 약화시키기 위한 책임을 져야 한다. 이는 어마어마한 도덕적 요구다. 물론 사람들이 그들이 해야 할 일을 할 것이라고 기대할 수 없다는 것이 문제다. 그들이 권력을 가졌거나, 취약한 위치에 있거나, 혹은 책임을 이행하는 것이 자기 이익과 충돌을 일으킨다고 생각한다면 더 기대하기 어렵다. 나는 정의를 위한 공유된 책임은 정치적 책임이라고 말한 바 있다. 정치는 보통 서로 투쟁하고 있는 다른 위치의 행위자를 연루시킨다. 특히 정치적 임무가 구조적 과정에서 나타나는 불공정을 시정하려는 노력일 때, 그 과정은 매우 논쟁적일 수 있다. 이제 조용한 도덕 논쟁의 장에서 활기 넘치는 정치의 장으로 넘어가 권력, 이익, 특권, 집단 역량이라는 매개변수를 재고해보자.

구조적 부정의와 관련된 책임의 매개변수로서 권력의 문제는 부정의한 구조와 관련해 중대한 권력을 가진 행위자가 바로 그 부정의한 구조를 영속화하는 데서 이익을 얻는다는 것이다. 행위자들이 의도한 것은 아닐지라도 구조가 만들어내는 부정의가 영향력 있는 행위자의 목적에 부합한다는 것은 예측 가능한 결과다. 만약 힘 있는 행위자가 그들의 목적이 합법적이고 일부 반대에 부딪히는 경우에도 목적을 실현시킬 수 있다고 믿는다면 그들은 그렇게 할 것이다. 그렇게 하는 것이 이롭기 때문이고 목적을 변경하는 데는 비용이 많이 들기 때문이다.

모든 구조적 부정의에는 그러한 구조 덕분에 이익을 얻는 영향력 있는 실체의 지지가 존재한다. 전 지구적 자본주의 체제가 만들어내는 구조적 부정의는 수십억 명의 사람들을 생계 수단이 불충분하거나 아예 없는 궁핍으로 몰아넣고 경제적 강제를 통해 그 사람들 대부분을 지배한다. 의류 산업도 이러한 전 지구적 자본주의 체제의 일부다. 제프리 삭스Jeffrey Sachs나 아마르티아 센Amartya Sen과 같은 경제학자의 노선을 따르는 유엔개발계획UNDP은 부유한 국가가 세계 곳곳에서 극빈하게 살고 있는 사람들을 돕기 위해 국민총생산의 단 0.7퍼센트만 기부해도 전 세계에서 절대 빈곤은 사라질 것이라고 단언했다.[31] 만약 부유한 국가가 가난한 국가의 빈곤을 해결하려고 자기 나라 자원을 사용한다면 이는 훌륭한 원조일 것이다. 그러나 자원을 대량으로 이전하더라도 구조적 과정을 바꾸지는 못할 것이다. 그러한 구조적 과정 안에서는 힘 있는 자본가가 여전히 투자처를 결정할 것이고 수십억 명의 사람들은 돈을 벌고자 부정의한 조건 속에서 계속 일할 것이다. 그리고 그들이 받는 임금으로는 적절한 생활이 불가능하고, 더 나쁜 경우 그들의 다른 생계 수단을 박탈하는 임금 조건일 수 있다.

모든 구조적 부정의에는 또한 구조가 자기 이익과는 반대되는 방향으로 작동하는 계층에 속한 사람들이 있다. 이들은 구조적 과정 때문에 피해를 입을 때조차도 구조적 과정이 지속적으로 작동하는 것에 의존한다. 그들은 구조 안에서 상대적으로 무력하다.

정치적 책임의 첫 번째 과제는 이러한 구조적 균열을 드러내는 것이다. 즉 권력을 소유한 일부 영향력 있는 행위자는 구조가 현상 유지되는 데서 이익을 얻고 그렇지 못한 사람은 구조가 변화하는 데서 이익을 얻는다는 사실을 폭로하는 것이다. 착취당하고 지배당하는 사람은 권력자에게 정의를 요구해야 한다. 사람들은 종종 그러한 대립을 불편해한다. 힘 있는 행위자와 선의의 도덕주의자는 부정의의 희생자에게 '극단적'이기보다 타협, 조정, '작은 선의에 대한 감사' 같은 태도를 가짐으로써 중도적인 온건한 입장이 되라고 요구한다. 부정의의 희생자(와 그들의 협력자)가 대립에서 물러서지 않을 때 힘 있는 행위자는 흔히 폭력적인 수단으로 그들을 억압한다.

구조적 불평등이라는 균열을 폭로하는 데는 억압과 같은 위험이 따른다. 또한 의분을 드러내는 항의자 사이에는 무질서가 자리 잡을 위험이 있다. 부정의를 약화시킴으로써 이익을 얻는 사람이 취해야 할 책임 있는 태도는, 구조를 영속화시킴으로써 이익을 얻는 권력자를 비난하는 것이 아니라 권력자에게 그들의 책임을 공개적으로 추궁하는 것이다. 구조적 부정의를 정치적으로 쟁점화할 때 중요한 것은 사람들이 겪는 특정 고통은 사실상 많은 사람이 참여해 발생한 부정의라는 것을 드러내고, 그 과정을 바꿀 수 있는 구체적 힘을 가진 사람이 실제 과정을 바꾸어나가야 한다는 도덕적 요구를 하는 것이다. 때로는 조금 다른 일을 한다거나 정해진 길을 벗어난다고 압력이나 조롱을 받을 수도 있지만 정치적 행위자는 힘 있는 행위자가 자발적으로 정의를 증진할 것이라고 가정해서는 안 된다.

이러한 정치적 쟁점화 과정에서 제삼자의 역할이 중요해진다. 구조적 부정의는 대립하는 이익 집단이 있다는 뜻을 내포하기는 하지만 구조에 참여하는 모든 사람이 지위상 이익을 얻는 집단이나 이익을 얻지 못하는 집단 둘 중 하나에 꼭 속한다고 볼 수는 없다. 구조를 유지하거나 구조를 변화시키는 데서 어떤 이익도 거의 얻지 못하는 제삼자는 양쪽 모두에 잠재적으로 중요한 협력자다. 부정의와 관련해 주요 권력을 가진 조직이나 과정에서 어느 정도 물러나 있는 개인이나 집단은 부정의를 알아차리지 못하고 그 부정의를 생산하는 규칙이나 관습을 따라 행동하는 경향이 있다. 그럴 때 그들은 현 상황을 영속화하는 데 일조하는 셈이다. 이와 반대로 그들 가운데 일부는 취약한 사람들이 살아가는 일상적인 삶의 과정이 함축하는 바에 관심을 가질 수 있다. 특히 취약한 사람들과 서로 소통할 수 있을 때, 그들은 권력과 이익을 둘러싼 투쟁에 참여하는 데서 그치는 것이 아니라 무엇이 옳은 것인가에 대한 공적인 논쟁을 촉발시킬 수 있다.

정의에 대한 책임을 공유하기로 결정한 행위자가 어떻게 사회 변화를 이끌어낼 수 있을까? 의미 있는 변화가 이루어질 가능성은 매우 희박하다. 사람들 대부분이 부정의한 구조의 작동에 무관심하고 단순히 현존하는 규칙을 따르거나 자신들의 합법화된 목적을 추구하는 데만 골몰한다면 구조적 부정의는 계속될 것이다. 사회적 과정에 내재해 있는 편견이 이를 확인해준다. 사회 변화를 위해서는 우선 그러한 과정을 끊기 위한 특별한 노력이 필요하다. 그 과정의 작동을 성찰하는 공적 논의에 개입하고, 그 과정으로 불이익을 당하는 사람이 입는 해악을 알리고, 부정의를 조장하거나 최소한 그러한 부정의를 내버려 두는 힘 있는 행위자를 비판하는 것 등이 바로 그러한 노력이다. 정의에 관심 있는 잘 조직된 행위자들이 단 한 번에 정의를 실현시킬 수 있는 변화를 체계 내에서 이루어낼 수단이 있다면 더할 나위 없이 좋을 것이다. 그러나 현실은 그런 방식으로 움직이지 않는다.

'국가는 어떠한가?'라고 물을 수 있다. "부정의를 해결하기 위해 정부가 무엇을 할 수 있고 무엇을 해야 하는지에 대해서 당신은 한마디 언급도 하지 않았다. 예를 들면, 힘 있는 행위자가 구조적 과정에서 이익을 취하는 것을 강제적으로 제한하고, 그들의 행동이 야기하는 피해에 집중하고 그것을 방지하도록 강제하는 규제를 시행함으로써 정부가 부정의를 바로잡아야 한다고 요구하는 것이 부정의의 희생자와 협력자가 해야 할 주요한 책임이 아닌가? 정의의 문제가 초국적 과정과 관련될 때 국제노동기구ILO나 세계무역기구WTO, 세계보건기구WHO와 같은 국제기구야말로 정의를 촉구해야 할 의무가 있는 주요 행위자이지 않은가?"

기본 구조라는 개념을 사용하는 사회 정의에 관한 철학적 글은 일반적으로 국가 기구와 관행의 최적 조합이 무엇인지를 이해함으로써, 즉 최선의 헌법이 무엇인지를 알아냄으로써, 그리고 그러한 최적의 방식을 구축함으로써 정의를 촉진할 수 있다고 가정한다. 따라서 정의에 관한 철학적 논쟁은 국가 기구와 정책의 설계를 도덕적으로 인도할 원칙이 무엇인지에 대한 질문에 주로 집중된다. 지구적 정의에 관한 철학적 저술 역시 비슷한 양상을 따른다. 예를 들면, 토머스 포기는 현대 국제 질서에서 나타나는 부정의를 맹비난하면서, 부정의가 야기되는 가장 주요한 원인으로 국제통화기금과 세계무역기구 같은 기구들을 지적한다. 이와 같은 기구들이 부유한 국가의 경제적·정치적 이익과 그 국가와 관련된 다국적 기업의 활동에 우호적인 방식으로 운영된다는 것이다. 포기의 말이 틀린 것은 아니다. 이 국제기구들은 전 세계인의 경제적 삶에 영향을 미치며 최근의 활동을 보면 대기업과 부유한 국가의 이익에 우선적으로 봉사한다는 것을 알 수 있다. 포기는 이 문제를 해결하려면 다른 기구들을 설립해야 한다고 말한다. 앨런 뷰캐넌도 이와 유사하게 지구적 정의에 관한 이론의 상당 부분을 국제법을 개혁하자는 제안에 할애한다. 이러한 이론은 현존하는 부정의는 해롭거나 불완전한 국제적 규칙 때문에 발생한 것이고 따라서 정의를 촉진하는 방법은 그 규칙을 변화시키고 확장시키는 것이라고 말한다.[32]

국가와 국제기구는 구조적 과정을 더 공정하게 변화시킬 수 있는 중요하고 영향력 있는 행위자다. 때때로 국가와 국제기구는 다른 영향력 있는 행위자의 권력을 제한할 수 있고, 공정한 결과를 가져올 수 있는 방향으로 행동을 조정하기 위해 다수 행위자 사이의 동기 구조를 재조직할 수 있으며, 가장 적은 이익을 취하는 이의 상황을 직접적으로 개선하도록 정책과 프로그램을 조직할 수 있다. 그러나 국가는 이런 일에 종종 부분적으로 실패하거나 전적으로 실패한다. 국가가 부패하거나 무능력해서가 아니다. 국가나 국제기구의 규칙이나 관행은 부정의를 약화시키고자 하는 사람들보다는 부정의를 생산하거나 영속화하려는 권력자나 과정에 더 들어맞는 경향이 있기 때문이다. 따라서 부정의한 결과를 낳는 구조적 과정을 생산하려는 이해와 그러한 과정을 변화시키려는 이해 사이에 충돌이 일어날 경우, 우리는 국가나 국제기구에 결정권을 주어서는 안 된다. 국가나 국제기구가 제정하는 정책과 설계하는 프로그램은 구조적 과정을 둘러싼 이해관계를 심판하거나 균형을 맞추려고 하기보다는 그러한 충돌의 결과를 반영하는 경향이 있기 때문이다.

그렇다면 구조적 부정의와 관련된 정치적 책임은 영향력이 있고 특권을 가진 행위자의 능력을 제한할 수 있는 정책을 개발하도록 국가와 국제기구에 압력을 넣는 것이어야 한다. 이들 행위자는 자기 행동이 누적되어 생긴 결과가 타인에게 미치는 효과를 전혀 고려하지 않고 원하는 대로 행동할 수 있다. 다른 한편으로는 상대적으로 힘이 없고 특권을 가지지 못한 행위자의 복지를 증진시킬 수 있는 정책을 개발하도록 요구해야 한다. 무엇보다 권력을 가진 사적인 행위자에게 공적인 압력을 가할 때와 크게 다르지 않은 방식으로, 국가 정책에 대한 정치적 투쟁에서도 소리 높여 비판하고, 쟁점을 조직하고, 분노를 표출하고, 그리고 합심해 공적인 압력을 행사해야 한다.

6장

책임 회피하기

4장에서는 구조적 부정의와 관련해 공유된 책임에 관한 사회적 연결 모델에 대해 상세히 설명했다. 사회적 연결 모델에서 핵심은 책임의 공유다. 따라서 집단행동을 통해서만 면제될 수 있는, 책임에 관한 미래 지향적 모델을 제시한다. 사회적 연결 모델에서 말하는 공유된 책임이란 정치적 책임이다. 서로서로 집단적 책임을 재조직하게 하고, 그와 같은 재조직화를 어떻게 성취할 수 있을지 논의하게 하며, 구조적 부정의를 불식시키기 위해 무엇을 해야 하고 무엇을 하지 않을 책임이 있는지를 밝혀주기 때문이다.

이어 5장에서는 그러한 사회적 지위에 대해 생각하는 방식을 분석했다. 그리고 부정의를 완화하기 위해 구조적 과정을 변화시키려는 미래 지향적인 책임의 정도와 종류는 권력, 특권, 이익, 집단 역량이라는 변수에 따라 다양하게 나타난다고 설명했다. 구조적 부정의의 생산 과정에 참여한 사람이라면 누구도 그 부정의한 구조를 바꾸기 위해 다른 이들과 협력해야 할 책임에서 자유롭지 못하다. 그러나 일부 사람들은 그런 책임감을 가지려 하지 않는다. 기존 입장을 바꾸는 것보다 유지하는 것이 더 이익이 되기 때문이다. 또 어떤 사람들은 그러한 구조에서 상대적으로 약한 위치에 있다. 전자는 보통 그들 행위의 효과를 바꾸기 위해 조치를 취하라는 압력을 받아야 한다. 후자의 정치적 책임은 더 강력한 행위자들에게 압력을 가하고 그들을 비판하기 위해 조직하는 것이다.

부정의를 생산하는 구조적 과정을 바꾸는 작업은 집단적·사회적 기획이다. 그리고 어려운 작업이다. 먼저 조직이 필요하고 여러 행위자들이 협력하겠다는 의지를 가져야 한다. 또 개인의 행위와 제도의 규칙이나 목적이 어떻게 부정의를 생산하는지에 대한 지식도 있어야 하고 제안된 해결책이 가져올 결과를 예상할 능력 또한 갖추어야 한다. 이 조건들 가운데 한 가지 이상이 비어 있는 경우가 많다. 부정의를 생산하는 과정에 함께하는 참여자들은 자신들에게 부정의를 해소할 책임이 있다는 사실을 부정하는 식으로 이 조건들을 갖추려는 시도를 방해한다.

이 장에서는 구조적 부정의와 관련된 책임을 회피하려는 행위자들의 전형적인 전략을 설명하고 분석할 것이다. 그런 전략들은 다음 네 가지로 구분할 수 있다. ① 물화, ② 연결의 부정, ③ 직접성의 요구, ④ 누구도 부정의를 시정하도록 요청할 역할을 부여받지 않았다는 주장이 그것이다. 여기서는 사회 내 행위 구조가 어떻게 각각의 회피 전략을 이해할 수 있는 것으로 만드는지, 어떻게 그러한 회피 전략을 반복하게 만드는지를 설명할 것이다. 우리는 서로의 책임과 집단행동에 대해 논의하고 서로에게 책임을 부여함으로써 그와 같은 회피 전략에 대한 이해를 키울 수 있다.

물화

사회 과정에 참여하는 사람들은 우리가 다른 사람들과의 관계에 책임이 있다는 생각을 종종 부인한다. 그러면서 다른 선택의 여지가 없는 상황에서 그렇게 행동할 수밖에 없었다는 핑계를 댄다. 시 의원들은 일부 저소득 임차인이 자신이 살던 곳에서 밀려나리라는 사실을 뻔히 알면서도 용도 지역 조례를 통과시킨다. 그러면서 상업 지구 개발업체들을 도시로 유인할 수 있다는 핑계를 댄다. 공무원들은 채권 시장 하락으로 공공 자산을 매각할 수밖에 없었다고 말한다. 노동자들은 회사가 개별 노동자의 숙련도를 덜 요구하는 새로운 생산 기술을 도입했을 경우 임금 삭감을 받아들일 수밖에 없다고 느끼며 해고되지 않은 것을 다행이라고 여긴다.

물화reification란 특정한 사회관계에서 행위자가 인간 행위의 산물을 마치 사물이나 자연적인 힘인 양 다루는 것을 말한다. 우리는 우리가 경험하는 제약이나 때로는 행위를 가능하게 하는 기회를 마치 영혼 없는 자연적 원인처럼 대한다. 원론적으로 계절의 변화와 다를 바 없이 대하는 것이다. 물화의 결과 [인간 행위는] 우리가 다루어야 할 객관적 사실이 된다. 대개 이러한 물화는 다음과 같은 방식으로 일종의 시장처럼 묘사된다. 우리는 상품 선물commodity futures을 거래할 때 사람들이 어떤 상품을 구입할 의향이 있는지 예측하기보다 상품 선물 그 자체가 마치 상품인 것처럼 거래한다. 우리는 행운을 바라며 노동 시장의 현실을 직면하고 증시 장세가 우리 연금을 너무 많이 갉아먹지 않기를 기도한다. 우리가 물화시키는 사회적 생산 과정은 시장 관계만이 아니다. 예를 들어, 정치인이나 정치적 제안에 대한 전망을 다루는 대중 토론에서 종종 '여론'을 마치 불가사의하게 변하는 일반적인 힘처럼 묘사하는 것을 볼 수 있다.

나의 물화 개념은 칼 마르크스의 이론에서 나왔다. 마르크스는 자본주의적 상품 관계의 특정 측면을 포착하기 위해 물화 개념을 도입한다. 자본주의는 상품이 시장에서 판매되는 순간과 그것이 구매되는 순간 사이의 관계를 분리시킨다. 이 두 순간을 매개하는 것이 바로 일반적인 상품 유통 과정이다. 그리고 교환 과정이 시장에 내놓은 상품들 사이에 등가를 성립시킬 때, 마르크스는 교환 가치가 발생했다고 말한다. 개별 교환은 등가물 사이에서만 이루어진다. 그러나 일반화된 시장에서는 구매와 판매가 분리되므로 부등가성의 가능성뿐 아니라 어떤 상품의 교환 가치가 결코 현실화되지 않을 가능성도 제시된다. 상품들은 마치 행위를 명령하는, 영혼이 있는 것처럼 보이고 시장에 진입한 사람들은 마치 그러한 과정의 도구처럼 보인다.[1]

마르크스는 자본주의적 생산 관계를 개별 노동자의 행위나 경험과 관련지어 물화된 상태로 설명한다. 공장과 공장에서 도입한 기술, 조립 라인을 조직하기 위해 생산 과정을 세분화하는 기술적 비결은 모두 노동자를 물질적 사실처럼 만들어버린다. 노동자들은 일터에서 이러한 물화에 직면하며 노동자들의 움직임은 명령과 통제를 받는다. 사실 이것들은 모두 사회적 노동의 산물이다. 사회적 노동의 산물은 공장 소유주와 관리자들이 사전에 축적한 것으로 상품을 만들어 판매함으로써 이윤을 축적할 수 있게 해준다. 이러한 사회적 관계에서 생산이 지닌 근원적 힘은 상품의 물질성이라는 경험에 잠식되고 만다.[2]

게오르그 루카치Georg Lukács는 자본주의 사회와 자본주의적 사고를 일반적으로 설명하며 물화 개념을 체계화한다.[3] 자본주의적 산업 사회에 특화된 계산적 사고에 관한 루카치의 이론은 훌륭하다. 하지만 루카치는 근대 철학과 근대 과학을 비판하는 데만 너무 초점을 맞추고 있다. 이에 반해 우리의 목적은 사회 구조와의 관계에서 행위에 대해 생각해보려는 데 있다. 이 책의 목적에는 루카치의 영향을 받은 장 폴 사르트르의 물화 개념이 좀 더 유용할 것으로 보인다.

2장에서 언급했듯이, 사르트르는 『변증법적 이성 비판*Critique of Dialectical Reason*』에서 사회적 세계를 실천적-타성태 실재의 집합assemblages of practico-inert reality이라고 묘사한다. 우리의 활동이 이루어지는 물질적 환경 대부분은 행위의 산물, 즉 프락시스praxis로 구성된다. 사람들은 상호 관계 속에서 이 산물들의 중재를 받아 행위하며, 공동의 기획을 가진 집단으로 행위를 하는 경우는 많지 않다. 개인이나 집단은 각각 독자적인 목표를 갖고 독자적인 궤도를 따라 움직인다. 그럼에도 산물에 의해 중재된 그들의 행위는 의도보다 더 큰 집단적 영향력을 가진다. 때때로 이 영향들은 사람들이 개별적으로 구성한 프로젝트의 실행을 방해한다. 사르트르는 이 현상을 역결과counter-finality라고 부른다.

사르트르는 자신의 이론을 여러 사례에 연관 지어 설명한다. 그중 한 사례에는 신세계에서 금을 약탈해간 에스파냐 사람들 이야기가 나온다. 많은 개인 행위자들이 부자가 되고 싶어 국내로 금을 가져온다.

그러나 이 행위로 금의 가치는 하락하고 상품 가격은 상승한다. 그러자 자본가들은 손실을 줄이려고 조치를 취한다. 가장 빈번하게 행해진 조치는 노동자의 임금을 낮춘 것이다. 서로 분리되어 있고 조직되지 않은 노동자들은 이러한 변화를 거부할 수 없는 사실로 경험한다. 노동자들은 더 빈곤해지고 전염병이 창궐해 많은 사람들이 사망한다. 이 일련의 사건들을 통해 고용주들은 자신들이 바라는 것과 정반대의 상황에 직면한다. 고용주들은 노동자들의 생활 수준을 떨어뜨렸고 사람들을 기근과 질병에 노출시켜 결과적으로 인적 자원에 위기를 초래했다. 사르트르는 다음과 같이 말한다.

> 우리는 이처럼 아주 간단한 상황에서도 물화의 본질을 발견할 수 있다. 사람들이 예상하듯이, 물화란 개인이 사물로 변형되는 것이 아니라 사회의 구조에 의해 사회 집단 구성원들에게 부과되는 필요성이다. 구성원들은 그들이 집단, 그러니까 전체로서의 사회에 분자적 상태로 속해 있다는 사실과 함께 살아가야 하는 것이다. 그들이 개인으로서 행동하거나 경험하는 것은 여전히, 즉각적으로, 실질적인 프락시스이거나 인간 노동이다. 그러나 기계적인 견고함이 사람들을 구체적인 삶의 허드렛일에 시달리게 만들고 그들 행위의 결과를 부수적인 것까지 전체화하는 이질적인 법 아래 종속시킨다.[4]

일반화하자면, 물화란 수천 명, 수백만 명의 사람들이 행한 행위의 집단적 효과가 물질화된 형태로 나타나 사물과 같은 방식으로 그들 자신과, 혹은 다른 사람과 대면하는 과정을 말한다. 사회적 행위가 축적된 산물은 그 움직임과 변화를 대략 예측할 수 있을 때조차도 사실이나 강제력의 형태로 드러난다.

나는 여기서 물화를 구조적 부정의와 관련해 책임을 회피하는 하나의 방식으로 언급하고 있기는 하지만, 마르크스와 사르트르가 말한 이 근대적으로 중재된 사회 과정이 구체적이지 않은 형태로 발생할 수 있다고 말하려는 것은 아니다. 물화는 여러 사람들의 행위가 만들어낸 객관적 결과다. 물화는 행위들의 결합이기 때문에 물리적 영향력을 갖는다. 사람들은 이 영향력을 마치 자연적 제약처럼 낯설게 경험한다. 목적을 달성하기 위해서라면 꼭 다루어야 할 어떤 것이라고 생각하는 것이다. 이것은 그저 사소한 수준의 허위의식이 아니다. 물질주의와 객관성은 집단적으로 생산된 영향력으로 개인 행위와 집단 행위를 조건 짓는다. 이는 단순히 올바른 교육으로 제거될 성질의 것이 아니다.

우리는 마치 이러한 사회 과정과 그 효과가 인간의 행위에서 발단하지 않은 것처럼 행동하거나 바뀔 수 없는 것처럼 행동할 때가 있다. 바로 그때 물화는 부정의에 대한 책임을 회피하는 수단이 된다. 두 가지 예를 들어보자. 우리는 시장 과정이 생산하는 불평등을 그저 받아들인다. 또 사람들은 그들 자신을 외집단과 관련 있는 내집단으로 분류하고는 일부 사람들의 기회를 제한하는 용도로 사용하는 경향이 있다. 이럴 때 물화는 특정 집단이 받는 피해나 불이익을 수용하는 변명이 되어준다. 지진을 막으려는 노력이 부질없듯이, 이들 사회 과정과 그 결과를 바꾸려는 노력도 헛되다고 보기 때문이다.

물화는 피할 수 없는 과정이기는 하지만 그럼에도 사람들이 사회 과정과 그 효과에 대한 자신의 이해를 탈물화de-reify하고자 노력하는 것은 가능하며 도덕적으로나 정치적으로 바람직한 일이다. 앞 장들에서 설명한 대로, 탈물화의 과정에서 우리는 과연 어떤 행위자나 행위가 우리가 유감이라고 생각하거나 부당하다고 보는 결과를 생산하는 과정에 기여하는지를 확인해야 한다. 그다음에는 그러한 과정을 변화시키기 위해 자기 의식적인 집단으로서 우리가 어떤 행동을 취해야 할지 서로 논의하고 토론해야 한다. 앞 장에서 노동착취공장 근절 운동의 사례를 제시한 이유는 이 운동이 지구화된 생산·유통 과정을 탈물화하는 데 상당한 성공을 이루었다고 보기 때문이다.

연결의 부정

'나는 다른 사람들이 입은 피해에 아무런 책임이 없다'고 주장하는 또 다른 책임 회피 전략은 피해를 입은 사람들과 나 사이에 연결성을 부정하는 것이다. 이 논리에 따르자면, 나와 직접적이고 가시적으로 연결된 사람들의 경우에만 그 사람들에게 닥친 일에 내 책임을 물을 수 있다. 물론 나에게는 나와 직접 상호 작용하는 사람들에게 내 행위가 미친 영향에 대한 책임이 있다. 내 말이 다른 사람들을 자극하거나 내 행동으로 다른 사람들을 종속시킬 가능성이 있다면, 나는 내 말과 행동에 책임을 져야 한다. 만약 내가 사람들에게 서비스를 제공하는 입장이라면, 그 서비스는 아주 양심적으로 제공되어야 하며 끝까지 사람들을 만족시킬 수 있어야 한다. 나는 가족 구성원들을 돌보고 보살펴야 하고 동료들과 협력해야 한다. 많은 사람들이 다른 사람과 맺는 연결성의 범위를 직접적으로 상호 작용하는 사람들에게만 제한하지는 않을 것이다. 나와 연결되어 있다는 것을 부인할 수 없지만 내가 전혀 만날 수 없거나 거의 만날 수 없는 사람들도 있다. 자신이 회사에서 구매와 정책 결정을 담당하는 경영진이라고 생각해보라. 경영진이 내리는 결정은 해당 기업 노동자에게 직접 영향을 미친다. 어떤 노동자들은 마케팅 전략 때문에 직장을 잃을 수 있고 또 다른 노동자들은 노동시간 변경으로 실직할 수 있다. 나는 그들을 만난 적이 없지만 그들과의 연결을 부인할 수 없다.

그러나 사람들은 흔히 멀리 떨어져 있는 타인과의 연결성을 부인하곤 한다. 그들 역시 수많은 다른 사람이나 사물에 의해 중재되는 제도와 과정 속에서 함께 행위하는 사람들인데도 말이다. 내가 도심 재개발에 관심이 있다고 하자. 이런 내 관심은 집주인이 콘도미니엄 개발업자에게 집을 팔고 일부 세입자를 퇴거시키는 구조에 적게나마 동기를 부여한다. 하지만 저소득 주택 소비자의 기회를 증진하는 일은 내 책임이 아니다. 나와 그들은 아무 관계도 아니기 때문이다.

위와 같은 생각과 법적 책임 모델에서 책임을 제한하는 생각 사이에 유사성이 있다는 것은 누구나 쉽게 알아챌 수 있다. 위와 같은 설명에서 한 사람의 책임 범위란 상호 작용이나 명령 체계 같은 것을 통해서 행위자와 직접적인 관계를 맺고 있는 사람이나 잠재적 피해만을 포함한다. 나는 법적 책임과 구분되는 것으로서 책임에 관한 사회적 연결 모델을 발전시켰다. 직접적인 연결과 좀 더 중재된 연결을 구분 지을 적당한 이유가 있기 때문이다. 그렇다고 해서 우리도 한몫을 하고 있는, 좀 더 분산되어 있고 중재되어 있는 사회 과정에 대해 우리의 책임이 없다고 말할 수는 없다.

오노라 오닐Onora O'Neill은 구성주의 도덕 이론에서 "우리(또는 나)는 행위를 취할 윤리적 입장을 누구에게 일치시켜야 하는가?"라는 질문에 답하기 위해 실용적인 검사를 제안한다.[5] 오닐은 도덕적으로 가치 있는 지위를 부여해줄 속성으로 존재를 규명하는 형이상학적 방식으로는 이 질문에 답할 수 없다고 주장한다. 또한 행위자의 정서나 헌신 같은 감정을 참고해 주관적으로 답할 수도 없는 문제다. 사람들은 종종 정의라는 의무 범주 안에 들어와야 할 사람들에게서 그러한 감정들을 배제하기 때문이다. 오닐은 대신 객관적인 실용적 검사를 제안한다. 행위자는 그들 자신의 행위의 기반으로서 다른 어떤 행위자, 또는 주체, 또는 생명체에 대해 명시적이거나 암묵적인 가정을 만들며 그들에 대해 의무를 갖는다. 우리는 우리 자신의 행위에 의해서, 우리의 환경에 영향을 미치는 다른 행위자들이 있다는 가정을 받아들인다. 그러나 이러한 가정은 보통 우리의 의식 전면에 나서지 않는다. 대신, 달성하려는 목표와 그 목표 추구를 위해 직접 상호 작용하는 사람들이나 일에 초점이 맞추어진다. 실제로 행동이나 행동의 효과에 대해 설명해보라는 요청을 받으면 사람들은 그들 자신의 이해에 따라 종종 그와 같은 가정을 부인한다. 오닐은 우리의 행위 대부분의 기반이 되는 것으로서 구체적 타자에 대해 다음과 같은 세 가지 가정이 있다고 설명한다. 첫째, 사람들이 취한 행동은 우리의 환경에 영향을 미치며 우리의 행동 역시 다른 사람들의 환경에 영향을 미친다는 점에서 우리는 타자와 연결되어 있다. 둘째, 이 타자들은 반응이나 행위성의 개별적 근원이다. 셋째, 이 타자들은 구체적이고 유한한 능력, 기질, 취약성을 가지고 있다.

의류 생산과 소비의 예로 돌아가 보자. 우리는 셔츠를 구매하는 단순한 행위를 통해, 면화를 재배하고 옷감을 만들고 재단하고 바느질하는 데 참여한 모든 사람들의 행위를 추정해볼 수 있다. 재단하고 바느질한 사람뿐 아니라 모든 행위자들이 옷을 배에 실어 소비자인 내가 손쉽게 상품에 접근할 수 있도록 하는 데 참여했다. 이 사람들은 보통 내 관심 범위 밖에 있지만, 그들이 없다면 여기에 기성복 셔츠가 있을 수 없었을 것이다. 내가 값싼 셔츠를 원한다면 노동 비용을 최소화하고 생산과 유통 단계에서 생산성을 증진시킨다고 가정되는 그 모든 압력과 경쟁을 예상해야 할 것이다. 이와 같은 실천들이 노동자들에게 해를 끼치는 만큼, 싼값에 셔츠를 사려는 내 의도는 노동자들이 경험하는 해악과 관련 있다. 설사 내가 노동자들이 입는 피해를 의도하지 않았다 할지라도, 그리고 환경상의 제약 때문에 비싼 옷을 살 수 없다거나 거의 옷을 사지 않는다고 할지라도 마찬가지다. 내 행동은 이 모든 타자들이 인근 상점에 있는 옷들로 귀결되는 행위를 한다고 가정하기 때문에, 좋든지 싫든지 간에 이 타자들은 내 의무의 범위 안에 있다.

오닐의 설명은 사람들에 대한 일반적인 사실을 반영한다. 우리의 행위가 자신들에게 해로운 영향을 미친다며 우리에게 다르게 행동할 것을 요청하는 사람들이 있을 때, 또는 우리의 행위가 자신들의 환경에 유발한 비용에 대해 보상을 요구하는 사람들이 있을 때, 우리는 종종 그들에 대한 우리의 의무를 부인한다. 가장 흔하게 부인하는 방식은 우리가 그들과 연결되어 있다는 사실을 인정하지 않거나 우리의 행위를 부정할 능력이 그들에게 있다고 밀어붙이는 것이다. 일례로 노동착취공장에서 일하는 노동자의 곤경에 대해, 어떤 사람들은 이 노동자들에게 일을 그만둘 능력이 있다고 말한다. 노동자들이 '동의'했기 때문에 그 공장에서 일하고 있는 것이 아니겠냐고 말이다. 그러나 현실에서 노동자들은 지긋지긋한 노동 조건과 저임금을 견디면서 아이들을 먹을 것도 없는 집에 남겨두어야 한다. 이 상황에서 노동자들이 취할 수 있는 선택지가 얼마나 될까? 오닐은 각각의 부인 형태, 즉 타자들과의 연결을 부인하고 타자들의 취약함을 부인하는 것은 "비지성적이고 윤리적으로도 보기 흉한 방식으로 윤리적 고려의 범위를 수정하고 변경하려는 시도"라고 말한다. "이기심, 자기 중심성, 자기방어, 심지어 자기기만의 전략이 각각 강력한 힘을 발휘한다. 각각은 행위가 스스로 인정하는 것을 숨기고 행위의 가정을 왜곡된 설명으로 대체할 것이다."[6]

사람들은 흔히 정의에 대한 의무감을 불러오는 연결성을 명시적으로 [관계에] 합의한 사람들이나 자신이 애착을 느끼는 사람들에게만 한정한다. 또 행위의 가정이나 결과가 타자에게 해를 미칠 수 있어 책임을 져야 한다는 압력에 시달릴 경우, 책임을 지는 것은 타자들이 그들 스스로 해야 할 일이라는 식으로 반응하는 것도 흔한 일이다. 앞서 우리가 자기 행위의 근거로서 타자들이 특수한 방식으로 행위하리라는 것을 어떻게 가정하는지 살펴보았다. 오닐은 우리가 타자에게 의존하는 만큼, 우리에게는 타자의 안녕을 보살필 의무가 있다는 것을 설명하고 있다.

직접성의 요구

우리는 우리 모두의 삶을 조건 짓는 구조적 과정에 참여함으로써 수백만 명의 낯선 사람들과 연결되어 있다고 믿는, 조금 다른 입장도 있을 수 있다. 이 입장을 받아들인 사람들은 원칙적으로나 추상적으로 자신에게 이러한 연결성을 바탕으로 타자들과의 관계에서 정의를 촉진해야 할 책임이 있다는 것을 인정할 것이다. 그러나 곤란한 것은 시간이 충분하지 않다는 것이다. 우리의 관심과 에너지는 즉각적으로 상호 작용하는 관계가 우리에게 요구하는 바에 먼저 반응하기 때문에 다른 곳에 신경을 쓸 여력이 없다.

나의 일상은 내 눈앞에 있는 사람들로 채워진다. 그들은 나와 대화하고 나의 반응을 요구하거나 바라는 사람들, 즉 가족 구성원, 친구, 회사 동료, 고객이나 의뢰인, 그리고 버스에서, 거리에서, 상점과 카페에서, 사원에서, 클럽에서 마주치는 사람들이다. 나와의 상호 작용에서 사람들은 내게 자신을 주목해줄 것을 요청하며 나는 그런 사람들에게 책임을 지려고 노력한다. 나는 예의 바르고 정중하게, 그리고 협조적으로 그들의 필요를 고려하면서 그들의 말을 경청하려고 노력한다. 그러나 종종 그 목표를 이루지 못한다. 나는 내 아이들에게 실망하거나 다른 사람이 말을 채 끝맺기도 전에 대화를 끊어버린다. 때로는 퉁명스럽게 별 생각 없이 사람들을 무시한다. 어떤 때는 도구적으로, 또는 무심하게 사람들을 대한다. 나는 화를 내거나 안달을 하고선 나중에 후회한다. 그럴 만한 정당한 이유가 없었기 때문이다.

나는 좀 더 넓은 시각에서 사회관계를 바라보고 나와 실제로 마주칠 일이 없는 사람들에게 영향을 미치는 구조적 부정의에 대해 생각하면서도 즉각적으로 상호 작용하는 관계를 중단할 수 없다. 즉각적 상호 작용에 대한 도덕적 요구는 집요하고 계속적이며 때때로 끝나지 않는 것처럼 느껴진다. 상호 작용에서 나오는 책임에다 부정의에 대한 책임까지 덧붙여 요구하는 것은 분명 너무 과한 것처럼 보인다.

에마뉘엘 레비나스Emmanuel Levinas는 정의에 대한 일반적인 책임과 상호 작용하는 특정인들에 대한 좀 더 견고한 책임 사이의 긴장감을 주제로 잡았다. 레비나스의 철학은 수수께끼 같고 복잡한 것으로 악명 높다. 레비나스의 생각을 분석하려는 것이 내 의도는 아니다. 여기서는 『존재와는 다른, 혹은 본질을 넘어선*Otherwise Than Being, or Beyond Essence*』[7]의 독해를 통해 정의와 즉각적인 상호 작용 사이의 관계에 대한 레비나스의 성찰을 짤막하게 요약하려고 한다.

현상학적으로 내가 최초의 책임감을 경험하는 것은 다른 사람들과의 체현된 만남에서다. 그들의 깊은 눈을 바라볼 때, 연약한 살을 느낄 때, 그들의 필요와 욕망을 이해할 때, 다른 사람의 존재는 나에게 책임감을 불러일으킨다. 실제로 어떤 제안을 내놓기 전에 이미 인정이나 환영 같은 소통의 몸짓을 취하면서 그들을 향해 마음을 연 나 자신을 발견하게 된다. 레비나스는 이를 '말함Saying'의 순간이라고 부른다. '말함'이란 '말해진 것'에 선행하는 것이자 그것의 조건이다. 그리고 타인과의 접촉이자, 관심을 가져달라는 그들의 현재적 요구에 대한 표현이자, 호혜성에 대한 어떠한 기대도 없이 그저 자유롭게 인사를 하는 것이다. 레비나스는 '말함'을 타자에 가장 가깝게 노출되는 것이라고도 말한다. "감각의 직접성immediacy은 또 다른 독자적 물질성, 즉 타자와의 직접성, 또는 타자와의 근접성이다. 타자와의 근접성은 기쁨의 직접성, 취향의 직접성, 사물의 구체화를 위한 직접적인 개방이다. 이는 모두 직접적인 접촉을 통해 일어난다."[8]

타자와의 가까운 관계는 자유 이전에 책임을 가져온다. 타자에 대한 책임은 내가 선택하는 것이 아니다. 그보다는 책임은 이미 나에게 있다. 타자에 대한 이 비대칭적이고 무질서한 관계는 존재론적으로 자의식 이전에 존재하고 심지어 책임에 대한 또 다른 반응의 양식인 자기애나 이기심의 가능성 이전에 존재한다. 타자에 대한 이러한 책임은 감각과 욕망에서 나오는 것이며 욕구를 가진 다른 체현된 존재들과 함께 이 세계에 체현된 존재로부터 나온다. 나는 다른 사람의 필요와 욕망을 내 고유의 취약성과 관련해 무한한 것으로 경험한다.

그러나 문제가 있다. 내가 만나는 모든 사람이 나에게 똑같은 종류의 책임을 지라고 요구하는 것이다. 자아와 타자 사이의 무한한 관계 속에 제삼자의 요구가 개입한다. 레비나스에게 있어 제삼자는 내가 어느 특정한 타자에 관여하고 있을 때조차 자신의 특이성으로 나에게 관심을 요구하는 그 모든 타자를 뜻한다. 모든 타자는 각자가 필요와 욕구의 환원 불가능하고 유일무이한 장소다. 역설적으로, 모든 경우에 그 특이성에 관심을 가져야 한다는 사실은 서로 다른 특이성을 비교해야 할 필요를 만들어낸다. 즉 서로 다른 특이성 사이에 무게를 재고 그러한 특이성들에 나의 반응을 어떻게 분배할 것인지를 셈해보는 것이다. 여기에 정의의 문제를 대입해보자.

> 제삼자는 바로 내 이웃은 아니지만 또 다른 이웃이기도 하고 타자의 이웃이기도 하다. 그렇다고 단순히 그의 동료는 아니다. 타자는 제삼자와 관계를 맺지만 나는 제삼자에게 완전한 답을 줄 수 없다. 그들에게 어떠한 질문도 받기 전에 그저 나의 이웃을 위해 나 홀로 답을 한다 할지라도 마찬가지다. (…)
>
> 제삼자는 그때까지 한쪽으로만 치우쳤다고 타자 앞에서 자신의 중요성을 말하며 맞선다. 이것이 책임의 한계이며 다음 질문을 만들어낸다. "정의와 관련해 나는 무엇을 해야 하는가?" 이는 의식의 질문이다. 정의는 필요하다. 정의는 정의의 법정 이전에 비교, 공존, 동시대성, 조합, 질서, 주제화, 얼굴 드러내기, 그리하여 계획과 지성까지, (…) 이 모든 것과 함께 공현존 copresence하는 것이다.[9]

책임의 측면에서는 타자와 특별히 밀접한 관계를 맺게 하는 특이성과 모든 타자의 동등성 및 공통성이 둘 다 필요하다. 더구나 특이성은 동등성과 공통성을 위해 필요하다. 우리는 다른 사람의 특이성을 즉각 경험할 때에만 이 모든 특이성들이 동등한 관심을 필요로 한다는 입장에 도달하기 때문이다. 그러나 정의에 대한 요구를 의식하는 작업이 사람들의 상황이나 필요를 다른 사람들과 비교하는 형식을 통해서 이루어진다면 각각의 고유한 주체의 비교 불가능성을 침해하는 것이 될 수 있다.

레비나스를 읽다 보면 도덕적 삶의 환원 불가능한, 심지어 비극적인 긴장을 맛보게 된다. 우리는 정의에도 관심을 기울여야 하고 각 개별 인간이 펼치는 즉각적이고 잠재적으로 무한한 요구에도 관심을 기울여야 한다. 책임에 이처럼 두 가지 차원이 있다는 것을 인정한다면 아무 일도 안 했으므로 책임에서 벗어날 수 있다고 말하는 것은 불가능하다. 타자에 대한 책임과 정의에 대한 책임에 응답하기 위해서는 먼저 무엇이 우선이고 무엇이 그다음인지를 정하기 전에 그들 사이의 긴장을 해소하려는 노력을 기울일 것도 없이 그저 책임을 끌어안아야 한다.

2장에서 나는 정의에 대한 책임 이론이 사회관계의 두 가지 차원, 즉 상호 작용 차원과 구조적 차원을 적절하게 구별한다고 주장한 바 있다. 각각은 타자와의 관계에서 스스로를 이해하는 방식이고, 도덕적 행위에 대한 중요한 관점이며 하나가 다른 하나로 환원될 수 없는 것이다. 게다가 각각은 타자의 도덕적 요구를 모호하게 할 수 있다. 일상생활에서는 특정한 사람들과의 직접적인 상호 작용이 우리의 관심과 에너지를 압도하기가 쉽다. 그렇게 되면 행위를 어떻게 조직하고 조율해야 할지 생각하거나 더 넓은 사회적 관점을 취할 여력이 사라진다. 이 모든 것은 행위의 집단적 결과가 우리와 직접 상호 작용하는 사람들뿐만 아니라 우리와 직접 마주치지 않는 많은 다른 사람들에게도 덜 해로운 영향을 미치게 하기 위해 필요한 것들이다.

만약 사회 구조적 과정에서 상대적 특권층에 있는 '우리'가 직접성의 요구에 우선순위를 둔다면, 우리는 우리의 상호 작용 과정에서 구조적 특권을 강화하는 셈이 된다. 계급 구조, 인종 구조, 역량 구조, 그리고 심지어 어느 정도는 젠더 구조까지, 우리가 지속적인 상호 작용을 통해 만나게 되는 대부분의 사람 가운데 많은 이들이 우리 자신과 비슷한 구조적 지위를 차지하게끔 작동된다. 그들은 우리처럼 부유한 동네에 살거나, 인종이 비슷한 이웃끼리 모여 살며 비슷한 지위의 직업을 갖고 있다. 구조적 특권층이 서로의 주장과 필요에 관심을 기울일 때 그것은 종종 기존의 구조적 지위를 유지하는 데 기여한다. 그렇다고 구조적으로 비슷한 지위의 지인들에 대한 우리의 관심을 끊거나 그들을 무시할 수는 없다. 그러나 그것은 특권과 억압이 재생산되는 역동성을 이해하고 자기 의식적인 행위를 취하게 하는 이유는 될 수 있다.

구조적 부정의에 맞서는 사람들이 경험하는 직접성과 구조 간 긴장의 또 다른 변형에 대해 이야기해보자. 이 둘 사이의 긴장은 때로는 다른 형태로 나타나기도 한다. 부정의를 야기하는 것으로 여겨지는 정책이나 행위에 반대하고자 조직화된 사람들, 혹은 그 구조에서 특별히 강력한 힘을 가진 사람에게 책임을 묻기 위해 조직화된 사람들은 권력을 가진 사람들이나 상대적으로 특권을 가진 사람들과 상호 작용할 때 자신들의 저항 의지가 줄어드는 경험을 한다. 그리 흔치 않은 일도 아니다. 최고경영자가 파업 노동자들과 대화를 하기 위해 나서거나 개발 계획의 수장이 되거 위기에 처한 분노한 주민들과 만난다고 생각해보라. 합법적인 이해를 중심으로 똘똘 뭉쳐왔고, 또 부정의를 무너뜨리기 위해 함께해온 정치적 집단은 여태껏 이런 사람들을 단순히 '지위를 점유한 자'라고만 생각해왔다. 그런데 현장에서 만나보면 그런 사람들이 다정하고 유머러스하고 사람을 배려할 줄 알며, 일반적으로 '괜찮은' 사람이라는 사실을 발견한다. 또는 그런 사람들이 자기 자신처럼 평범해 보인다고 생각할 수도 있고 심지어는 나름 힘든 일을 겪고 있다고 동정할 수도 있다.

정치적으로 반대편에 있다고 생각하는 사람들과 상호 작용할 때, 우리 대부분은 분노, 저항, 비판, 투쟁에 필요한 결단 등을 유지하기 힘들다. 특히 다른 사람들이 그들은 매우 점잖은 사람들이라며 그들에게 계속 요구하고 그들을 비판하는 우리의 태도에 의문을 제기할 때, 우리는 무장해제된 것처럼 느껴진다. 구조적 부정의를 야기하는 제도 안에서 상당한 권력을 가진 사람들 대부분은 개인적으로 만나면 괜찮은 사람들인 경우가 많다. 때때로 사람들은 정적政敵을 비인간화시키고 싶은 유혹에 빠진다. 인간으로서 배려심을 가지고 그 사람들에게 대응할 때 불가피하게 느낄 수 있는 동정심을 사전에 차단하기 위해서다. 그래서 그들에 대한 증오심을 높이거나 최소한 부정의를 자행하는 행위자로 형상화한다.

판단을 내릴 때 사회 구조적 수준과 상호 작용의 수준을 구별해야 하는 또 다른 이유가 여기에 있다. 우리는 특정 개인에게 구조적인 악을 야기한 죄를 물을 수 있다. 이와 반대로 구조적인 악을 야기하는 데 일정 역할을 하고 있는 사람이 직접 만나보니 매력적이고 존경받을 만하다는 이유로 그들과 충돌하거나 그들을 비판하려는 작업을 포기할 수도 있다. 만약 구조적 과정을 변화시키고자 한다면 우리는 우리 각자에게 책임을 물어야 한다. 이는 우리가 비판하는 사람들에게 악의를 보이거나 상처를 주지 않고도 할 수 있는 일이다.

레비나스는 상호 작용이라는 도덕적 요구와 정의의 요구 사이에는 긴장이 불가피하다고 했고 나 역시 그렇게 생각한다. 긴장을 제거할 수는 없겠지만 그래도 줄일 수는 있다. 긴장을 줄이는 방법이 최소한 하나 정도는 존재한다는 점을 밝히면서 이 글을 끝맺으려 한다. 일상적으로 상호 작용하는 사람들과 구조적 부정의를 줄이려는 조직화나 행동에 함께할 때, 타자를 개인적으로 대할 때 쏟는 우리의 관심과 에너지가 곧 정의를 추구하려는 정치적 책임에 쏟는 관심과 에너지가 될 수 있다.

내 일이 아니다

앞서 1장에서 일부 사람들이 부정의로 인해 고통받는다는 판단은 그들의 피해가 사회적으로 야기된 것이고, 누군가 그것에 대해 무언가를 해야 한다는 판단으로 이어진다고 밝힌 바 있다. 부정의가 사회 과정의 결과이고, 그 과정에 참여한 사람들 대부분이 제도 안에서 자신들이 받아들이고 지키는 규칙에 따라 자신들이 선택한 목표를 추구할 때, 부정의는 몰인격적인 것이 된다. 우리는 소수의 특정 행위자만 따로 떼어내 그들에게 구조적인 부정의를 야기한 책임에 대해 물을 수도 없고 부정의를 없애기 위해 무슨 일이든 해야 한다고 요구할 수도 없다. 행동을 통해 부정의를 생산하는 사회 과정에 기여하는 모든 사람들이 부정의에 대한 책임을 공유한다는 말은 바로 이런 뜻이다.

책임을 회피하는 또 다른 전형적 방식이 여기서 나온다. 행위자는 자신이 참여한 사회 과정이 일부 사람들을 지배와 박탈에 취약하게 만들었다는 것을 알고 후회할 수 있다. 더 나아가 우리는 이 해로운 결과가 단지 자의적인 불운의 문제가 아니라 부정의에 의해 야기된 사회문제라는 점을 인정할 수도 있다. 그렇다면 우리는 누군가 이 부정의를 해결하기 위해 무언가를 해야 한다고 인정할 수밖에 없을 것이다. 그렇지만 그 사람이 자기는 아니라고 생각한다. 우리에게는 여러 책임이 할당되어 있다. 혹은 책임이 있을 것이라고 가정된다. 그러나 그러한 책임 가운데 어떤 것도 구조적 부정의의 문제와 씨름하라고 요구하지 않는다.

내가 선택한 것은 아니지만 내가 속한 관계나 자발적으로 한 약속 때문에 나에게는 많은 임무와 의무가 있다. 나는 내 아이들을 먹이고 입히고 정서적으로 보호해야 한다. 나는 고용 계약 조건을 충족시켜야 하고 내 일의 목표를 달성하기 위해 행동한다는 것을 확실히 해야 한다. 또한 나는 정보를 충분히 숙지한 투표자이어야 한다. 내가 구조적 부정의에 헌신적으로 응답하는 것을 사명으로 하는 조직에서 일하지 않는 한, 내 역할 가운데 어떤 것도 부정의에 대해 무언가를 해야 한다고 요구하지 않는다.

5장에서 언급했듯이, 이 문제는 종종 구조적 부정의를 유지하는 데 기여한다. 현존하는 역할과 지위를 규정하는 방식은 사회적 행위자들을 부정의에 일조하게 만들거나 최소한 사회 과정의 부당한 결과에 무관심하게 만든다. 행위자들이 자신의 행위가 부정의를 산출한다는 것을 모르고 부정의를 의도하지 않을 때조차 그렇다. 우리 대부분은 부정의를 교정하는 것은 특별히 우리 일이 아니라고 제법 타당하게 주장할 수 있다. 그러면서도 만약 부정의가 존재한다면 누군가가 부정의를 해결하기 위해 무언가를 해야 한다고 말한다. 로버트 구딘Robert Goodin이 언급한 대로, 만약 누군가 해악을 어떻게든 처리해야 하는 상황에서 특별히 어느 누구에게도 그 임무가 할당되지 않는다면 "우리 모두에게 그 일이 완수되는 것을 지켜볼 책임이 있다."[10] 즉 책임이 공유된다는 뜻이다. 이것은 또한 책임이 어떻게 정치적 책임이 되는지를 보여준다. 우리 모두가 책임을 공유하는 것은 우리에게 특별한 능력이나 제도적 역할이 있다거나 우리가 특별한 관계나 약속을 맺어서가 아니다. 우리가 책임을 공유하는 것은 우리에게 일반적으로 시민으로서의 책임이 있기 때문이다. 단지 특정한 민족 국가의 시민이어서가 아니다. 우리에게 정의롭기를 바라는 사회 과정의 참여자로서, 우리는 통제할 수 없는 힘에 그저 흔들리기만 하는 사람이 아니라 우리 스스로가 활동적으로 참여하기를 바라는 사회의 구성원이다. 즉 정의에 대한 일반적인 책임은 특정한 역할과 책임에 그저 덧붙여지는 것이 아니라 그 역할과 책임을 늘 동반한다.

많은 사람들이 부정의가 존재한다고 생각하지만, 또는 일부 사람들이 부당하게 고통받고 있지만, 그 문제를 해결할 임무를 부여받을 사람이 없는 상황을 상상해보자. 구딘은 바로 그런 상황이야말로 국가가 나서서 행동하기에 적절한 상황이라고 보았다. 이러한 상황에서 해악에 대한 책임을 공유하는 우리는 조정coordination이라는 문제에 봉착하게 된다. 우리 행위들 사이의 관계가 늘 도덕적으로 좋은 결과로 이어지는 것은 아니다. 우리는 그런 식으로 조직화되지 않았다. 다양한 집단적 결과를 달성하기 위해서 우리의 행위는 좀 더 조직화될 필요가 있고 업무와 책임도 구분할 필요가 있다. 자유주의적 국가 이론은 국가의 목적과 국가에 적절한 영역을 일단 소극적으로 본다. 국가의 강제력은 기본적인 자유를 뒷받침하고 보호할 때만 필요한 것으로 여겨지고 정당화된다. 개인 행위자들이 다른 사람의 권리를 침해하지 않는 것을 확실히 하는 일 등이 여기에 포함된다. 구딘은 '내 일이 아니다' 식의 문제는 국가가 좀 더 추가적이고 적극적인 목표를 세우는 근거가 된다고 주장한다. 국가 제도의 주요 기능은 그와 같은 상황에서 조정과 같은 문제를 해결하는 것이다. 국가는 특별히 대규모 사회 문제에 대처하는 업무를 할당받은 기구들을 조직한다. 국가는 그와 같은 활동에 필요한 기금을 마련하기 위해 세법을 통과시킨다. 이는 다양한 행위자들이 함께 문제를 해결하는 데 도움을 줄 수 있는 장려책이나 억제책이 된다. 그리고 해로운 결과를 줄일 수 있도록 개인과 제도 사이의 조정을 용이하게 하는 작업을 하기도 한다. 국가는 특히 조정 문제를 해결하는 데 유능하다. 합법적인 강제력을 행사할 수 있기 때문이다. 이는 부정의를 시정하는 일에 나서고 싶어 하는 사람들에게 다른 사람들 역시 자기 몫을 다할 것이라는 확신을 가져다준다.[11]

이러한 구딘의 주장은 매우 중요하다. 국가 행위를 단순히 서로의 자유를 침범하지 못하도록 행위자를 단속하는 소극적인 목적이 아니라 정의를 뒷받침하는 적극적인 목적을 띠는 것으로 이해해야 하는 이유를 보여주고 있기 때문이다. 더욱이 자신들의 행위가 때로 다른 사람들에게 부당한 결과로 이어진다는 것을 깨닫게 된 거대 집단의 사람들은 그 부정의를 시정하기 위해 국가 행위에 의존해야 한다. 그러나 구딘의 주장은 두 가지 면에서 불완전하다.

첫째, 국가 행위에 의존해야 한다는 주장으로는 민족 국가를 가로지르는 구조적 부정의에 대처할 수 없다. 5장에서 논의했듯이, 많은 학자와 정치 행위자들은 국경을 넘나드는 구조적 사회 과정이 세계 각지에서 다양한 구조적 부정의를 일으키고 있다고 믿는다. 물론 국가들이 소속되어 있는 국제 제도가 있어서 이러한 국제 제도로 구조적인 사회 과정을 규제하거나 그 영향력을 조절하고 잠재적으로 부정의를 일으킬 수 있는 움직임을 전환시킬 수 있다. 그러나 현재 이러한 제도들 대부분은 아주 미약하다. 만약 국제 제도가 강한 힘을 지니고 있다고 해도 다국적 기업이나 강대국 같은 세계의 큰손들big world players의 이해관계에 좌지우지되는 경향이 있다. 앞서 강조한 바와 같이, 정의에 대한 책임은 정치 공동체의 공통된 성원권에 토대를 두지 않는다. 오히려 정의에 대한 책임은 권위적이고 강제력 있는 정치 제도가 있는 곳에서 부정의가 발견되면 그러한 부정의를 없애도록 정치 제도를 이끌고, 그러한 정치 제도가 없는 곳이라면 그러한 제도를 만들도록 촉구하는 것이다. 최근의 지구적 부정의와 관련해 국가, 국제기구, 민간 비영리 기구, 자발적 시민으로 구성된 활동가 조직, 그리고 영리 목적의 민간 기업들은 모두 변화를 위한 제안에 관해 함께 토론하고 서로의 실천들을 조정하기 위해 대중을 모을 필요가 있다. 이 대중은 오늘날 에이즈, 절대 빈곤, 그리고 인권을 침해하는 노동 조건과 같은 쟁점을 다루기 위해 실제로 존재한다. 물론 이와 같은 쟁점들은 서로 연결되어 있다. 대중 사이의 논의는 서로 대립하고, 대립해야 한다. 대중에게는 부정의에 대응할 적절한 물적 자원과 조직적 지원이 충분하지 않다. 그러나 대중은 무엇이 가능한지를 알리고 그와 같은 여론을 형성하기 위해 얼마나 많은 행위자들이 부정의를 자신의 일로 여겨야 하는지를 보여준다.

이는 국가가 부정의에 응답해야 한다는 요청이 내포하고 있는 두 번째 문제로 우리를 이끈다. 집단의 성원들은 구조적으로 야기된 해악에 대해 유감의 표시는 하지만 그 해악을 바로잡는 것이 자신들의 일은 아니라고 하면서 국가에 기댄다. 사람들은 부정의는 있지만 그것을 시정하는 것은 자기 일이 아니라고 주장하면서도 누군가는 그 일을 해야 한다고 생각한다. 이것이 전형적인 생각이다. 그리고 그 누군가가 바로 정부다. 정부가 정의와 복지를 증진시키는 동안 사람들은 자기가 하던 일을 계속할 수 있다고 생각한다. 일부 정부는 공정한 결과를 산출하거나 교량에서부터 보건에 이르는 광범위한 분야에서 재화와 서비스를 제공하는 것을 목적으로 한 규제책을 만드는 데 상대적으로 성공을 거두었다. 21세기에 사람들은 이러한 정치사에 의존하는 경향을 보인다. 그러나 일부 후기 식민주의 사회에서는 그러한 국가 역량이 잘 발달하지 못했고, 강력한 복지 국가 역사를 지닌 다른 사회에서도 지난 30년간 이런 역량이 상당히 심각하게 침식되어왔다. 강력한 힘을 가진 민간 기업들이 자기 이해에 따라 강한 국가가 성장을 막는다고 주장해왔기 때문이다.

따라서 "그것은 내 일이 아니다. 그것은 정부의 일이다"라는 입장에서 누락된 것은 정의를 추구하려는 국가의 힘은 시민들의 적극적인 지지에 상당 부분 의존한다는 것이다. 지난 사반세기에 걸쳐 국가의 자산과 활동은 많은 부분 민영화되었다. 세제를 재조정했고, 사회 기반 시설과 비효율적인 관료제에 대한 지출이 축소되었으며, 다양한 형태의 공적 지원이 줄었다. 그 뒤에 이어진 21세기에 세계 여러 국가들은 한때 사회 구조적인 문제에 대처해왔던 자신들의 역량 일부를 잃거나, 또는 그런 역량을 계발하지 못하게 되었다. 군사비 지출에 대한 지구적 의존도는 지속적이고 명백하게 증대하고 있다. 이러한 군사비는 국제 관계의 도구이자 국내 인구 통제의 수단으로 활용되고 있는데, 이 또한 국가의 역량을 왜곡시키는 요인이다. 국가 입장에서는 부정의를 줄이는 방향으로 관계를 재조직하도록 민간 행위자들을 이끄는 것보다 억제책이나 파괴책을 사용해 행위를 조정하는 것이 더 쉬워 보인다. 만약 국가가 더 어려운 긍정적 행위에 나서기를 바란다면, 시민들은 기꺼이 그에 대해 비용을 지불해야 할 것이다. 더 나아가 우리는 그러한 긍정적 방법들에 대해 논의를 해야 하고 공공 기관뿐 아니라 다양한 민간 행위자들이 구조적 부정의를 최소화하기 위한 조정된 행위에 나설 수 있도록, 혹은 그러한 행위를 지연시키는 데 책임을 질 수 있도록 만들어야 한다.[12]

이 장에서는 개인이나 집단이 구조적 부정의가 존재한다는 것을 인정할 때조차 책임에서 거리를 두기 위해 구사하는 네 가지 전형적인 전략을 검토했다. 어떤 사람들은 구조적 부정의를 사람의 통제 너머에 있는 자연적 힘과 유사한 것처럼 다루면서 이 과정을 물화시킨다. 구조적 과정에 참여하고 그 과정에 의존함으로써 타인과 명백하게 연관되어 있는 사람들도 종종 사회적 의식을 흐릿하게 만들어 그와 같은 연결성을 부인한다. 우리 모두는 상호 작용의 요구와, 구조적 부정의를 저해하는 데 관여하는 실용적 요구 사이에서 긴장을 경험한다. 직접적인 상호 작용에서 오는 도덕적 요구는 우리의 관심 대부분을 점유하면서 사회관계에 대한 좀 더 거시적인 관심을 취하기 어렵게 만들며 타인과 관계 맺는 가운데 행위하는 것을 힘들게 한다. 대부분의 사람에게 부정의를 제거하는 작업은 자기들의 일상 업무가 아니다. 우리 대부분은 이를 구실 삼아 부정의를 제거하기 위해 특정 행동을 취하거나 타인과 행위를 조정하거나 하는 것이 자신의 문제가 아니라고 말한다.

이 각각의 전략들은 구조적 과정을 변화시키는 작업에 적극적으로 나서지 않아도 될 변명을 행위자들에게 제공하고, 다른 사람들과 정치적 목표를 향해 공동 행동에 나서는 것을 고려하지 않을 변명도 제공한다. 앞서 나는 이러한 책임은 죄나 비난, 과실과는 관계가 없다고 말했다. 그렇다면 위와 같은 전략을 사용해 책임을 피하려는 사람들도 비난받거나 욕을 먹어서는 안 되는 것 아니냐는 질문을 제기할 수 있다. 나는 여기에서도 비난의 수사학을 사용할 때 신중해야 한다고 생각한다.

지금까지 이러한 변명들을 우리 자신의 변명으로 인지할 수 있고, 흔하게, 그리고 아마도 거의 피할 수 없는 도덕적·사회적 의식의 측면에서도 인지할 수 있을 정도로 명확하게 설명하려고 했다. 이유로 제시된 각각의 변명들은 믿을 만한 근거를 갖고 있다. 각각은 개인의 의식과 행동을 거시 사회적 과정과 연결 짓는 것이 얼마나 어려운지 보여준다. 비난은 비난하는 자가 비난받는 자보다 우월한 위치에 서도록 암묵적으로 작동한다. 이것이 바로 니체가 비난을 '권력 의지의 행사'라고 생각한 이유다. 만약 비난을 실행함으로써 도덕적으로 더 올바르고 덜 올바른 것들을 구분해낸다면, 그리고 내가 말한 변명이 일반적이라면, 그런 변명을 한 사람을 비난하는 것은 부적절한 것처럼 보인다.

다시 한번, 나는 비난을 비판과 책임으로부터 구별하고 싶다. 우리 대부분이 부정의를 낳는 사회 과정에 기여하고 있다는 이해를 바탕으로 정치적 책임을 실행하는 것은 우리의 나쁜 믿음이 폭로되는 것과 마찬가지다. 그 나쁜 믿음은 왜 우리가 부정의를 바로잡기 위한 행동에 나설 것이라고 기대해서는 안 되는지에 대한 설명으로서 위와 같은 이유를 댈 때 드러난다.

7장

책임과 역사적 부정의

프란츠 파농Frantz Fanon은 식민주의를 매섭게 비판하는 말로 『검은 피부, 하얀 가면*Black Skin, White Masks*』을 끝맺으면서 아프리카인들에게 식민주의의 역사를 잊으라는 놀라운 제안을 한다. 현재 상황에 대한 해명을 과거에서 찾거나 노예 제도와 식민지 착취라는 범죄에 골몰하는 것은 흑인과 백인 사이의 관계를 재각인할 우려가 있다. 해방은 마땅히 이러한 관계를 초월해야 한다. 과거에 발생했던 거대한 범죄 때문에 괴로워하는 소위 혁명가들은 과거 지향적인 분노에서 옴짝달싹 못할 것이다.

> 나는 과거의 포로가 아니다. 나는 과거에서 내 삶의 의미를 찾아서는 안 된다. (…) 오늘날 백인들에게 17세기 노예선에 대해 해명하라고 요구해서야 되겠는가? 마음에서부터 죄책감을 불러일으키기 위해 가능한 모든 수단을 동원해가며. (…) 유색 인종으로서 나는, 절대적으로 존재하는 것이 가능해질 때까지, 소급적인 보상의 세계에 스스로를 가둘 권리가 없다.[1]

대신 파농은 급진적 자유와 자기 창조self-invention라는 실존주의적 입장을 권한다. 식민주의는 흑인과 백인이라는 상호 연관된 두 개의 주체를 형성하는데, 한쪽이 상대편에 의해 평가 절하되면서 가치 저하된

쪽은 상대편이 되고자 열망한다. 이러한 병리적인 구조에서 벗어나 모두가 오직 인간으로 존재하는 미래를 향해 급진적인 도약이 이루어질 때라야, 비로소 유색 인종이 소외되지 않을 것이다.

> 과거라는 물화된 탑 안에 스스로 봉인당하는 것을 거부한 흑인과 백인만이 소외당하지 않을 것이다.[2]
>
> 그러한 거부는 자아를 되찾아 세심히 보살피려는 노력 가운데, 인류가 인간 세계에 이상적인 존재 조건을 창조할 수 있을 것이라는 해방의 지속적인 긴장 가운데 이루어진다.[3]

파농의 입장은 설득력이 있다. 너무 빈번히 억압받아온 이들은 현재 그들의 자리에서 더 나은 미래를 향해 나아가려 하기보다는 억압이 시작되기 전 낭만화된 과거 이야기 속에서 자신을 증명하려 한다. 스스로를 과거에 발생한 막대한 부정의의 희생자로 판단하는 사람은 분노 안에서 허우적댈 수 있고 자신이 분노하는 억압자와 피억압자의 관계를 허물기보다 그 관계를 재생산하는 방식으로 상처를 귀착시킬 수 있다.[4] 17세기 노예무역의 책임이 지금의 백인에게 있다고 말하는 것은 정말 불합리하다. 과거 세대의 범죄에 대해 죄책감을 불러일으키려는 기획은 실패할 가능성이 크다. 설사 성공했다 하더라도 그 기획의 요지가 무엇인지 도무지 알 수 없다. 이러한 과거를 잊고 동등한 인간이라는 관점에서 새롭게 시작하는 것은 어떠한가?

과거를 잊고 새롭게 시작하라는 파농의 시각은 충분히 설득력 있지만 동시에 궁극적인 결함을 지닌다. 파농의 실존적 인류애는 너무나 근본적으로 개인주의적이고 탈역사적이다. 분명 사람들의 상황과 행동은 과거에 의해 결정되지 않는다. 무無에서 만들어낸 대안적인 가능성이 항상 우리에게 열려 있다는 점에서 우리는 근본적으로 자유롭다. 동시에, 다른 이와 함께 사회에서 살아간다는 것은 역사적인 것이다. 죽음을 피할 수 없는 운명은 우리의 삶을 부모와 자녀의 삶과 연관 짓게 하고 우리도 일정한 역할을 하지만 그 역할 또한 일부분일 뿐인 거대한 인류의 이야기를 상상하게 한다. 파농은 옳다. 부정의injustice에 굴복한 수동적인 영혼은 자신을 과거에 가두고, 과거의 노예로 만들며, 과거의 수렁에 빠뜨린다. 그러나 과거와 무관해지고자 전적으로 과거와 단절하는 것도 터무니없고 위험한 바람이다. 만약 역사적 부정의라는 사실을 마주하지 않는다면, 우리는 희생자의 망령에서 자유로울 수 없고 과거에 가해자가 저지른 잘못을 반복하게 될지도 모른다.

과거의 죄를 현재에서 찾아서도 안 되고 그 죄를 잊기 위해 애써서도 안 된다. 이 장에서는 두 가지 책임 모델을 구분해 이 말이 무슨 뜻인지를 밝히려 한다. 앞서 주장했듯이, 법적 책임 모델은 비난할 대상을 확인하거나 피해에 대한 잘못 여부를 판단할 때, 또는 몇몇의 경우 직접적으로 잘못을 저지르지 않았다 하더라도 피해의 원인과 관계가 있기 때문에 엄격하게 책임을 져야 할 때 따르는 기준이 된다. 파농의 논의를 비롯해서 역사적인 부정의와 관련된 대부분의 책임 논의는 법적 책임 모델을 가정한다.

반면에 내가 말한 책임에 관한 사회적 연결 모델은 공유된 책임으로 구성된다. 즉 사회 모든 구성원이 행위를 통해 구조적 부정의의 생산과 재생산에 기여한다는 바로 그 사실 때문에 구성원 모두에게 구조적 부정의를 바로잡을 책임이 있다는 것이다. 이 책임 모델은 비난을 하거나 잘못을 탓하려는 것이 아니라, 변화를 도모하기 위해서 집단행동을 조직하기 위한 정치적 책임을 요구하는 것이다. 이러한 미래 지향적인 책임 개념은 역사적 부정의에 대한 책임을 져야 한다는 주장을 거부하는 것처럼 보일지도 모르지만, 그렇지 않다는 것을 앞으로 논증할 것이다. 사회적 연결 모델에서 역사는 중요하다. 다만 역사를 강조하는 것은 비난하거나 벌하거나 피해 보상을 요구하기 위해서가 아니다.

책임과 역사적 부정의에 관한 최근의 도덕적·정치적 이론 대부분은 두 가지 사례 범주를 통합하는 경향이 있다. 여기서 두 범주라 함은 최소한 부정의의 희생자와 가해자의 일부가 여전히 살아 있는 경우와, 초기 희생자와 가해자 모두가 몇 년 전에 사망한 경우를 말한다. 예를 들면, 로이 브룩스Roy Brooks는 『사과로는 충분하지 않을 때*When Sorry Isn't Enough*』라는 매우 유용한 선집에서 토착 미국인의 파기된 조약과 미국 노예 제도에 대한 배상뿐만 아니라, 일본인 강제수용소와 남아프리카 공화국의 인종 차별 정책에 대한 배상과 관련된 논의도 담았다.[5] 여기서 제시하는 모든 사례의 공통점은 그 정책을 의도한 지배 집단이 이제는 사라졌으며, 정책 대부분이 현재는 대단히 그릇된 것으로 여겨진다는 점이다.

그러나 이러한 종류의 사례에 책임 개념을 적용하고자 할 때 시간적인 차이는 매우 중요하다. 개별 희생자와 가해자가 여전히 생존해 있을 경우, 표면상으로 법적 책임 모델을 적용하는 것은 적절하다. 최소한 원칙적으로 가해자를 규명하고, 비난하고, 가해자에게 잘못을 물을 수 있으며 희생자와 사회에 보상하도록 요구할 수 있다. 그러나 현대의 많은 예에서조차 법적 책임 모델은 충분히 광범위하게 책임을 확산시키지 못하며 사회적 연결 모델로 반드시 보완되어야 한다. 뒤에서 인종 차별 정책이라는 역사적 부정의를 논하면서 바로 이 점을 보여줄 것이다.

최초 가해자와 희생자가 몇 세대 전 인물인 경우, 그러한 역사적 부정의의 사례에 법적 책임 모델을 적용하는 것은 특수한 존재론적·개념적 문제를 불러일으킨다. 그 어려움을 설명하기 위해 미국에서 일어난 노예 제도 배상 요구에 대한 논의로 이 장을 시작하려 한다. 오늘날 미국인, 특히 백인 미국인들이 노예 제도라는 역사적 부정의와 관련해 가지고 있을지 모를 책임에 대해 말할 때 비난이나 유죄, 부채, 혹은 보상이라는 언어를 사용하는 것은 대체적으로 타당하지 않다. 그러나 사회 구성원이 현재의 인종화된 구조적 부정의에 책임을 져야 한다는 점에서 과거는 여전히 중요하다.

나는 두 개의 거대한 사례를 간단히 고찰해봄으로써 구조적 부정의에 관한 책임 논의를 결론짓고자 한다. 노예무역과 식민주의라는 역사적 부정의와 관련해 오늘날 아프리카인에게 져야 할 책임과, 유럽계 미국인이 북아메리카를 점령하고 유린한 것과 관련해 토착 미국인에 대해 져야 할 책임이 그것이다.[6]

노예 제도라는 유물

앞에서 법적 책임 모델과 사회적 연결 모델이라고 정의한 두 가지 책임 모델을 자세히 구분했다. 법적 책임 모델의 기본적인 형식은 범죄 행위를 저지른 사람을 비난하거나 발생한 해악에 책임이 있는 사람을 찾는 것이다. 이러한 의미에서 책임을 물으려면 행위자가 개인이 되었든 집단이 되었든, 어떤 행위나 행동으로 범죄를 저질러서 해악을 야기했다는 것을 입증해야 하며, 행위자에게 책임이 없다는 것을 밝히려면 무죄라는 것을 알려주는 정당하고 타당한 이유를 갖추어야 한다. 이 같은 맥락에서 법적 책임이 있다고 보는 것은 행위자가 피해를 입은 상대방에게 손해 배상을 해야 할 주체이며 처벌받아야 할 대상이라는 뜻이다. 엄격한 법적 책임을 가리키는 불법 행위 개념은 법적 책임 모델에서부터 출발한다. 법적 책임이 있는 것으로 판단된 집단이 해악을 직접적으로 야기하지는 않았더라도 해악을 일으킨 행위자나 사물과 어느 정도 법적 책임 관계가 성립한다는 사실을 발견하기만 하면 된다. 예를 들면, 고용주는 고용인이 한 행위에 법적 책임이 있다고 볼 수 있다.

나는 이 책임 모델이 구조적 부정의에 대한 책임을 부과하기에 적합하지 않다고 주장해왔다. 어떤 해악은 개인적·제도적 행위자의 고립된 행위에서 발생하는 것이 아니라, 오히려 사회의 정상적이고 지속적인 구조적 과정 때문에 생기기 때문이다. 미국 대도시에 사는 많은 사람들이 노숙자가 될 가능성이 농후하다는 것도 그러한 구조적 부정의의 사례라고 볼 수 있다. 이와 같은 해악은 수많은 개인 행위자의 행위 결과로 발생하는데, 대부분 그들의 행위는 허용된 제도적 규칙을 벗어나지 않는다. 수많은 개인 행위자로 구성된 거대한 무정형 집단은 구조적 부정의를 발생시킨 책임을 공유한다. 공동체의 일부 구성원은 구조 안에서 점유하는 지위 때문에 좀 더 큰 책임을 질 수도 있지만, 그렇다고 나머지 사람의 책임이 면제되는 것은 아니다. 그들 역시 불공평한 결과를 낳는 구조의 생산과 재생산에 기여하기 때문이다. 이 경우 사람들의 행위와 특정한 양상을 보이는 피해 사이에서 선형적인 인과 관계를 추적할 수 없으므로 법적 책임 모델을 적용하는 것은 적합하지 않다. 사람들이 불공평한 결과를 낳는 구조적 과정에 기여했다고 해서 그와 같은 부정의를 발생시켰다고 비난받아서는 안 되며, 잘못을 저질렀거나 엄격한 법적 책임을 물어야 한다는 이유 등으로 손해액을 부담해서도 안 된다. 우리가 공유하는 책임은 좀 더 미래 지향적이다. 그것은 덜 해로운 결과가 나오도록 구조를 변화시키기 위해 스스로를 조직하는 것이다.

이와 비슷한 구분을 역사적 부정의의 다른 여러 사례에 적용할 수 있다. 노예 제도라는 미국의 역사적 부정의에 대한 배상 요구를 해결할 때도 유용할 수 있다. 노예 제도에 대한 배상을 옹호하는 사람이든 비판하는 사람이든, 논의에 참여하는 많은 이들은 암시적으로나 명시적으로 법적 책임 모델을 가정한다. 그러나 노예 제도 배상 문제에 법적 책임 모델을 적용하면 전반적으로 존재론적·개념적 문제가 생긴다.

이 점을 자세히 논하기 전에 일부 타당성을 갖는 한 가지 법적 책임 모델의 적용에 주목할 것이다. 노예 제도에서 발생한 이윤에 대해 기업에 책임을 묻자는 주장이다. 캘리포니아 주는 캘리포니아와 거래하는 보험 회사에 노예 제도로 축적한 자산 손실은 보장하지 않았다는 사실을 문서화하도록 요구하는 법을 제정했다. 시카고 시는 시와 거래하는 회사에 노예 제도로 이윤을 취한 적이 있었는지를 밝히는 진술서를 제출하도록 요구하고 있다. 노예 제도로 이윤을 취한 기업에 손해배상을 요구하는 소송이 최근 제기되고 있다. 이러한 법률과 소송은 미국 법이 기업을 사람으로 여긴다는 사실을 창의적으로 활용한다. 몇몇 경우 이러한 '사람들'의 생명은 수백 년으로까지 확대된다. 바로 이 지점에서 법적 책임 모델이 작동한다. 법적 책임을 지는 행위자는 노예 제도, 또는 노예 소유주와 관련된 사업을 했던 백여 년 전의 바로 그 행위자이며, 그것을 증명할 기록이 있을 것이다.

그러나 이것은 다소 제한된 사례에 불과하다. 노예 제도 배상을 요구하는 대부분의 사람은 좀 더 광범위하게 그 요구를 해석한다. 어떤 이는 집단으로서의 백인계 미국인이 집단으로서의 아프리카계 미국인에게 배상할 의무가 있다고 말한다. 일반 미국인이 일반 아프리카계 미국인에게 배상해야 한다는 주장도 있다. 예를 들면, 랜들 로빈슨Randall Robinson은 잘 알려진 자신의 저서 『빚*The Debt*』에서, 오늘날의 미국인은 이전 세대가 저지른 잘못에 대해 현재를 살아가는 흑인에게 갚아야 할 빚이 있다고 말한다.[7]

이것이 수사학 이상의 주장이라면 무엇을 의미하는가? 노예 제도 배상에 관한 논의에 법적 책임 모델을 적용할 때 가장 큰 어려움은 노예 제도의 가해자와 피해자 모두 오래전에 사망했다는 사실에서 기인한다. 오늘날 미국의 백인들은 노예 제도라는 해악을 저지른 것이 자신들은 아니라고 당연히 항의할 수 있다. 사실 대다수 미국 백인은 해방 후 미국으로 이주해온 사람들의 후손이다.[8]

그러한 어려움에 직면해 어떤 사람들은 책임이 있는 집단은 백인, 또는 미국이 아니라 오히려 미국 정부라고 주장한다. 초창기 미국 헌법이 노예 제도를 암묵적으로 인정했고 미국 정부가 노예를 착취하고 지배하는 노예 소유주를 보조하고 지원했다는 사실에는 의심의 여지가 없다. 그러나 미국 정부는 노예무역을 폐지하고 노예를 해방시켰으며 그들을 시민으로 인정했다. 그 뒤에는 남부 지역에 등장한 새로운 제도적 인종 지배를 허용하고 북부와 서부 지역에서 발생한 흑인에 대한 분리, 차별, 폭력 행위를 눈감아주면서, 재건Reconstruction하겠다는 약속을 어겼다. 그러나 또다시 미국 의회는 주목적이 인종에 따른 주택 차별 종식이었던 공정주택법Fair Housing Act뿐만 아니라, 시민권과 투표권 법안을 통과시켰다. 즉 미국 정부는 노예 제도와 아프리카계 미국인에 대한 일련의 억압을 지원했고 동시에 그에 대한 대책으로 명시적인 개혁을 추진해왔다. 노예 제도에 대한 배상이 마땅히 이루어져야 한다고 해도 미국 정부는 잘못된 행위에 책임이 있는 기관이 아니며 손해 배상이 청구되어야 할 대상도 아니다.[9] 게다가 미국 정부를 그 자신이 통치하는 사회와 구분되는 특수한 행위자로 보는 시각은 미국 국민을 너무 쉽게 책임에서 벗어나게 해준다. 노예 제도와 그것의 여파는 사회악이지, 단순히 공공 정책의 문제가 아니다. 이러한 역사적 부정의와 관련된 책임이 있다면, 어떤 의미에서 그 책임은 미국 정부가 아니라 미국인들, 혹은 미국인들 가운데 일부에 속한다. 수십 년 전과 마찬가지로 미국 정부는 미국 시민들의 책임을 면제해주는 수단이 될 수 있다.

노예 제도 배상과 관련해 책을 쓴 이들은 집단, 흑인, 그리고 백인(또는 흑인이 아닌 이들)이라는 관점에서 법적 책임 모델을 해석한다. 집단적 피해자인 아프리카계 미국인이 집단적 가해자인 백인에게 부당하게 취급받았다고 보는 것이다. 이 주장을 고수하려면 아프리카계 미국인을 16세기부터 현재까지 이어지는 단일하고 지속적인 집단으로 보고 백인계 미국인을 건국 초부터 현재까지 이어지는 단일하고 지속적인 집단으로 간주해야 한다. 그에 덧붙여, 법적 책임 모델을 일관되게 적용하기 위해서는 백인계를 집단적 행위자로 구성해야 한다. 기업을 행위자로 여기는 것과 비슷하다. 나는 인종 불평등이라는 사회 구조가 특권 집단과 피억압 집단을 구성한다고 생각한다. 다음 절에서 구조적 특권이 함의하는 몇 가지 사항을 살펴볼 것이다. 그러나 특권 집단인 전체 집단으로서의 백인이 특권을 갖지 못하는 아프리카계 미국인의 상황에 책임이 있다고 말하는 것은 타당하지 않다. 배상을 옹호하는 사람들 대부분도 백인계 미국인이 집단으로서 노예 제도라는 부당한 범죄에 대해 책임을 지는 지속적인 단일 그룹을 구성해왔고 따라서 집단으로서 손해 배상이 청구되어야 한다는 개념을 일관되게 유지하기가 어렵다는 것을 안다.[10]

책임에 관한 사회적 연결 모델은 노예 제도라는 역사적인 부정의와 관련된 책임에 대한 주장의 요지를 더 분명하게 밝혀준다. 책임에 관한 사회적 연결 모델을 제안하기에 앞서 위와 같은 맥락에서 법적 책임 모델을 적용하는 것과 관련된 마지막 한 가지 문제를 언급하면 다음과 같다. 어느 한 집단이 피해 보상으로 다른 집단에게 손해 배상을 청구할 때, 보통 공정한 배상 금액이 얼마나 되어야 하는지를 결정하는 소송 절차가 있다. 자산을 도난당하거나 그것이 파괴당했을 때, 소송이 진행되면서 겪는 불편함을 보상하는 추가 금액이 도난당하거나 파괴당한 자산 가치에 더해질 것이다. 사람들이 잃은 것이 생명, 생계, 또는 명성일 때 그에 대한 보상 평가는 더욱 어렵지만 그 같은 계산을 하기 위해 일반적으로 수용되는 관행 또한 진화해왔다.

미국인의 일부를 구성하는 아프리카계 미국인이 조상으로부터 이어져 온 피해와 그 피해로 영향을 입은 데 대한 보상으로 손해 배상을 받아야 한다면, 법적 책임 모델을 적용해 어떻게 공정한 보상액을 산출할 수 있을 것인가? 돌턴 콘리Dalton Conley는 "현대 미국에서 나타나는 대부분의 흑-백 불평등은 노예 제도의 직접적인 결과다"라고 가정한다. 따라서 콘리는 두 집단에게 필요한 것은 단순한 평등을 보장하는 공식이라고 말한다.[11] 그러나 '단순한 평등'이 구체적으로 무엇을 의미하는지는 분명하지 않다. 또 다른 저자는 노예 제도가 없었다면 성취했을 상태와 물질적인 안녕의 수준으로 아프리카계 미국인을 회복시킬 수 있는 공식에 따라 노예 제도와 그 여파에 대한 배상이 이루어져야 한다고 주장한다.[12] 그러나 이런 제안은 이상하다. 어느 누구도 이처럼 애매하고 포괄적인 조건법적 서술에 대해 객관적이고 검증 가능

한 주장을 할 수 없다.[13]

이 부분을 내 의견으로 결론짓자면, 나는 노예 제도라는 역사적 부정의와 관련된 책임을 요구하는 것이 부당하다고 보지는 않는다. 그보다는 이러한 주장을 비난 또는 법적 책임 모델로 해석할 때 많은 어려움에 봉착할 수 있다고 생각한다. 그러므로 만약 배상 요구를 납득시키고 옹호하고자 한다면, 또 다른 책임 모델이 필요한 것이다.

법적 책임 모델을 적용할 경우 개념적인 어려움뿐만 아니라 수사학적인 어려움 또한 제기되는데, 그것은 역사적 부정의에 대한 책임을 인정받으려는 정치적 계획을 더욱 어렵게 만든다. 만약 어느 한 집단이 다른 집단에게 배상할 의무가 있다고 말한다면, 그때 배상 의무가 있는 집단은 그 요구를 비난으로 받아들이기 쉽고 자신을 방어하고자 할 것이다. 앞서 언급한 것처럼 어떤 경우에는 이러한 전략이 타당할 수 있다. 노예 제도에서 이윤을 취했을 수도 있는 기업은 자기방어를 위해서라도 마땅히 자기 기록물을 조사해야 할 것이다. 그러나 미국이나 그 밖의 지역에서 벌어지는 배상 운동의 목적이 정치적이라면, 즉 그것이 사회 변화와 정책 개혁을 목표로 한다면, 그때 비난, 부채, 또는 법적 책임이라는 언어는 목적 달성을 방해할 수 있다. 법적 책임 모델을 적용하는 목적의 핵심은 잘못한 사람을 밝히고 대가를 치르게 하는 것이다. 책임을 한정하기보다 확산시키고 정치적인 집단행동을 통해 모두 함께 책임지도록 사람들에게 요구하고자 한다면, 다른 의미의 책임 개념에 호소해야만 한다.

사회적 연결 모델과 역사적 부정의

내가 말하는 책임에 관한 사회적 연결 모델에서는 부정의를 발생시킨 책임을 비난이나 과실과 구분한다. 법적 책임 모델은 해악으로 연결될 수 있는 행위를 하고 그러한 행위에 대해 타당한 변명을 하지 못하는 개인이나 집단 행위자를 규명하는 데 의존한다. 그러나 구조적 부정의는 제도 안에서 수많은 사람들이 일상적이고 신중하게 행동해서 나타난 의도치 않은 결과다. 많은 사람들이 부정의를 야기하는 구조를 생산하거나 재생산하는 데 기여하고 그러한 구조 안에서 다수가 특권을 점할지라도, 특정 행위자가 부정의에 어떤 특정한 기여를 했는지 골라내는 일은 쉽지 않다. 여기서 구조적 부정의와 연관된 책임은, 구조 안에서 타인과 관계 맺는 가운데 나의 지위가 형성된다는 사실에서, 그리고 내가 그러한 지위 안에서 행동한다는 사실에서 비롯된다. 사회적 연결 모델에서 책임은 법적 책임 모델에서처럼 특정하고 개인주의적이기보다 일반적이고 공유되는 특성을 지닌다. 부정의가 있다는 판단이 내려지면 그 부정의에 맞서는 행동을 취해야 한다. 부정의한 구조 안에서 행위하는 사람은 구조를 좀 더 정의롭게 만들어야 할 책임이 있다. 이것이 사회적 연결 모델에서 말하는 책임이다.

책임에 관한 사회적 연결 모델을 법적 책임 모델과 구분하는 몇 가지 중요한 특징이 있다. 첫째, 사회적 연결 모델은 법적 책임 모델과 달리 과거 지향적이지 않다. 법적 책임 모델에서 우리가 책임을 부과하고자 하는 해악은 보통 이미 발생한 별개의 사건으로 인식된다. 우리는 배상하려는 노력의 일환으로 범죄자를 처벌하거나 희생자가 입은 피해를 보상하고자 과거를 되돌아본다. 반면에 사회적 연결 모델은 과거 지향적이지 않고 미래 지향적이다. 사회적 연결 모델은 구조적 부정의를 생산하는 데 공모하는 사회 제도나 관행에 참여한 사람들에게 부당한 효과를 줄이려는 제도 개혁에 동참할 것을 요구한다.

둘째, 법적 책임 모델에서 책임을 부과하는 것은 가해자나 잘못을 저지른 사람을 그렇지 않은 사람과 구분하는 또 다른 기능을 갖는다. 따라서 어떤 행위자에게 책임을 묻는 것은 다른 이들을 면제시켜준다는 뜻이다. 반면에 사회적 연결 모델에서는 구조적 과정으로 서로 연결되어 있는 사람들이 공유하는 책임을 찾아낸다. 책임은 한정되지 않고 널리 확산된다. 셋째, 법적 책임 모델이 책임을 부과하고자 하는 해악은 정상적이고 일반적으로 받아들여지는 배경 조건에서 부당하게 일탈된 것이다. 하지만 사회적 연결 모델은 배경 조건 그 자체가 공정한지 아닌지에 도덕적 관점에서 나온 의문을 제기한다.

미래 지향적인 책임은 구조적 부정의를 생산하는 과정에 참여하는 데서 나온다. 이러한 책임에서 면제되는 방법은 오로지 책임을 공유하는 사람들이 부당한 사회 과정을 바꾸기 위한 집단행동을 조직할 때뿐이다. 앞서 논의했듯이, 이러한 모델에서 책임은 근본적으로 공유되며 결코 한 개인에 의해 면제될 수 없다. 그러나 부정의를 초래하는 구조에서 개인이 차지하는 지위에 따라 그가 무엇을, 그리고 얼마나 해야 하는지가 달라진다. 예를 들면, 구조적 과정에서 상대적으로 특권을 점하고 있는 사람들은 그들 때문에 상대적으로 불이익을 받고 있는 사람들보다 훨씬 더 많은 것들을 해야 하고, 할 수 있어야 한다. 물론 그렇다고 비특권층이 그들의 삶을 불공평하게 조건 짓는 구조적 과정에 어떠한 책임도 없다는 뜻은 아니다.

미국의 인종 차별이라는 문제에 사회적 연결 모델을 적용하는 작업은 노예 제도라는 역사적인 부정의와 관련해 책임을 호소하는 작업과 아무 상관이 없어 보일 수도 있다. 배상 요구를 거부하는 일부 사람들은 이 입장을 취한다. 예를 들면, 앞서 인용한 구절에서 프란츠 파농은 탈식민주의 정의를 추구하는 이들에게 과거에 갇히지 말 것을 강하게 요구한다. 카밀 파글리아Camille Paglia는 형편없는 교육, 저소득층을 위한 주택 부족, 불충분한 의료 서비스 등과 같은 현행 문제를 해결하려면 자원을 쏟아야 하는데 배상 논쟁이 이와 같은 긴급한 업무를 방해한다고 주장한다.[14] 아프리카의 노예무역과 식민 지배에 대한 배상 요구를 논하면서, 로다 하워드-하스만Rhoda Howard-Hassman은 도덕적 의무는 사회적·경제적 권리가 침해받고 있는 현재의 상황을 개선하는 것이라고 말한다. 파글리아와 유사한 설명이다. 하워드-하스만에 따르면, 과거가 어쨌든지 간에 우리는 현재 진행 중인 부정의에 직면해야만 한다. 경제적 박탈을 야기한 역사적인 원인을 논하는 것은 이 긴급한 과업을 방해한다.[15]

이러한 입장은 현재의 부정의와 그 부정의를 바로잡으려는 미래 지향적인 책임에 초점을 맞춘다는 점에서 타당하다. 그러나 과거와의 관계가 이 계획과 무관하다고 보는 것은 옳지 않다. 이와 반대로 역사적 부정의에 대한 집단적인 토론과 반복적인 언급은 다양한 위치에 놓여 있는 사회 구성원이 상호 존중의 관계를 형성할 수 있는 중요한 방법이다. 더욱이 현재를 과거의 부정의와의 연속선상에서 설명하는 작업은 중요하다. 현재 상태가 어떻게 구조적인지, 그러한 구조가 어떻게 변화해왔는지, 그리고 그러한 구조를 바꾸기 위해 어느 부분에서 어떻게 개입하는 것이 가장 효과적일지를 이해하기 위해서다. 현재의 구조적 부정의가 과거의 부정의에 일부 근원을 두고 있다고 인정하면 현재의 부정의를 해결하고자 하는 도덕적 논쟁에 더 큰 비중이 실린다.

"우리는 상황을 바로잡고 기억해야 한다. 우리는 되돌아갈 수 없기 때문이다"라고 찰스 마이어Charles Maier는 말한다.[16] 노예 제도나 인디언 학살 및 추방 같은 부정의의 문제를 다루는 데 있어 법적 책임 모델에서 요구하는 복원적 정의는 실현될 수 없다. 너무 늦었기 때문이다. 바로잡지 못한 과거의 부정의는 환원 불가능하다. 그로 인해 현재의 우리가 부정의가 지닌 사실성에 직면해야 할 책임을 갖게 된 것이다. 국민, 정치 공동체, 또는 사회가 자기들 스스로 집단적 과거를 지니고 있다고 생각하는 한, 우리는 과거를 주어진 것으로 받아들이는 수밖에 다른 선택의 여지가 없다. 여기서 집단적 과거는 죽은 세대의 역사지만 우리 자신의 역사로 이어진다. 어떤 의미에서 우리는 이러한 주어진 과거에 책임이 없다. 우리는 불순하게 행동하지 않았고, 과거에 발생한 잘못된 행동에 대해 책임이 없으니 비난받을 일이 없다고 말하는 것도 당연하다. 동시에 우리 중 어느 누구도 오래전 과거에 일어난 잘못된 행위 때문에 직접적인 피해를 입은 희생자라고 주장할 수도 없다.

그러나 역사적 부정의는 변하지 않는다는 단순한 사실은 기억으로 그 부정의를 개선해야 할 현재적 책임을 발생시킨다. 현재의 우리에게는 과거를 서술하는 방식과 관련된 책임이 있다.[17] 사회 안에서 개인과 집단이 과거에 일어난 부정의를 이야기하기로 합의한 방식, 그리고 과거의 부정의를 현재와 연관 짓거나 단절시키기로 한 방식은 오늘날의 사회 구성원이 서로 어떻게 관계를 맺는지, 좀 더 정의로운 미래를 만들어갈 능력이 그들에게 있는지 없는지, 있다면 어떻게 만들어갈 것인지에 대해 많은 것을 말해준다. 미국과 같은 다원적이고 분화된 사회에서 역사적 서사의 정치학은 다양한 이야기를 위한 여백을 남겨두어야 한다. 마이어는 이를 '대위법적' 역사학이라고 부른다. 현재의 부정의한 구조를 변화시키고자 하는 사회는 자신의 역사적 상상을 재구성해야 한다. 그리고 이러한 재구성 과정에는 정치적 경합과 논쟁, 그리고 여러 이야기와 이해관계를 폭넓게 바라보는 관점을 인정하는 작업이 수반되어야 한다.[18]

미국에서 최근에 재개된 배상 논쟁은 현재의 역사를 말할 때 우리가 져야 할 책임을 다하기 위한 노력으로 유용하게 해석될 수 있다. 시와 거래를 하고자 하는 회사는 그 회사가 노예무역이나 노예 착취로 이윤을 취했었는지의 여부를 밝히는 문서를 제출해야 한다고 요구하는 시카고 시의 조례를 생각해보자. 이러한 조례에는 기업을 비난하려는 목적이 있을 수도 있다. 그러나 학교나 대학에서뿐만 아니라 상공 부문에서도 노예 제도라는 역사적인 부정의에 관한 미국인 사이의 공적 토론을 장려하는 움직임으로 해석하는 것이 더 낫다고 본다. 시카고 시의 조례는 노예 제도라는, 미국이 겪은 역사적 사건을 공적으로 논의하게 할 뿐만 아니라 그 조례가 미국 사회에서 살아가는 다른 사람들과 비교해 아프리카계 미국인의 미래에 어떤 함의를 가지는지에 관한 논의도 용이하게 해주는 것으로 해석될 수 있다.

로리 밸푸어Lawrie Balfour는 W. E. B. 두 보이스W. E. B. Du Bois의 『미국 흑인의 재건*Black Reconstruction in America*』을 독해하면서 두 보이스가 남북전쟁 이후의 역사를 재언급한 것은 미국인들에게 재건을 미완의 사업으로 여기도록 하기 위해서였다고 주장한다. 밸푸어는 오늘날 미국인들이 미국의 과거를 어떻게 생각하고 말하는지와 관련된 공적인 정치적 토론을 벌임으로써 현재의 구조적 부정의를 개선하려는 다양한 사회 분야에 민주적인 정치 개입을 촉진할 수 있다고 본다.[19]

재건 시대는 역사적인 기억과 공적 논의가 한자리에 집중된 가장 중요한 순간이라고 생각한다. 미국에서 지배적인 서사는 '진보'라는 서사를 지지하기 위해 남북전쟁 이전의 노예사에 관심을 두는 경향이 있다. 그러한 서사를 간단히 살펴보면 다음과 같다. 예전에 노예 제도라는 사악함이 이 땅에 상처를 남겼다. 그러나 전쟁과 투쟁을 통해서, 우리는 이러한 사회악에서 스스로 벗어났고 더 나은 삶을 살고 있다. 그 이후로 비록 진행 과정은 험난했을지라도 평등한 시민권과 비차별을 향해 꾸준히 전진해왔다. 노예 제도가 끼친 해악에 대한 설명은 죄와 구원의 서사와 일치한다. 나는 미국의 주류 역사가 침묵하는 지점에서 해방된 노예가 겪는 부정의를 시정하지 못하는 백인계 미국인의 실패를 본다. 구체적으로 교육과 훈련, 그리고 품위 있고 제대로 된 생활을 유지할 수 있도록 실질적인 기회를 제공하는 데 실패했고 흑인을 평등한 시민으로 대하기 위해 제도와 관습을 바꾸는 데도 실패했다. 미국의 역사적 기억을 둘러싼 논쟁과 그것을 재구성하는 작업은 재건 시대와 그 여파에 더 집중해야 한다. 재건 시대에 이르러 인종적 위계라는 체계가 새롭게 확립되었고 북부와 서부까지 그러한 인종 질서망으로 들어왔기 때문이다.

책임에 관한 사회적 연결 모델은 부정의한 결과를 낳는 구조적 과정의 생산과 재생산에 참여하는 사람들이 그 구조를 변화시키기 위한 집단행동을 조직해야 할 책임을 공유한다고 말한다. 미국 사회에는 분명 인종적으로 유형화된 불평등의 사례가 수없이 존재한다. 아프리카계 미국인은 경제적·사회적으로 불이익을 받는 대부분 범주에서는 불균형적으로 높은 비율로 등장하는 반면, 특권을 받는 지위나 특권 여부를 가리는 척도에서는 상대적으로 드물게 나타난다.[20] 이러한 불평등의 양상이 구조적 부정의를 드러내고 있다고 해서 일부 사람들이 말하는 것처럼 개인으로서 아프리카계 미국인이 자기 행위에 대한 개인적 책임에서 벗어날 수 있는 것은 아니다.[21] 그러나 이러한 불평등이 구조적 부정의를 드러내고 있다고 주장하는 것은 중요하다. 대부분의 백인계 미국인과 적지 않은 라틴계·아시아계 미국인은 이와 같은 주장에 회의적인 것처럼 보이지만 말이다.

많은 아프리카계 후손이 사회적 환경 때문에 기회와 선택을 제한받고 그로 인해 그들의 행동과 선택권 또한 제약을 받는다는 사실은 아프리카계 미국인이 구조적 부정의를 겪는다는 주장을 뒷받침한다. 예를 들면, 흑인이 다니는 학교는 과밀화되어 있고, 흑인을 대하는 경찰의 관행은 편견으로 얼룩져 있으며, 이웃은 인종 차별적인 태도로 흑인을 대하고, 숙련되지 못한 흑인은 직업 기회를 박탈당하고, 높은 비용 때문에 고등 교육을 받을 수 없다. 이것을 구조적 부정의를 나타내는 표시로 이해한다는 것은 제도적 규칙, 사회 정책, 시장의 힘, 그리고 명시적인 문화적 의미의 다층성이 어떤 식으로 공모해 많은 아프리카계 미국인에게 극복하기 힘든 방식으로 제한된 선택지를 제공하는지에 관한 사회과학적 이야기를 하자는 뜻이다. 많은 이들 중에서 윌리엄 줄리어스 윌슨William Julius Wilson의 작업은 이러한 제약이 지닌 성질을 상세히 기록하고 있으며 그 제약을 발생시키는 구조적 요인을 설명해준다.[22]

과거를 언급하지 않고 구조의 생산과 재생산을 논할 수 없다. 책임에 관한 사회적 연결 모델을 역사적 부정의와 연관 짓는 가장 중요한 이유는 현재의 부정의를 구조적인 것으로 이해하기 위해서다. 그러나 앞서 콘리의 말처럼 인종 불평등을 양산하는 현재의 사회 구조에 대해 “현대 미국에서 나타나는 대부분의 흑-백 불평등은 노예 제도의 직접적인 결과다”라고 단정할 수 있는 것은 아니다. 배상 요구가 타당하다는 입장에 이의를 제기하는 사람들은 미국의 다양한 사회적·경제적 과정에 오래전부터 구조적 부정의를 시정하려는 개입이 있었다고 단언한다. 물론 구조적 원인으로는 본질상 특정 행위나 정책과 상대적으로 불리한 환경에 놓인 특정 개인이나 집단 사이에 직접적으로 선형적인 인과 관계가 존재한다는 것을 규명할 수 없다. 그러나 직접적인 인과를 밝힐 수는 없더라도 구조 안에서 사람들을 특권이라는 축과 불이익이라는 축에 나누어 위치시키는 구조의 생산과 그것의 생산에 함께 기여하는 과정과 정책에 대한 일반적인 설명은 할 수 있다.[23]

인종 불평등을 구조적으로 설명할 때 현재의 구조를 노예 제도라는 역사와 그 이후의 여파에 연결시키는 작업은 분명 가능하다. 수많은 역사학자와 사회학자가 이러한 연결 작업을 해왔다. 그러나 노예 제도 그 자체에 대한 설명은 대중적으로 널리 알려졌지만, 재건이나 인종 분리 정책('짐 크로우Jim Crow')의 유산과 같이 현재까지 이어진 인종화된 구조의 지속성에 대한 설명이나 북부 도시의 주거, 교육, 고용에서의 인종적 차별에 대한 설명은 최근의 대중적인 역사적 상상력에 포함되지 않았다.

인종 차별이라는 미국 내 구조적 부정의를 해결하려면 제도 개혁과 투자가 필요하다. 이는 태어나기도 전에 다른 사람에게 가해진 직접적인 해악에 대해 현재의 일부 사람들에게 보상금을 지불하는 것보다 더 중요한 문제다. 20세기 후반과 21세기 초에 여러 가지 계획안이 제시되었다. 예를 들면, 아프리카계 미국인이 대다수를 형성하는 도시와 교외 지역의 주택 지구 및 상업 지구에 대한 대규모 투자, 성인 교육과 훈련 등을 포함한 공교육의 재활성화, 필요시 공공 기금을 이용해 공동체 참여와 공동체 향상을 장려하는 혜택과 적절한 일자리 창출 등이다. 아프리카계 미국인에게 전문적 훈련과 경력 개발을 위한 기회를 제공하는 적극적인 실행 프로그램은 구조적 부정의를 해결하려는 계획의 일부가 되어야만 하나 그것이 가장 중요한 부분은 아니다. 흑인의 정치적 대표성을 장려하기 위한 적극적인 단계를 거쳐 아프리카계 미국인의 정치적 권한에 힘을 실어주는 것 또한 인종적으로 구조화된 부정의에 응답하는 중요한 방법 가운데 하나다.[24]

이러한 정치와 정책 제안의 일부는 다른 이들보다 아프리카계 미국인의 특수한 상황에 좀 더 초점을 두고 있다. 그렇지만 가난한 마을과 지역의 공교육을 향상시키면 결과적으로 아프리카계 미국인뿐만 아니라 그러한 마을과 지역의 주민 모두에게 이로울 것이다. 그러나 인종 차별적인 구조적 과정에 영향을 주도록 제도적 변화를 이루어내려면 우리의 논쟁은 현존하는 부정의뿐만 아니라 노예 제도와 노예 제도 이후의 시기까지 지속되어온 부정의의 역사에도 호소해야 한다. 그러한 역사는 인종적 부정의를 바로잡는 데 동등한 대우를 명하는 법만으로는 충분하지 않다는 것을 가르쳐준다. 또한 인종 차별이라는 역사적 부정의를 인식하면 인종화된 구조적 부정의를 철폐하고 개혁하는 정책에 우선권을 부여할 수 있는 도덕적 근거도 마련할 수 있다. 정치 세계에서는 너무나 다양한 요구가 서로 경합을 벌인다. 그 가운데 잘못된 것으로 인정된 정책이나 관습의 역사가 현재의 구조와 지속성을 갖는다면 그것을 철폐하고 개혁하는 정책에는 좀 더 무게를 두거나 긴급성을 추가로 부여해야 할 것이다.

책임에 관한 사회적 연결 모델에서 부정의한 제도와 사회 관습을 좀 더 정의롭게 변혁할 책임은 그러한 부정의한 구조에 참여하는 사람에게 있다. 그렇다고 해서 이것이 모든 이가 동일한 종류의 책임과 동일한 정도의 책임을 갖는다는 것을 의미하지는 않는다. 이 장을 시작하며 언급했듯이, 구조 안에서 그리고 구조 덕분에 특권을 더 많이 누리는 사람이 사회 구조를 변화시키기 위해서 좀 더 많이 그리고 좀 더 특수한 책임을 져야 할 것이다. 만약 사회 구조가 아프리카계 미국인, 또는 최소한 많은 아프리카계 미국인을 낙인찍는 방식으로, 그리고 다른 이들보다 선택을 제한하는 방식으로 위치 짓는다면, 그 사회 구조는 동시에 아프리카계 미국인이 아닌 이들을 더 높은 지위에 두고 그들에게 더 다양한 종류의 만족스러운 선택권을 제공하고 있는 것이다. 백인이 특권을 누리고 있다고 주장한다고 해서 집단 또는 개인으로서의 백인이 집단 또는 개인으로서의 흑인에게 어떤 종류의 빚을 지고 있다고 말하는 것은 아니다. 그러나 불공평한 결과를 낳는 인종 차별적인 구조의 수혜자들에게 자신들이 누리는 특권을 인정하고, 그러한 특권이 역사적 부정의에서부터 계속된 것임을 인지하고, 그러한 특권을 제공하는 제도를 변혁하는 일에 의무감을 가지고 행동하도록 도덕적·정치적인 특수한 책임감을 요구할 수는 있을 것이다. 그 과정에서 자신들이 누릴 수 있었던 혜택과 비교해 조건과 기회가 악화된다고 할지라도 말이다.

옮긴이의 글

5천 원짜리 저렴한 티셔츠를 사려고 시장을 누비고, 전셋값을 올려 받으려고 시기를 저울질하며, 아파트 재개발을 기다리는 내 행동이 가난한 사람들을 더 가난하게 만드는 것과 무슨 상관이 있을까? 빈곤은 자기 재산을 불리려는 부자나 정부 정책의 문제이지 나처럼 잘 살아보려고 아등바등하는 서민과는 상관없는 일이라고 생각한다면, 또는 사람들이 가난하게 사는 이유는 게으르고 의지가 박약하기 때문이고 모두에게 동등한 기회가 주어지는 요즘 세상에서 빈곤의 책임은 전적으로 가난한 사람들에게 있다고 생각한다면, 아이리스 매리언 영의 주장에 귀를 기울여보자.

영은 사회 부정의라는 것이 과연 사회 구조를 무시한 채 개인의 책임으로만 귀결할 수 있는 문제인가를 묻는다. 1980년대 이후 신자유주의가 번성하며 학계 이론과 대중 담론 모두 빈곤의 책임이 개인에게 있다는 인식을 당연하게 받아들이게 되었다. 영에 따르자면 이는 구조적 부정의를 너무 단순하게 설명하는 방식이다. 이 책에서 영은 개인이 자기 이익과 상황에 따라 행한 무의식적인 행위가 사회 구조적 부정의로 이어지게 되는 과정을 설명하고, 개인들의 그러한 행위가 구조적 부정의로 수렴된다면 우리 모두 구조적 부정의에 대한 책임에서 자유로울 수 없다고 주장한다.

영이 말하고자 하는 책임은 '사회적 연결 모델'에 근거한 정치적 책임으로, 법적인 책임이나 행위를 비난하기 위한 책임과 분명히 구분된다. 이 구분을 명확히 하기 위해 영은 책임에 관한 사회적 연결 모델과 법적 책임 모델을 여러모로 대비한다. 법적 책임 모델이 특정 개인이나 집단에게 죄를 묻거나 책임을 추궁함으로써 그 밖의 개인이나 집단에게 면죄부를 주는 데 반해, 사회적 연결 모델은 특정 개인이나 집단이 저지른 과거의 잘못에 대해 비난을 가하거나 책임을 지우기보다 더 나은 사회를 위한 우리 모두의 공동 책임을 강조하고 함께 연대해나가는 것이 중요하다고 밝힌다.

영은 사회 구조적 부정의에 대한 책임은 법적 책임 모델이 아닌 사회적 연결 모델에 근거해 따져보아야 한다고 말한다. 그러면서 이러한 정치적 책임을 국가 경계를 넘어선 구조적 부정의의 문제로까지 확대한다. 또한 책임을 회피하려는 사람들의 심리와 전략을 네 가지로 구분하고 반박하는 작업에서는 공동의 정치적 책임을 이행하는 데 동참할 것을 촉구하고 있다.

이 책에서 영은 각 장의 주제와 관련해 경합하는 대표적인 학자들의 논쟁을 소개하고 그들의 한계가 무엇인지를 분명히 한 뒤, 자신의 입장을 하나의 대안으로 제시하는 전형적인 학술서의 서술 방식을 따른다. 그러나 자칫 딱딱할 수 있는 논의를 구체적인 사례를 통해 제시함으로써 그저 추상적이라고만 생각했던 이론들이 사실은 우리 각자의 일상의 경험과 선택에 연결되어 있다는 사실을 깨닫게 해준다. 따라서 학술서에 익숙하지 않은 일반 독자들도 영이 풍부하게 제시하는 정책이나 사건, 사례를 중심으로 책을 읽는다면 생동감 있는 책읽기를 즐길 수 있을 것이다.

이 책은 오랫동안 '정의'의 문제를 붙잡고 씨름해온 학자가 정의와 책임이라는 포기할 수 없는 두 명제를 신중히 고민해 내놓은 결과다. 신자유주의 논리가 지배하는 사회 분위기에서 구조를 변혁할 주체로 우리 모두의 공동의 정치적 책임을 강조하고 있는 영의 주장은 우리 사회에 의미 있는 파장을 일으킬 만큼 충분히 강력하다.

나는 1990년대 중반 『정의와 차이의 정치학*Justice and the Politics of Difference*』(1990)에서 영을 처음 접했다. 대표작이기도 한 이 책에서 영은 당시 영미 정치학계와 사회윤리학 논의에서 중심 위치를 차지하고 있던 존 롤스의 정의론이 갖는 한계를 지적하면서 기본재를 공정하게 분배하는 것만으로 해결할 수 없는 사회 구조적인 억압의 문제를 드러냈다. 영이 사회 부정의를 다룰 때 '차별' 대신 '억압'이라는 용어를 채택한 맥락이기도 하다. 롤스식의 정의론에 익숙해 있던 내게 이러한 통찰은 매우 신선했고, 젠더나 인종 같은 사회적 범주로 주변화되고 배제되는 이들이 겪는 부정의의 문제에 접근하는 데 꼭 필요한 논의라고 생각했다.

영의 이론의 특징은 논의의 배경으로 삼는 철학적 스펙트럼이 매우 넓다는 데 있다. 『정의와 차이의 정치학』에서는 주류 정치철학에 기대

분배적 정의 개념을 넘어서 사회적 억압 개념을 중심으로 한 정의론을 전개하는가 하면, 비슷한 시기에 나온 『소녀처럼 팔매질하기*Throwing Like a Girl*』(1990)에서는 몸의 경험이라는 현상학적 접근을 통해 여성 주체의 문제를 파고든다. 그럼에도 영의 모든 저술에는 다양한 인종, 젠더, 계급적 정체성을 갖는 집단들이 불평등한 권력 관계로 배제되거나 주변화되지 않는 참여의 정치를 지향한다는 공통점이 있다. 이들 주제를 관통하는 것은 취약한 인간의 고통에 대한 깊은 관심이며, 이러한 고통을 해결하기 위해 사회 제도적인 변화의 방향을 찾고 현실화하는 것이 영의 연구 목표였다.

『정의와 차이의 정치학』 이후 출간된 『교차하는 목소리들*Intersecting Voices*』(1997), 『포용과 민주주의*Inclusion and Democracy*』(2000) 등에서 영은 한결같이 권력 없는 소수자를 향해 따뜻한 시선을 보내며 그들의 문제가 개인적인 것이 아니라 사회적이고 정치적인 것임을 드러내는 데 골몰한다. 무엇보다 영은 부정의와 모순을 해결하기 위한 실천에 동참하도록 독자들을 독려한 몇 안 되는 정치 이론가 가운데 한 명이다. 인종적 정체성과 젠더 정체성, 혹은 성적 지향 등과 같은 정체성으로 인해 소수자로 위치할 수밖에 없는 이들의 상황, 그리고 그 상황을 재생산하는 '보이지 않는 질서로서의 사회 구조'에 민감한 학자로서, 그 구조를 변화시키고자 하는 실천적 의지를 드러내고 있는 셈이다. 영의 이런 입장은 인정의 정치학으로 분류되기도 한다. 그녀는 인정의 정치학의 흐름에 밀려 재분배의 정치학이 약해지는 것을 우려하며 정체성의 해체를 주장했던 낸시 프레이저Nancy Fraser와 논쟁을 벌이기도

했다. 영은 무시되고 주변화된 사회적 그룹에 대한 사회적 인정을 요구하는 정체성의 정치학은 사회 구조적 변화를 통해 재분배의 정의를 이루어내는 데 필요한 것임을 강조한다.

『정의를 위한 정치적 책임』은 2006년 영이 갑작스럽게 사망한 이후 유족들에 의해 세상에 나왔다. 57세의 나이로 길지 않은 생을 마감한 영의 마지막 책인 셈이다. 영의 오랜 동료로 시카고대학교에 함께 재직했던 마사 누스바움이 친절하면서도 날카로운 해설을 덧붙였다. 시대가 처한 구체적 현실이라는 맥락에서 제기되는 쟁점들을 외면하지 않고 그러한 쟁점들을 누구보다 예리한 시선으로 바라보았던 영은 살아생전 이미 정치 이론가로서 세계적인 명성을 쌓았다.

어쩌다 보니 영의 유고작이 그녀를 국내에 처음 소개하는 책이 되었다. 그러나 오랫동안 영의 연구 성과에 관심을 가지고 있던 사람으로서, 『정의를 위한 정치적 책임』이야말로 영의 생전의 관심과 사유를 집약한 책이라고 생각한다. 정치학과 철학, 윤리학, 여성학 등 특정 분과에 얽매이지 않는 영의 연구 특성이 이 책 한 권에 담겼다. 영의 사상의 정수를 일반 독자들과도 나누고 싶은 마음에 여성학과 제자들과 함께 번역을 해보기로 마음을 먹기까지는 그리 오랜 시간이 걸리지 않았다. 번역하는 과정에서 각자가 혹시나 저지를 수 있는 오역을 피하기 위해 먼저 세미나를 열어 전체 논의의 맥락을 파악하는 독해를 한 뒤 나누어 번역을 했다. '여는 글'과 3장은 허라금이, 1장, 4장, 6장은 김양희가, 2장, 5장, 7장은 천수정이 각각 번역을 했다.

이 책은 『정치적 책임에 관하여』라는 제목으로 2013년도에 도서출판 이후에서 출간된 바 있다. 책이 절판되자 재출간을 요청하는 이들이 많았다. 이번에 이화여자대학교출판문화원에서 원서의 제목을 살려 『정의를 위한 정치적 책임』으로 다시 출간하게 되었다. 재출간임에도 불구하고 꼼꼼히 교정을 봐준 덕분에 미흡했던 부분을 다시 다듬고 보완할 기회를 갖게 되었다. 재출간이라는 쉽지 않은 결정을 해준 이화여자대학교출판문화원에 감사를 드린다.

이 책의 한국어판 출간이 아이리스 영과 그녀의 이론에 주목하는 계기가 되기를 기대한다. 영의 초기 대표 저서인 『정의와 차이의 정치학 *Justice and the Politics of Difference*』도 번역되어 『차이의 정치와 정의』라는 제목으로 최근 출간되었다. 국내 여성주의 학자들, 정치학자들, 철학자들뿐만 아니라 일반 독자들도 아이리스 영의 사유 세계에 기꺼이 발을 디뎌 그녀가 제기했던 주제에 대한 논의가 더욱 풍성하게 이루어지기를 바란다.

옮긴이를 대표하여
허라금

미주

여는 글

1 크리스 페인Chris Paine이 감독한 다큐멘터리 영화(소니 픽처스 클래식, 2006).
2 앨 고어가 출연하고 데이비스 구겐하임Davis Guggenheim이 감독한 다큐멘터리 영화(파라마운트, 2006).
3 1963년 8월 28일 링컨기념관에서 행해진 연설. '나에게는 꿈이 있습니다'라는 연설로 알려져 있다. 연설 전문은 여러 곳에서 볼 수 있지만 그중 한 곳을 소개하면 다음과 같다. www.americanrhetoric.com/speeches/mlkihaveadream.htm.

1장 개인적 책임에서 정치적 책임으로

1 다음을 참고할 것. Robert F. Clark, *The War on Poverty: History, Selected Programs and Ongoing Impacts*(Lanham, MD: University Press of America, 2002).
2 Pierre Rosanvallon, *The New Social Question: Rethinking the Welfare State*, trans. Barbara Harshav(Princeton: Princeton University Press, 2000).
3 Charles Murray, *Losing Ground: American Social Policy, 1950~1980*(New York, Basic Books, 1984); Lawrence M. Mead, *Beyond Entitlement: The Social Obligations of Citizenship*(New York: Free Press, 2006).
4 Ronald Dworkin, "Equality of What?" in *Sovereign Virtue: The Theory and Practice of Equality*(Cambridge, MA: Harvard University Press, 2000).
5 다음 논문은 미국의 현대 복지 정책을 성적 규제 체제로 바라보며 이에 대한 종합적 설명을 하고 있다. Anna Marie Smith, "The Sexual Regulation Dimension of

Contemporary Welfare Law: A Fifty State Overview", *Michigan Journal of Gender and Law* 8.2(2002): 121~128. 이 밖에 현대 미국의 사회 정책에서 가족 문제와 관련한 규범적 문제를 다룬 광범위한 논의를 보려면 다음을 참고하라. Linda C. McClain, *The Place of Families: Fostering Capacity, Equality, and Responsibility*(Cambridge, MA: Harvard University Press, 2006).

6 샌포드 슈람Sanford Schram은 이를 가리켜 책임을 진 자를 뜻하는 '계약 인간contractual person'으로의 전환이라고 말한다. Sanford Schram, *After Welfare: The Culture of Postindustrial Social Policy*(New York: New York University Press, 2000), 8~21.

7 현대 유럽 복지 정책에 관한 상세한 설명은 다음 자료를 참고할 것. Joel F. Handler, *Social Citizenship and Workfare in the United States and Western Europe: The Paradox of Inclusion*(Cambridge: Cambridge University Press, 2004), 특히 3장과 4장; Neil Gilbert, *Transformation of the Welfare State: The Silent Surrender of Public Responsibility*(Oxford: Oxford University Press, 2002); 데즈먼드 킹Desmond King은 20세기 고용 정책사의 맥락에서 미국과 영국의 1980년대 복지 정책을 분석한다. Desmond King, *Actively Seeking Work? The Politics of Unemployment and Welfare Policy in the United States and Great Britain*(Chicago: University of Chicago Press, 1995).

8 대통령 연설, 1995년 9월 16일.

9 David Schmitz, "Taking Responsibility", in David Schmitz and Robert E. Goodin, *Social Welfare and Individual Responsibility*(Cambridge: Cambridge University Press, 1998), 1~96.

10 다음을 참고할 것. Michael B. Katz, *The Underserving Poor: From the War on Poverty to the War on Welfare*(New York: Pantheon Books, 1990); Robert Greenstein, "Losing Faith in 'Losing Ground': The Intellectual and Mugging of the Great Society", *New Republic* 192.13(March 25, 1985): 12~17.

11 Mead, *Beyond Entitlement*, 19.

12 같은 책, 2장.

13 같은 책, 55.

14 같은 책, 54~61.

15 최근 미국의 복지 정책 담론을 분석한 몇 가지 좋은 연구물들이 나왔다. 이들은 아프리카계 미국인이나 다른 유색인들이 주로 모여 사는 가난한 공동체에서 특정한 행동이나 태도가 강화된 결과 빈곤이 발생하는 것이라고 보고 유색인과 그들의 이런저런 활동에 초점을 맞춘다. 다음을 참고할 것. Jill Quadagno, *The Color of Welfare: How Racism Undermined the War on Poverty*(New York: Oxford University Press, 1994); Linda Faye Williams, *The Constraint of Race: Legacies of White Skin Privilege in*

America(State College: Penn State University Press, 2003), 5장, 6장, 7장. 샌포드 슈람은 미드와 같은 저술가들에게 '흑인'은 더 이상 경제적으로 위험한 집단도 아니고 열세에 있는 집단도 아니라고 말한다. 이러한 견해는 경제적 차별을 고착화해 '흑인'에 대한 차별을 합법화할 수 있다. Schram, *After Welfare*, 37~43. 유럽에서도 '훌륭한' 노동자-시민과 노동 윤리에는 관심도 없이 공공 부조를 받아 생활하는 실업 상태의 수급권자 사이에 인종적 경계가 점점 더 뚜렷해지고 있다.

16 Murray, *Losing Ground*, 44.

17 Mead, *Beyond Entitlement*, 46.

18 같은 책, 55.

19 Murray, *Losing Ground*, 29.

20 Mead, *Beyond Entitlement*, 57.

21 William Ryan, *Blaming the Victim*(New York: Pantheon Books, 1971), 248; Mead, *Beyond Entitlement*, 57.

22 William Julius Wilson, *The Truly Disadvantaged: The Inner City, the Underclass, and Public Policy*(Chicago: University of Chicago Press, 1987); William Julius Wilson, *When Work Disappears: The World of the New Urban Poor*(New York: Knopf, 1996).

23 다음을 참고할 것. Linda Darling-Hammond, "Unequal Opportunity: Race and Education", *Brookings Review* 16.2(Spring 1998): 28~32.

24 Murray, *Losing Ground*, 227.

25 다음을 참고할 것. Mark R. Rank, *Living on the Edge: The Realities of Welfare in America*(New York: Columbia University Press, 1994).

26 다음을 참고할 것. Jennifer L. Hochschild, "The Politics of the Estranged Poor", *Ethics* 101.3(April 1991): 560~578. 여러 가지 면에서 소외된 빈곤층은 다른 미국인과 별다를 것 없이 행동한다. 단지 그들은 나머지 우리가 무얼 하든 그보다 더 많이 하고, 그 행동으로 인해 더 많은 해를 입을 뿐이다.

27 다음을 참고할 것. Jacquelin W. Scarborough, "Welfare Mothers' Reflections on Personal Responsibility", *Journal of Social Issues* 57.2(2001): 261~276.

28 다음을 참고할 것. Mark R. Rank, *One Nation Underprivileged: Why American Poverty Affects Us All*(Oxford: Oxford University Press, 2004).

29 Erik Rakowski, *Equal Justice*(New York: Oxford University Press, 1991); G. A. Cohen, "On the Currency of Egalitarian Justice", *Ethics* 99.4(July 1989): 906~944; Richard J. Arneson, "Equality and Equal Opportunity for Welfare", *Philosophical Studies* 56.1(May 1989): 77~93; John E. Roemer, *Theories of Distributive justice*(Cambridge,

MA: Harvard University Press, 1996).

30 Dworkin, "Justice, Insurance, and Luck", in *Sovereign Virtue*, 331~340.

31 Dworkin, "Equality of What?" in *Sovereign Virtue*, 82.

32 Samuel Scheffler, "What is Egalitarianism?", *Philosophy and Public Affairs* 31.1(Winter 2003): 21.

33 Elizabeth Anderson, "What Is the Point of Equality?" *Ethics* 109.2(January 1999): 319.

34 S. L. Hurley, *Justice, Luck, and Knowledge*(Cambridge, MA: Harvard University Press, 2003), 특히 서문, 5장, 6장을 참고할 것.

35 Judith Shklar, *The Faces of Injustice*(New Haven: Yale University Press, 1990).

36 엘리자베스 앤더슨의 운 평등주의 이론 비판의 핵심이 여기 있다.

37 Anne Phillips, *Which Equaltities Matter?*(Cambridge: Polity Press, 1999), 55~60; Christopher Lake, *Equality and Responsibility*(Oxford: Oxford University Press, 2001), 5장을 참고할 것. 어떤 재화는 관계적으로 구성된다. 우월한 경쟁력을 가진 사람이 그보다 열등한 경쟁력을 가진 사람들의 야심과 목표를 구성하고, 제한하고, 때로는 좌절시킬 수 있는 위치에 있다는 점에서 그렇다. 우월한 경쟁력을 가진 사람들이 그런 방식으로 지배를 의도하지 않았다고 해도 그렇다.

38 Shklar, *The Faces of Injustice*, 67.

39 Anderson, "What Is the Point of Equality?" 앤더슨은 분배뿐 아니라 구조의 문제를 생각하는 것이 중요하다는 나의 주장을 인용한다. 다음을 참고할 것. Iris Marion Young, *Justice and the Politics of Difference*(Princeton: Princeton University Press, 1990), 1장. 이 밖에 다음 글도 참고할 것. Iris Marion Young, "Taking the Basic Structure Seriously", *Perspectives on Politics* 4.1(March 2006): 91~97.

40 Roemer, *Theories of Distributive Justice*.

41 피에르 부르디외의 많은 작업들은 취향과 선호가 사회 구조적 관계에 바탕을 둔 것이며 사회적 불평등 강화에 상당한 정도로 영향을 미치고 있음을 보여주는 데 기여했다. 다음을 참고할 것. Pierre Bourdieu, *Distinction: A Social Critique of the Judgment of Taste*, trans. Richard Nice(Cambridge, MA: Harvard University Press, 1984).

42 이러한 변화 요인에 대한 추가 논의로는 다음을 참고할 것. Rosanvallon, *The New Social Question*.

43 Nancy L. Rosenblum, "Civic Equality", *Boston Review*, http://bostonreview.net/BR20.2/Rosenblum.html

44 같은 글.

2장 정의의 주제로서의 구조

1 하버드대학교 주거공동연구센터Joint Center for Housing Studies의 다음 연구 자료를 참고할 것. *America's Rental Housing: Homes for a Diverse Nation*(Cambridge, MA: Graduate School of Design, John F. Kennedy School of Government, 2006).

2 *The Challenge of Slums: Global Report on Human Settlements*(UN-Habitat, 2003).

3 하버드대학교 주거공동연구센터의 연구 자료(*America's Rental Housing*, 22)에 따르면 거주하지 않는 아파트 소유주의 3분의 1이 임대로 아무런 이윤을 얻지 못하고, 60퍼센트 이상이 선택할 수 있다면 다시는 집을 구매하지 않을 것이라고 한다.

4 다음을 참고할 것. Iris Marion Young, "Katrina: Too Much Blame, Not Enough Responsibility", *Dissent* 53.1(Winter 2006): 41~46.

5 Joint Center for Housing Studies, *America's Rental Housing*.

6 다음 책의 두 저자는 이러한 주장을 요약하고 있다. John Gilderbloom and Richard Appelbaum, *Rethinking Rental Housing*(Philadelphia: Temple University Press, 1988), 51~52.

7 Joint Center for Housing Studies, *America's Rental Housing*.

8 Gilderbloom and Appelbaum, *Rethinking Rental Housing*, 특히 2부 참고.

9 같은 책, 10장.

10 같은 책, 10장.

11 William H. Sewell, "A Theory of Structure: Duality, Agency, and Transformation", in *Logics of History: Social Theory and Social Transformation*(Chicago: University of Chicago Press, 2005), 125.

12 Jeffrey Reiman, *Justice and Modern Moral Philosophy*(New Haven: Yale University Press, 1989), 213.

13 Jean-Paul Sartre, *Critique of Dialectical Reason*, trans. Alan Sheridan-Smith(London: New Left Books, 1976), 318.

14 Marilyn Frye, "Oppression", in *The Politics of Reality: Essays in Feminist Theory*(Freedom, CA: Crossing Press, 1993).

15 Peter M. Blau, *Inequality and Heterogeneity: A Primitive Theory of Social Structure*(New York: Free Press, 1977), 4.

16 Pierre Bourdieu, *The Logic of Practice*, trans. Richard Nice(Stanford: Stanford University Press, 1990), 1권.

17 Pierre Bourdieu, *The Social Structures of the Economy*, trans. Chris Turner(Cambridge: Polity Press, 2005).

18 Karl Marx, *Capital*, 1권(New York: International Publishers, 1973), 2부 4장, 5장, 6장, 3부 7장, 146~198; Karl Marx, *Grundrisse*(New York: Vintage Books, 1973), 239~256. 두 책을 비교해볼 것.

19 Charles Tilly, *Durable Inequality*(Berkeley: University of California Press, 1998).

20 다음을 참고할 것. Iris Marion Young, "Equality of Whom?: Social Groups and Judgments of Injustice", *Journal of Political Philosophy* 9.1(March 2001): 1~18.

21 Francine D. Blau and Lawrence M. Kahn, "Gender Differences in Pay", *Journal of Economic Perspectives* 14.4(Fall 2000): 75~99; M. V. Lee Badgett and Nancy Folbre, "Job Gendering: Occupational Choice and the Labor Market", *Industrial Relations* 42.2(April 2003): 270~298.

22 다음을 참고할 것. Jon Elster, "The Case for Methodological Individualism", *Theory and Society* 11.4(July 1982): 453~482.

23 Anthony Giddens, *Central Problems in Social Theory: Action, Structure, and Contradiction in Social Analysis*(Berkeley: University of California Press, 1979), 64.

24 Sewell, "A Theory of Structure".

25 이러한 측면에서 구조화를 논한 유용한 자료로는 다음 책이 있다. Rob Stones, *Structuration Theory*(Hampshire, NY: Palgrave Macmillan, 2005).

26 Pierre Bourdieu, *Distinction: A Social Critique of the Judgment of Taste*, trans. Richard Nice(Cambridge, MA: Harvard University Press, 1984).

27 Sartre, *Critique of Dialectical Reason*, 277~292.

28 Garrett Hardin, "The Tragedy of the Commons", *Science* 162.3859(December 13, 1968): 1243~1248.

29 John Rawls, *A Theory of Justice*, 개정판(Cambridge, MA: Harvard University Press, 1999).

30 같은 책, 6.

31 같은 책, 6~7.

32 Rawls, *Political Liberalism*(New York: Columbia University Press, 1993), 282~283.

33 다음 책과 비교해볼 것. John Rawls, *Justice as Fairness: A Restatement*(Cambridge: Harvard University Press, 2001), 53~54.

34 G. A. Cohen, "Where the Action Is: On the Site of Distributive Justice", in *If You're an Egalitarian How Come You're So Rich?*(Cambridge, MA: Harvard University Press, 2000), 137.

35 Liam Murphy, "Institutions and the Demands of Justice", *Philosophy and Public Affairs* 27.4(Autumn 1998): 253.

36 Murphy, "Institutions and the Demands of Justice", 281.

37 토머스 포기는 사회관계에 대한 위와 같은 두 가지 차원의 관점을 논하고 있다. 다음을 참고할 것. Pogge, "Cosmopolitanism and Sovereignty", in Thomas Pogge, *World Poverty and Human Rights: Cosmopolitan Responsibilities and Reforms*(Cambridge: Polity Press, 2002), 168~195; 또한 다음 논문도 참고할 수 있다. Cohen and Murphy, "On the Site of Distributive Justice: Reflections on Cohen and Murphy", *Philosophy and Public Affairs* 29.2(Spring 2000): 137~169.

38 Robert Nozick, *Anarchy, State, and Utopia*(New York: Basic Books, 1974).

39 Rawls, *Political Liberalism*, 267.

3장 죄와 책임: 한나 아렌트 읽기와 부분적 비판

1 Hannah Arendt, "Organized Guilt and Universal Responsibility", in *Essays in Understanding, 1930~1954*, ed. Jerome Kohn(New York: Harcourt-Brace, 1994), 121~132.

2 Hannah Arendt, "Collective Responsibility", in *Amor Mundi: Explorations in the Faith and Thought of Hannah Arendt*, ed. James W. Bernauer(Boston: M. Nijhoff, 1987), 43~50.

3 Hannah Arendt, *Eichmann in Jerusalem: A Report on the Banality of Evil*(New York: Viking Press, 1963).

4 Arendt, "Collective Responsibility", 43.

5 Arendt, "Organized Guilt and Universal Responsibility", 126.

6 Arendt, *Eichmann in Jerusalem*, 278.

7 Arendt, "Collective Responsibility", 43; *Eichmann in Jerusalem*, 251.

8 Arendt, "Collective Responsibility", 45.

9 같은 책, 47.

10 Arendt, "Organized Guilt and Universal Responsibility", 124.

11 같은 책, 125.

12 같은 책, 125.

13 Arendt, *Eichmann in Jerusalem*, 297~298.

14 Karl Jaspers, *The Question of German Guilt*, trans. E. B. Ashton[pseudo.](New York: Capricorn Books, 1961).

15 Arendt, *Eichmann in Jerusalem*, 247.

16 Arendt, "Organized Guilt and Universal Responsibility", 128~129.
17 같은 책, 128~129.
18 같은 책, 129.
19 Arendt, *Eichmann in Jerusalem*, 159.
20 같은 책, 98~99.
21 같은 책, 104.
22 같은 책, 104.
23 같은 책, 176~180.
24 같은 책, 99~100.
25 예를 들어 다음 책을 참고할 것. Hannah Arendt, *The Human Condition*(Chicago: University of Chicago Press, 1958), 176~178.
26 Arendt, *Eichmann in Jerusalem*, 104.
27 같은 책, 171.
28 같은 책, 187.
29 같은 책, 165.

4장 사회적 연결 모델

1 Peter French, *Collective and Corporate Responsibility*(New York: Columbia University Press, 1984).
2 다음을 참고할 것. Tony Honore, "Responsibility and Luck: The Moral Basis of Strict Liability", in *Responsibility and Fault*(Oxford: Oxford University Press, 1999), 14~40.
3 책임-이동 전략에 대한 다음의 글에서, 토머스 포기는 법적 책임 모델에서 비난받을 만한 행위의 사례로 콘도미니엄 개조를 통해 세입자를 쫓아낸 집주인의 이야기를 들려준다. "Loopholes in Moralities", in Thomas Pogge, *World Poverty and Human Rights: Cosmopolitan Responsibilities and Reforms*(Cambridge: Polity Press, 2002), 특히 77~80쪽을 참고할 것. 의심의 여지없이 일부 땅 주인들의 이런 행위는 제도적으로 수용할 수 있는 공정 게임의 규칙을 넘어선 것으로, 차별과 부패의 범주에 들어간다. 포기가 이 사례를 제시한 의도는 내가 책의 앞부분에 제시했던 의도와는 다르지만, 우리가 집주인이 개인적으로 과실을 저질렀다고 올바르게 판단하고 있는지의 여부를 적절하게 묻게 해준다. 때때로 책임은 과실에 있다기보다 부정의를 생산하는 구조적 과정에 다른 사람들과 참여하는 데 있다.
4 Christopher Kutz, *Complicity: Ethics and Law for a Collective Age*(Cambridge:

Cambridge University Press, 2000).

5 같은 책, 188.

6 Henry S. Richardson, "Institutionally Divided Moral Responsibility", in Ellen Frankel Paul, Fred D. Miller, Jr., and Jeffrey Paul, eds., *Responsibility*(Cambridge: Cambridge University Press, 1999), 218~249.

7 조지 플레처는 형사 책임을 부여하는 것은 정상으로 여겨지는 배경 조건으로부터의 핵심적 일탈과 그 배경 조건 자체로부터의 핵심적 일탈과는 구분되어야 한다는 논지를 펼친다. 다음을 참고할 것. George P. Fletcher, *Basic Concepts of Criminal Law*(Oxford: Oxford University Press, 1999), 69~70.

8 다음을 참고할 것. Hans Jonas, *The Imperative of Responsibility: In Search of an Ethics of the Technological Age*(Chicago: University of Chicago Press, 1984), 90~120.

9 Larry May, *Sharing Responsibility*(Chicago: University of Chicago Press, 1992).

10 다음을 참고할 것. Robert Goodin, "The State as a Moral Agent", in Goodin, *Utilitarianism as a Public Philosophy*(Cambridge: Cambridge University Press, 1995), 28~46.

11 다음을 참고할 것. Thad Williamson, David Imbroscio, and Gar Alperovitz, *Making a Place for Community: Local Democracy in a Global Era*(New York: Routledge, 2002).

12 다음을 참고할 것. William E. Connolly, *Identity/Difference: Democratic Negotiations of Political Paradox*(Minneapolis: University of Minnesota Press, 1991); Wendy Brown, *States of Injury: Power and Freedom in Late Modernity*(Princeton: Princeton University Press, 1995); Bonnie Honig, *Political Theory and the Displacement of Politics*(Ithaca: Cornell University Press, 1993).

13 Friedrich Nietzsche, *On the Genealogy of Morals*, trans. Walter Kaufmann(New York: Vintage Books, 1967), 127.

14 같은 책, 70.

15 같은 책, 127~128.

16 다음을 참고할 것. Larry Bennett, Janet L. Smith, and Patricia A. Wright, eds., *Where Are Poor People to Live?: Transforming Public Housing Communities*(Armonk, NY: M. E. Sharpe, 2006).

17 Jacques Derrida, *Politics of Friendship*, trans. George Collins(London: Verso Press, 1997), 29.

18 같은 책, 37.

19 Emmanuel Levinas, *Totality and Infinity: An Essay on Exteriority*, trans. Alphonso Lingis(Pittsburgh: Duquesne University Press, 1969).

20 Derrida, *Politics of Friendship*, 231~232.

21 예를 들어 다음 책을 참고할 것. Jacques Derrida, *Of Hospitality: Anne Dufourmantelle Invites Jacques Derrida to Respond*, trans. Rachel Bowlby(Stanford: Stanford University Press, 2000).

22 Derrida, *Politics of Friendship*, 236.

23 같은 책, 251.

24 같은 책, 252.

5장 국경을 가로지르는 책임

1 리엄 머피는 부정의한 상황에서 요구되는 도덕적 책임에 대한 설득력 있는 설명을 하고 있다. 다음을 참고할 것. Liam B. Murphy, *Moral Demands in Nonideal Theory*(Oxford: Oxford University Press, 2000).

2 예를 들면, 2003년 4월, 밀워키 시 의회는 시 의회 직원들의 의류를 몇 가지 노동권을 준수하는 제조업체에서 구입할 것을 요구하는 조례를 만장일치로 통과시켰다. "Milwaukee Council Votes for No Sweat Apparel"(April 15, 2003), Sweatfree Communities, www.sweatfree.org/campaign_news03.

3 Lisa Featherstone, *Students against Sweatshops*(London: Verso, 2000); Mischa Gaus, "The Maturing Movement against Sweatshops", *In These Times* 28.6(February 16, 2004): 34, 52.

4 Peter Kwong, "Forbidden Workers and the U.S. Labor Movement: Fuzhounese in New York City", *Critical Asian Studies* 31.1(March 2002): 69~88; Edna Bonacich and Richard P. Appelbaum, *Behind the Label: Inequality in the Los Angeles Apparel Industry*(Berkeley: University of California Press, 2000).

5 다음을 참고할 것. Kimberly Ann Elliott and Richard B. Freeman, *Can Labor Standards Improve under Globalization?*(Washington, DC: Institute for International Economics, 2003), 55.

6 노동 조건에 대한 설명으로 다음을 참고할 것. Ellen Israel Rosen, *Making Sweatshops: The Globalization of the U.S. Apparel Industry*(Berkeley: University of California Press, 2002), 2장; Naomi Klein, *No Logo: Taking Aim at the Brand Bullies*(New York: Picador, 1999), 특히 9장을 참고할 것.

7 내가 여기서 설명하고 있는 공장들이 위치한 국가 대부분은 실제로 다른 노동 조건과 관련된 규제뿐만 아니라 최저 임금을 법으로 정하고 있다. 많은 경우 이러한 법령은 훨씬 더 포괄적이고 강력할 수 있다. 국가별 노동 규제에 관한 비교 조사 연구를 살펴보려면 국제노동기구(ILO) 홈페이지를 방문할 것. www.ilo.org.

8 다음 자료를 참고할 것. Women Working Worldwide, "Garment Industry Subcontracting and Workers' Rights"(2003), www.women-ww.org.resources.html.

9 다음을 참고할 것. Saba Gul Khattak, "Subcontracted Work and Gender Relations: The Case of Pakistan", in Radhika Balakrishnan, ed., *The Hidden Assembly Line: Gender Dynamics of Subcontracted Work in a Global Economy*(Bloomfield, CT: Kumarian Press, 2002), 35~62.

10 Andrew Ross, *Low Pay, High Profile: The Global Push for Fair Labor*(New York: New Press, 2004), 특히 2장.

11 Elliott and Freeman, *Can Labor Standards Improve under Globalization?*, 50~54.

12 Elisabeth Prugl and Irene Tinker, "Microentrepreneurs and Homeworkers: Convergent Categories", *World Development* 25.9(September 1997): 1471~1482; Women Working Worldwide, "Garment Industry Subcontracting and Workers' Rights".

13 다음을 참고할 것. John Miller, "Why Economists Are Wrong about Sweatshops and the Antisweatshop Movement", *Challenge* 46.1(January-February 2003): 93~122; Robert Pollin, Justine Burns, and James Heintz, "Global Apparel Production and Sweatshop Labor: Can Raising Retail Prices Finance Living Wages?", *Cambridge Journal of Economics* 28.2(March 2004): 153~171.

14 앞서 논의했듯이, 대부분의 나라에는 노동법이 있고 노동착취공장의 노동 조건은 그러한 노동법을 종종 위반한다. 때때로 현지 국가는 제조업을 위한 특별 구역을 지정해 노동 규제에 예외 기준을 허용한다. 다른 많은 경우에는 공장 운영자, 유통업자, 소매업자, 그리고 다른 행위자들이 처벌받지 않고도 노동법을 무시할 수 있다는 것이 문제다. Bonacich and Appelbaum, *Behind the Label*, 2장과 8장을 참고할 것.

15 체제 내 행위자를 제약하는 요인에 대한 설명으로는 다음을 참고할 것. Rosen, *Making Sweatshops*, 11장; *Bonacich and Appelbaum*, *Behind the Label*, 2장, 5장.

16 다음을 참고할 것. Jill Esbenshade, *Monitoring Sewatshops: Workers, Consumers, and the Global Apparel Industry*(Philadelphia: Temple University Press, 2004).

17 John Rawls, *A Theory of Justice*(Cambridge, MA: Harvard University Press, 1971), 7~8.

18 John Rawls, *The Law of Peoples*(Cambridge, MA: Harvard University Press, 1999),

11~22.

19 David Miller, *On Nationality*(Oxford: Oxford University Press, 1995).

20 David Miller, *Principles of Social Justice*(Cambridge, MA: Harvard University Press, 1999).

21 Margaret Gilbert, *Sociality and Responsibility: New Essays in Plural Subject Theory*(Lanham, MD: Rowman & Littlefield, 2000), 7장, 8장.

22 Peter Singer, *Practical Ethics*(Cambridge: Cambridge University Press, 1993), 1장, 9장; Peter Unger, *Living High and Letting Die: Our Illusion of Innocence*(New York: Oxford University Press, 1996).

23 예를 들어 다음 책을 참고할 것. Samuel Scheffler, *Boundaries and Allegiances: Problems of Justice and Responsibility in Liberal Thought*(Oxford: Oxford University Press, 2001); Neera K. Badhwar, "International Aid: When Giving Becomes a Vice", *Social Philosophy and Policy* 23.1(January 2006): 69~101.

24 다음을 참고할 것. Iris Marion Young, "Two Concepts of Self-Determination", in Austin Sarat and Thomas R. Kearns, eds., *Human Rights: Concepts, Contests, Contingencies*(Ann Arbor: University of Michigan Press, 2001), 25~44.

25 John Locke, *Two Treatises of Government*, ed. Peter Laslett(Cambridge: Cambridge University Press, 1988).

26 Charles R. Beitz, *Political Theory and International Relations*(Princeton: Princeton University Press, 1979).

27 Thomas Pogge, "Moral Universalism and Global Economic Justice", in *World Poverty and Human Rights: Cosmopolitan Responsibilities and Reforms*(Cambridge: Polity Press, 2002), 91~117.

28 Allen Buchanan, *Justice, Legitimacy, and Self-Determination: Moral Foundations for International Law*(Oxford: Oxford University Press, 2004), 213.

29 Buchanan, *Justice, Legitimacy, and Self-Determination*, 213~214.

30 Joel Feinberg, "Duties, Rights, and Claims", in *Rights, Justice, and the Bonds of Liberty: Essays in Social Philosophy*(Princeton: Princeton University Press, 1980); Henry Richardson, "Institutionally Divided Moral Philosophy", in Ellen Frankel Paul, Fred D. Miller, and Jeffrey Paul, eds., *Responsibility*(Cambridge: Cambridge University Press).

31 예를 들어 다음 책을 참고할 것. Jeffrey D. Sachs, *The End of Poverty: Economic Possibilities for Our Time*(New York: Penguin Books, 2005).

32 Buchanan, *Justice, Legitimacy, and Self-Determination*, 특히 4부를 참고할 것.

6장 책임 회피하기

1 다음을 참고할 것. Karl Marx, *Capital*, 1권, trans. Ben Fowkes(New York: Vintage Books, 1977), 208~209.

2 같은 책, appendix, 1054~1055.

3 다음을 참고할 것. Georg Lukács, "Reification and the Consciousness of the Proletariat", in *History and Class Consciousness: Studies in Marxist Dialectics*, trans. Rodney Livingstone(Cambridge: MIT Press, 1971).

4 Jean-Pual Sartre, *Critique of Dialectical Reason*, trans. Alan Sheridan-Smith (London: New Left Books, 1976), 176.

5 Onora O'Neill, *Towards Justice and Virtue: A Constructive Account of Practical Reasoning*(Cambridge: Cambridge University Press, 1996), 4장.

6 같은 책, 107.

7 Emmanuel Levinas, *Otherwise Than Being, or Beyond Essence*, trans. Alphonso Lingis(Boston: M. Nijhoff, 1981).

8 같은 책, 74.

9 같은 책, 157.

10 Robert Goodin, "The State as a Moral Agent", in *Utilitarianism as a Public Philosophy*(Cambridge: Cambridge University Press, 1996), 32.

11 같은 책, 28~44.

12 영은 이 지점을 다음 글에서 지적한 바 있다. "Lesson of Katrina: letting government languish until there is a crisis. Or two cases, Katrina and … earthquake in Turkey".

7장 책임과 역사적 부정의

1 Frantz Fanon, *Black Skin, White Masks*, trans. Charles Lam Markmann(New York: Grove Press, 1967), 229~231.

2 같은 책, 226.

3 같은 책, 231.

4 Wendy Brown, *States of Injury: Power and Freedom in Late Modernity*(Princeton: Princeton University Press, 1995).

5 Roy L. Brooks, ed., *When Sorry Isn't Enough: The Controversy over Apologies and Reparations for Human Injustice*(New York: New York University Pres, 1999).

6 영은 끝내 이 논의를 개괄하지 못했다. 이전 저술에서 유럽인들의 정복과 정착으로 토착민들에게 가해진 구조적 억압을 논의한 적은 있다(편집자 주).

7 Randall Robinson, *The Debt: What America Owes to Blacks*(New York: Penguin Books, 2000).

8 다음을 참고할 것. Eric A. Posner and Adrian Vermeule, "Reparations for Slavery and Other Historical Injustices", *Columbia Law Review* 103.3(April 2003): 689~747.

9 이러한 측면에서 나는 일본인 강제수용소나 미국 인디언 정책을 노예 제도와 비교하는 것이 합당하지 않다고 생각한다.

10 예를 들면, 리처드 F. 아메리카는 특정 집단인 백인에게 배상 책임이 있다는 생각을 분명히 거부한다. 대신 다소 모호하게 "전체로서의 사회에 배상 책임이 있다"고 주장한다. 다음을 참고할 것. Richard F. America, "Reparations and Public Policy", *Review of Black Political Economy* 26.3(March 1999): 77~83.

11 Dalton Conley, "Forty Acres and a Mule: What If America Pays Reparations?" *Contexts Magazine* 1.3(Fall 2002): 17; Conley, "Calculating Slavery Reparations: Theory, Numbers, and Implications", in John Torpey, ed., *Politics and the Past: On Repairing Historical Injustices*(Lanham, MD: Rowman & Littlefield, 2003), 117~125.

12 Robert S. Browne, "Achieving Parity through Reparations", in Richard F. America, ed., *The Wealth of Races: The Present Value of Benefits from Past Injustices*(New York: Greenwood Press, 1990), 199~206.

13 배상 논쟁에서 조건법적인 계산의 어려움과 관련해서는 다음을 참고할 것. Rhoda E. Howard-Hassman, "Moral Integrity and Reparations for Africa", in Torpey, *Politics and the Past*, 193~215. 하워드-하스만은 사하라 사막 이남 아프리카의 노예무역과 식민주의에 대한 배상 문제를 논의한다. 그러나 논의의 요점은 북아메리카 노예 관련 문제와 동일해 보인다.

14 Camille Paglia, "Ask Camille", *Salon Magazine*, July 8, 1997, www.salon.com.

15 Howard-Hassman, "Moral Integrity and Reparations for Africa". 또한 다음 자료를 참고할 것. Adolph A. Reed, "The Case against Reparations", *Progressive Magazine* 64.12(December 2000): 15~17.

16 Charles Maier, "Overcoming the Past? Narrative and Negotiation, Remembering and Reparation: Issues at the Interface of History and the Law", in Torpey, *Politics and the Past*, 295~304.

17 Rogers M. Smith, *Stories of Peoplehood: The Politics and Morals of Political Membership*(Cambridge: Cambridge University Press, 2003).

18 Moira Gatens and Genevieve Lloyd, *Collective Imaginings: Spinoza, Past and*

Present(New York: Routledge, 1999), 특히 6장을 참고할 것.

19 Lawrie Balfour, "Unreconstructed Democracy: W. E. B. Du Bois and the Case for Reparations", *American Political Science Review* 97.1(February 2003): 33~44.

20 다음을 참고할 것. Glenn C. Loury, *The Anatomy of Racial Inequality*(Cambridge, MA: Harvard University Press, 2002).

21 예를 들어 다음 책을 참고할 것. Charles Murray, *Losing Ground: American Social Policy, 1950~1980*(New York: Basic Books, 1984).

22 William Julius Wilson, *When Work Disappears: The World of the New Urban Poor*(New York: Knopf, 1996).

23 미국의 인종 구조에서 직접적인 인과 관계를 주장하는 것과 인종 불평등을 강화시키기 위해 공모하는 요인들, 힘, 정책에 대한 일반적인 설명을 하는 것 사이에 어떤 차이가 있는지를 살펴보려면 로리의 다음 책을 참고할 것. Loury, *The Anatomy of Racial Inequality*.

24 다음을 참고할 것. Melissa Williams, *Voice, Trust, and Memory: Marginalized Groups and the Failings of Liberal Representation*(Princeton: Princeton University Press, 1998). 이를 다음의 책과 비교해볼 것. Iris Marion Young, *Inclusion and Democracy* (Oxford: Oxford University Press, 2000), 특히 3장, 4장, 6장.

찾아보기

ㅇ

ㅈ

ㅊ

ㅋ

ㅌ

ㅍ

ㅎ

정의를 위한 정치적 책임

펴낸날 1판 1쇄 2018년 5월 30일
2쇄 2022년 3월 4일
지은이 아이리스 매리언 영
옮긴이 허라금 · 김양희 · 천수정
펴낸이 정은경
펴낸곳 이화여자대학교출판문화원
주소 서울특별시 서대문구 이화여대길 52 (우03760)
등록 1954년 7월 6일 제9-61호
전화 02) 3277-2965(편집), 362-6076(마케팅)
팩스 02) 312-4312
전자우편 press@ewha.ac.kr
홈페이지 www.ewhapress.com

ISBN 979-11-5890-281-0 93340
값 22,000원

* 잘못된 책은 구입처에서 바꾸어 드립니다.

이 도서의 국립중앙도서관 출판예정도서목록(CIP)은 서지정보유통지원시스템 홈페이지 (http://seoji.nl.go.kr)와 국가자료공동목록시스템(http://www.nl.go.kr/kolisnet)에서 이용하실 수 있습니다. (CIP제어번호: CIP2018013356)